若水文库

她说,说她
Her voice, her story

随机图书馆 01　　GENDER: FEMALE　　STOCHASTIC VOLATILITY　　随机波动 著

性别：女

NEWSTAR PRESS
新 星 出 版 社

图书在版编目（CIP）数据

性别：女/随机波动著. —— 北京：新星出版社，2025.4
（随机图书馆；01）
ISBN 978-7-5133-5630-5

Ⅰ.①性… Ⅱ.①随… Ⅲ.①女性-访问记-中国-现代 Ⅳ.① K828.5

中国国家版本馆 CIP 数据核字(2024) 第 081331 号

若水文库

性别：女
随机波动 著

责任编辑　白华召
责任校对　刘　义
责任印制　李珊珊
装帧设计　董茹嘉

出 版 人	马汝军
出版发行	新星出版社
	（北京市西城区车公庄大街丙 3 号楼 8001　100044）
网　　址	www.newstarpress.com
法律顾问	北京市岳成律师事务所
印　　刷	北京汇瑞嘉合文化发展有限公司
开　　本	880mm×1230mm　1/32
印　　张	10.25
字　　数	265 千字
版　　次	2025 年 4 月第 1 版　2025 年 4 月第 1 次印刷
书　　号	ISBN 978-7-5133-5630-5
定　　价	69.00 元

版权专有，侵权必究。如有印装错误，请与出版社联系。
总机：010-88310888　　传真：010-65270449　　销售中心：010-88310811

总　序

　　这是一篇序言，虽然看起来不像一篇序言。这是这套书的最后一篇稿件，一直写到下印之前，编辑催了又催。按理说有很多方式写这篇序言，比如自我介绍、内容梗概，比如请书中涉及的著名的嘉宾老师写一篇推荐。但截至 2025 年的春天，我们心中的疑问，仍比答案更多。于是我们选择用一贯的方式，也是这本书中所有文本的体例，尝试完成这篇序言，那就是，对话。我们三个向彼此提问，以完成这本书中的最后一篇对话。

冷建国：面对一位没有听过随机波动播客的读者，你会如何为 Ta 介绍这套书呢？

　　张之琪：我会说这是一套谈话集，是过去的六年里，三位女性媒体人和不同的话题参与者在 90 分钟的时间里发生的对话。这些对话的缘起，可能是当时某个受到关注的新闻事件，也可能是一本刚刚出版的新书、一部即将上映的新片，在几年之后，它们被重新编辑和归

i

类，集结成书。

冷建国：这是三个女的从近几年的所读、所见、所想和很多很多的微信群聊里衍生出的一些对话。很幸运的是，她们以各种方式结识了各个领域形形色色的嘉宾，与他们聊天并成为长久的师友。很幸运的是，她们一直在一起工作，一起成长。随机波动对她们来说，既是一部不断丰富和流动的作品，也是一角花园，是一片阵地，是一方宇宙。

傅适野：这是一份档案，它原初的形式是声音，后来几经周折，被转为文字，印在纸上，并最终抵达你的手中。它凝聚了许多人的劳动：写下这篇序言的三位女性媒体人的，很多学者、作家、艺术家和行动者的，还有为这套书的出版忙前忙后的编辑们的。这也像一个纸上遗迹，其中涉及的很多事件、话题或人物，早已面目模糊，不见踪迹。但只要有人经过它，或短暂或长久地凝视它，其中的议题和观念，情感和心绪，就不会被彻底遗忘。

傅适野：当我们以周为单位做节目时，时间是线性流淌的，我们的节目也是以顺序的时间线组织和发展的。当它们变成文字，以主题的形式被重新组织起来，时间顺序被打乱，纸面上的时间不再是线性的，而是跳跃的、回环的。但在非线性中我们又能明确地感受到，在某个时间点，很多事情永远地改变了。这是一种十分神奇的阅读体验，既模糊又确凿，你们如何看待这种重新编排的"时间性"?

冷建国：时间的因素，在某种程度上正是这套书的一个真正的源头。在从前那个时间，为什么会有这样一次聊天？当时发生了什么？后来呢？在现在这个时间，那次聊天为什么再次被翻出来，甚至转为铅字？那些追索、诘问和期待为什么依然成立——甚至因为时间远去而显得更为迫切、更为重要或永恒？

将六年前的节目与六个月前的节目并置一处时，生活与创作的耐心和韧性也浮现出来。那些我们关心的事情，不是一次聊天、几篇文章便能改变或实现的，于是我们日复一日地工作下去，知道有些底线坚若磐石，也看到那些水流波动不息。

时代的水温变化或许并不精确，但开口说话时是哪个词语令人感到一股危险的灼痛，是每个时代不同水温之下创作者的宝贵经验之一。如果我们能将这水温绘成线条，这条曲线也是关于时间性的一本说明书。

关于时间性我最后想说，三十几岁的我们做随机波动六年，占生命长度的五分之一；如果做到五十岁，彼时一同创作的时间就接近于我们生命的一半。我们所共同经历的时间，也如同做这套书一样，已经重新"编排"了我们自己。

张之琪：在这套非虚构的谈话录中，这种"编辑"或者"编排"也是一种"虚构"。最近读到卢卡奇在《小说理论》中的一段话，他是这样说的："只有在小说里，恒常的真实和幻变的时序才彼此分离。

我们几乎可以说，小说的整个内在动作不过是抵抗时间威力的一场斗争……从这抗争中产生了真正的史诗对时间的体验：希望和记忆。"即便不写小说，我们也在用某种类似"虚构"的方式经验时间并与之斗争，我们记日记、拍照片、与人交谈，将过往创造为记忆，也为未来赋予希望。想到我们过去几年一直在做这样一件事，还是会感到开心和安慰。

傅适野： 这些谈话从声波变为文字，仿佛从一条时间之河中取水，将其凝结成冰。水是持续流动的、蜿蜒向前的、不曾停歇的。冰是停滞静止的，是一个切片、一个截面，也可以是一座纪念碑，凝聚多重时间与空间。这些即将要出版的书稿，仿佛将冰重新投入水中。它将再度汇入时间之流，在广阔的时间和空间中流向远方，汇入大海。水凝成冰，冰化成水，看似是徒劳，但重要的是不曾间断的行动。很庆幸我们一直在这样做。

张之琪： 谈话中有很多即兴的反应、一些"闲笔"或者随意的延展是自然发生的，但落到文字处，有时候又让人觉得不够严谨，也不指向任何东西，你们怎么看这种媒介的差异？

张之琪： 这是我在编辑自己的部分时很强烈的感受。一方面，对话是在线性的时间里发生的，这意味着，当我们说出某句话的时候，无法预测它将激起其他对话者怎样的反应：是会开启一个新的话题、一段新的讨论；还是作为一个插曲、一句闲谈出现，没有改变对话的方向——对于处在当下那个时刻的我们来说，一切都是未知的。另一方面，对话是一种互动，它不受参与对话的特定一方的控制，不论你是掌握着提问权力的"主持人"，还是掌握着话题权威的"专家"，对话是所有参与者用逻辑和感受去碰撞的结果。

在对话中，我们与人建立关系，这种关系，不限于提问者和回答者的关系，而是更复杂的人与人的关系。我们从第一次见面的陌生人，到交谈中慢慢熟悉、彼此亲近，这体现在对话中，可能是从严谨的一问一答，到更多的跑题和插话，更多玩笑，或是眼泪。这种关系的微妙变化，很难被一篇Q&A形式的文稿呈现出来。在音频里，人的语调、语气、语速的变化，都直接提示着关系的变化；而在文字中，它需要被叙述出来，这种叙述背后，是叙事者的视角和感受，它不免是单向的，同时携带着强烈的"作者性"。

声音是"物理"的，声波留下痕迹，这痕迹很难被轻易抹除。当你在剪辑软件里按下cut键，某个人的声音会被割断，Ta的呼吸、情绪也随之断裂，那个裂缝永远存在，是对话发生过的物理证据。相比之下，文字则要易于编辑得多，写作就是删删改改的过程，今天写完，明天推翻，后天再重写，是再正常不过的事情。这种修改甚至可以说是没有尽头的，定稿了，出版了，依然有机会再改。文字特别体现作者的主体性，Ta的思想和意志，而在做音频节目的几年里，我常感到，每次录音都是一次冒险。

冷建国：声音与文字在媒介形式上存在着巨大差异。从前顺着往

V

后听的东西,现在可以反反复复来来回回地读了,还能画线做标、挑错别字。声音像一条河,我们常常仰面漂浮其上,顺流而下。文字则好像一座博物馆,每一段都有它理应占据的空间,每一个标点都有它合理存在的位置,疏密和明暗均有其作用。"闲笔"和"闲话",正显现于我们用水流建造一座博物馆的过程中,它们或许是一些最自然也最戏剧性的东西。

先不说闲笔的内容,单单是"闲笔"这个词,就很让人喜欢。对于从小要在考试中概括中心思想的一代人来说,闲笔是旁逸斜出,是离经叛道,是从上学的路上跑开一会儿,去闻春花,去看蝴蝶。

金圣叹说"向闲处设色",小说中的闲笔往往是颇为高明的处理手法,既要形散神不散,又要体现人物意趣或场景细节。如果读者朋友在阅读本书的过程中看到一些逸出的部分,拜托请理解为"闲笔",而不是"跑题"喔。

傅适野: 建国之所以这样提醒大家,是因为她往往贡献了书中最为精彩的"闲笔"。我最喜欢的一处是建国问王德威教授的眼镜度数,以及如果于魁智出书会不会为他写序。这些节目中看似旁逸斜出的部分,这些在一个更主流标准中或许应该被删除的部分,正是我们希望守护和保留的。我想这就是"闲笔"最大的意义,它让人会心一笑,给人以喘息的空间,也让对话变得轻松、变得流动起来。

如果即将出版的是一套学术访谈录,那么这处"闲笔"可能会被建议删改,因为它不够正经、显得戏谑,甚至不太符合一位学者的威严。但即将出版的是一套"我们的"书，而这样的"闲笔"，在音频中随处可见，我们也尽可能在转化为文字的过程中将其保留下来。这是我们共同的决定。

我喜欢这样的闲笔，它是一种对话的态度，更是一种生活的态度。我们在交谈中、在玩笑中、在插科打诨中、在眼泪与大笑的交织中，一起工作了六年，也共同经历了巨变的六年。这六年间的变化太多、太快，以至于严肃本身都开始变得荒谬。我时常想，如果不是节目中旁逸斜出的部分，如果不是日常中那些看似无用的部分，如果不是那些调侃、玩笑和自嘲，那些人与人关系中随机碰撞和偶然生发的部分，我们该如何继续工作和生活下去？

感谢"闲笔"，它是浮出水面大口呼吸的时刻，也是在山林间大笑大叫的时刻。是它教会我，要想长久地创作下去、表达下去，请先保护好自己，不论是身体还是心理。

目 录

反家暴本质上是反对一切关系中的暴力 / 1

今天我们如何教育男孩？性教育也是性别平等教育 / 25

在长丰，女性这一步是如何走出去的？ / 53

赛博格、人造子宫与单性生殖：我们可以从代孕想到多远的未来？ / 71

爱一个人，是最小单位的民主实践 / 105

现代的爱，无解的爱 / 123

世界如此疯狂，我们何必正常 / 143

颜怡颜悦：我们可以选择过一种别人不羡慕的生活 / 175

倪湛舸：把女性主义作为一种视角，而非一个标签 / 203

性的湮灭 / 233

人的疆域，略大于刘小样的平原 / 263

参考文献 / 297

索引 / 304

反家暴本质上是反对一切关系中的暴力

嘉宾：冯媛

汕头大学妇女研究中心创始负责人
原"反对家庭暴力网络"组织负责人
北京为平妇女权益机构共同发起人

2020年9月30日,四川省阿坝州金川县的"黑姑娘"拉姆(本名阿木初)去世了。9月14日晚,在家直播的拉姆被前夫唐某泼汽油焚烧,导致全身90%以上的极重度烧伤。随后拉姆被紧急送往阿坝州人民医院救治。因伤势过重,随后又被转至上级医院进行进一步抢救。深度昏迷半个月后,拉姆走了。她死于三十岁,生前是一位父亲的女儿,一位姐姐的妹妹,两个孩子的母亲,也是亲手杀死她的男人的前妻。

根据"谷雨实验室"《被前夫烧毁的拉姆》一文的报道,拉姆和前夫唐某的婚姻一直浸淫在家庭暴力当中。婚后不久,拉姆的脸上不时会红肿,身上也有一些青紫。在得知会为受委屈的女儿上门理论的拉姆的母亲去世后,唐某更加肆无忌惮,暴力也从隐蔽在二人家庭内部的行为变成了当街的公开暴力展演——"没人敢挑战这种看上去肆无忌惮的暴力,人们似乎接受了这个现状"。

唐某动手的理由不外乎一些家庭琐事,比如在网上打牌输了钱,心情不好。2020年3月,拉姆和唐某协议离婚。离婚后,唐某磕头、忏悔、发誓,要求复婚,见拉姆不为所动,开始愤怒、发疯、威胁,以儿子的性命相逼。拉姆作为母亲的命运被死死扼住。家人无法拯救她——拉姆的姐姐卓玛因拒绝透露拉姆的电话被唐某打到左侧眶骨骨折,拉姆的父亲在身材高大的唐某面前只能沉默。当地民警对他也仅限于口头警告,因为"这属于家庭纠纷,清官难断家务事"。对于家庭暴力的无知和无视也在一步步将拉姆推向深渊——"我们那里的人觉得这种事很丢人,不愿意说出去。"

"姐姐,我们的命可能就是这样,只能靠我们两个自己。"在姐姐卓玛被唐某殴打后,拉姆平静地告诉她。对于拉姆而言,她的"命"是"不离婚就可能被打死"和"离婚就要失去孩子"之间的残酷选择,是强加给她必须在生而为人和身而为母这两个身份中做"选择"。最后拉姆选择了后者,6月,法庭调解离婚,两个孩子都给了男方。即便如此,她也没能拯救自己的生命。

所以我们要问的是,到底是什么一步步造就了拉姆的"命"?在拉姆生前和唐某的婚姻生活、离婚后的关系中,为什么家庭暴力无法被制止?是什么让唐某肆无忌惮地使用暴力而不必承担后果?为什么拉姆在向外界求助的过程中屡次碰壁?为什么家庭暴力被认定为民警无法介入的"家庭纠纷"和难以处理的"家务事"?究竟是什么在一步步纵容唐某,让这个在婚姻中将女性视作自己的财产、离婚后仍认为自己可以轻而易举控制前妻性命的男人,最后以一种激烈的方式将拉姆杀死?

为了回应上述问题,我们将《剩余价值》时期的一期节目整理成文。这期节目的嘉宾是汕头大学妇女研究中心创始负责人、原"反对家庭暴力网络"组织负责人、北京为平妇女权益机构共同发起人冯媛老师，她与我们探讨了家庭暴力事件中的受害者和施暴者、个体与结构、个案和制度等多个面向。

我们试图回看这期节目以观照拉姆事件，是因为冯媛老师回答了一些当下依然重要的问题：比如，家庭暴力是一种计算的结果，也是一种决策，对于家暴行为的遏止就是要让施暴者知道，Ta要为自己的行为付出代价；比如，诘问家暴受害者"你为什么不离开"也是一种谴责受害者、要求受害者必须完美的行为，我们要问的是为何施暴者不停止暴力，而非受害者为什么无法离开；比如，执法机关的职责并非代表受害者对施暴人进行惩罚，而是判断一个行为是否对他人权利构成了侵害并采取相应的行动。

在这期节目之外，拉姆事件也为我们留下了一些有待追问的问题。当唐某从丈夫变为前夫，当家庭暴力演变为故意杀人，前夫或者前男友这样的角色是否可以纳入"家庭暴力"的讨论范围？如果不能，我们应该如何寻找一种新的语言或者措辞来定义这些个体及其行为，才能不使这一群体的恶行被忽视？

需要提醒大家的是，正文部分的对话背景是2019年接二连三发生的一系列家暴事件，从博主宇芽自曝被家暴过程到蒋劲夫再度被指控施暴乌拉圭女友，再到Kim公开表示原谅曾经的家暴者李阳。我们的对话建立在那一时期的讨论基础上，也希望可以指向当下依然急迫、依然令人心碎、与我们每个人都有关的暴力的问题。

本文所涉家暴事件
时间轴

2011年8月底
"疯狂英语"创始人李阳妻子Kim曝光遭丈夫家暴

2018年11月20日
被曝后,蒋劲夫在微博承认曾家暴前女友中浦悠花

2019年11月25日
微博博主@宇芽YUYAMIKA发布一则长达12分钟的视频,讲述了自己多次被前男友家暴的经历

2019年11月26日
蒋劲夫乌拉圭籍前女友Julieta发文控诉蒋劲夫家暴

2019年11月28日
Kim在社交平台上发文称自己原谅了李阳的家暴行为

2020年9月14日
拉姆在阿坝州金川县观音桥镇的家中直播时,前夫唐某突然闯入,泼汽油将拉姆烧成重伤。半个月后,拉姆去世

01 / 关于受害者：
"你为什么不离开"这种设问是错的

傅适野：面对亲密关系暴力，很多人的第一反应是问为什么受害者不离开，除此之外还有很多其他谴责受害者的言论。以冯媛老师您的实际工作经历来说，为什么谴责受害者的言论这么常见？

冯媛：我们的思路很重要。此前我看到朋友圈有人说，当孩子挨父母打的时候，我们问没问过孩子为什么不离家出走，为什么不跟父母断绝关系？当小学生被老师打的时候，我们为什么不问小学生你为什么不罢课，为什么不退学？我们问这样的问题是错的。很多时候我们以为你离开问题就解决了，如果一个社会结构性的观念和社会环境已经给你安排了这样的婚姻制度、这样的亲子关系模式、这样的教育模式，你离开了又能怎么样？即便离开了，下一段关系可能也半斤八两。提这种问题本身就是责备受害者。我们为什么不问，施暴者在第一次施暴的时候为什么没意识到那是家庭暴力？为什么不停止？为什么不改正？我们反家暴，就要从反对这些责备受害者的问题开始，从反对这些我们见怪不怪习以为常的问题开始。

为什么受害者不离开？很少有人第一次遭遇暴力就坚决离开的，因为家庭暴力，包括亲密关系暴力、亲子暴力、手足暴力，这些关系本身不是陌生人关系，不是你欺负我我就还击或是我跟你老死不相往来的关系。他们每天都要生活在一个屋檐下，就算亲密关系可以结束，两人可以分开，但他们可能还有各种各样情感上的关系、经济上的依赖和利益上的关联。就算没有暴力的两个人分手都不容易，有了暴力，再加上失恋，这样的分手可能会让人有各种各样的不舍、不甘，还有一些期望。毕竟我们总会从好的地方去想对方，总会从好的方面去期待我们的关系。

此外，当受暴一方主要是女性的时候，离开一段关系进入下一段关系有很多制约。如果男人多多少少都有点大男子主义思想的话，和另外一个人在一起，他同样会有家暴的可能，可能只是家暴的形式不同或者程度不同而已。在这种情况下，再找一个没准还不如现在这个，或者女性也不一定有信心。再加上离婚女性在这个社会中还有诸多不便，尤其有些女性还带着孩子。

我们也看到，通常来说，在离婚过程当中，如果孩子是男孩，男方家庭是千方百计要（争取抚养权）的，是女孩子的话男方家可能就会放手；如果这个孩子有病或者残障，男方家常常是不要的。在这种情况下，如果一个女性遭受了家庭暴力，再带着一个有病或残障的孩子，或者就算没病没残，让她再带一个孩子，即便对方付生活费或者付一定的赡养费，主要的责任负担也还是在女性身上。在这种情况下，女性可能觉得两个人好歹比一个人强。

所以很多时候，我们要考虑到，在现有的社会性别架构下，有个人原因、感情原因，还有社会的结构性原因，你让一个人遭遇了家暴之后就离开，太简单化了，就像我们刚才说你父母打你你为什么不脱离关系一样，对弱者我们不要苛求。我们要换一换我们提问的方式——他为什么不停止施暴，为什么不改正？

傅适野： 家暴这个问题跟性侵也很像，比如最后在法庭上需要受害者出来举证，这又会对她造成二次伤害。相当于施暴者在一个看不见的角落，除非他自己真的觉醒了，意识到自己的行为是不对的，但这种概率非常小。这就导致我们在社会上听到的声音大部分是从受害者这边传出来的，也正因如此，她们更多暴露在公众视野内，受到更多的伤害。您觉得我们应该怎么把讨论的方向从受害者转向施暴者？这个过程困难吗？

冯媛： 当然很困难。首先，没有人愿意承认自己是施暴者，施暴者要给自己找各种各样的理由，甚至有时候施暴者还会说自己是受暴者，对方才是施暴者。比如对方先怎么挑起我的愤怒，做了伤害我的事情，等等，他会找各种各样的理由，没有人会主动承认自己是施暴者，就算心里知道自己是主导也不会承认。其次就是我们刚提到的很多结构性原因，有的时候施暴者施暴，真的不以为自己在施暴，他以为自己只是在做一个传统的、一般的、正常的男人该做的事情或者该有的反应。

在这种情况下，我们怎么才能改变讨论的思路或者方向？首先，我们这些有平等意识的、有反暴力意识的人要改变提问的方式。一定要通过改变提问的方式去扭转大家习以为常的思路，我们不要再问她为什么不离开，而要问他为什么不停止暴力。第二牵涉到教育。我们都知道，在健康方面，预防是最好的，保持健康比你有病治病好。性别暴力也是这样，如果我们能够通过教育——不管是家庭教育、学校教育，还是面向社会的媒体或者公益广告——传递出一个信息，即尊重、平等、非暴力，那暴力就会减少很多。

为什么很多施暴人根本不认为自己在施暴？为什么有人要打妻子？李阳给自己找的理由就是 Kim 把他电脑里的文件删了，这样的女人你碰到你会怎么样？他把暴力看作解决问题的最好方式。我们应该从小就进行非暴力沟通教育，以非暴力的方式解决问题和冲突，非暴力地对待自己的愤怒，不要把自己的愤怒用暴力的方式转嫁给他人。这样的教育是需要从小练习的，当然幼儿园小朋友可能还不懂得亲密关系，但从幼儿园起就可以开始教育小朋友，比如一个小朋友拿了你的玩具，你要怎么办？你该去打对方吗？

曾经有这样一个视频：几个小男孩面对一个非常漂亮可爱的小女孩，小男孩接到指令，如果喜欢她可以去摸一下她，之后的指令是让小男孩去打小女孩。三四个小男孩做这个实验，都说喜欢她，他们也会去摸一下她，但并不会打她。当有人问他们为什么不打小女孩的时候，这几个小男孩各有各的理由。一个小男孩说男孩不能打女孩，听起来是好男人不打女人这种理论；另一个小男孩说她太可爱了，不能打她；还有一个说她没做错什么事情，意思就是做错事情我可以打他；还有一个小孩说，不能打人。

虽然从不打人这一点上来说，这四个男孩都做得很好，但是我们仔细分析——这就是教育要做的——有人说因为她是女孩所以不能打，这意味着我是男人我优越，我要保持一个非暴力的绅士形象。这样的男人，虽然在这件事上不打女人，但可能会在别的方面凌驾于女人之上，控制女人。这是"真男人打什么女人"的变体。我们不是说好男人不打女人，而是说什么人都不能打。

第二个男孩说她没做错什么。那我们要想，一个人做错事情，你就有权惩罚了吗？如果从现代的权利观点来说，没有任何人有任何理由对别人施加暴力，不管这个人做了什么错事。就算一个人犯了法，也要用法律的方式来处理。这种我没有权力打人，或者不能打人的观念，需要从小训练。

另外我对这个视频的制作方式也有意见。把小男孩带到一个小女孩跟前，对他说你喜欢她就摸她一下，这本身是把女孩塑造成一个情感客体和欲望客体。我举这个例子是想说，我们要改变思维方式，教育要从小做起，这样我们才能真正拥有一种尊重、平等和非暴力的关系，然后尊重、平等和非暴力地对待任何人任何事。

02 关于施暴者：
家庭暴力是一种决策而非失控

傅适野： 从施暴者的角度，有人会说家暴其实是零次和无数次的区别，他们的错误是能被校正的吗？还是说他们一旦做出了一次暴力行为，就表示他们这一辈子都是这样的人？施暴者有没有改过自新的可能？有没有一些从施暴者的角度去矫正的方式？

冯媛： 肯定有，但暴力行为和个人因素、人际因素、社区社会文化和制度因素等都有关系，这几个因素必须综合权衡。不然如果施暴者回到一个暴力文化充斥的社会，又会被社会大潮影响。在整个社会结构中，很多时候都弥漫着强者通吃的观念、一种狼性文化，这在某种意义上也是在鼓励施暴者施暴。

还有一种情况是，有些施暴者是社会弱势群体，他们本身可能贫困，由于失业，或者自己年轻时遭遇过或现在也正在遭遇某些暴力对待，他的愤怒就只能靠欺负比他更弱小的人、他更能支配的家人来发泄。

这个时候我们还是要看到，对于施暴者个人认知和行为的矫正是必要的，同时，社会也要去改变暴力文化，消除一些结构性的暴力和不公平，这两者是结合在一起的。对于施暴者来说，如果有一个遏制性情境的话，他一定会停止。

我最近看到一篇文章叫《他不打老板只打老婆》，这说明家庭暴力是一个决定，不是一个不可控制的行为。当然这个决定不是经过漫长的过程、要做多少调查研究，它可能就是一瞬间的。他为什么不打老板却打老婆？他知道不能打老板，"打老板我还要不要饭碗？"也不能打陌生人，陌生人有可能还击或者警察马上会来，"我可能更惨"；哪怕"我不挨打"，可能也会有别的后果。

所以家庭暴力绝对是一种算计的结果，是一种决策，他知道他这么做既能泄愤又能展示自己的威风，还不用负责任。所以怎么样能够遏止他，让他知道如果实施家暴——不管是身体上还是精神上、性方面还是经济方面的暴力——就要承担后果。这个后果是，可能会被警察拘留，还有可能妻离子散。还有，一般单位都有员工守则，仔细看看里面都有"遵纪守法"这一条。如果说他的老板知道他在家施暴，违反了国家的法律，如果单位对家暴和性别暴力零容忍，根据家暴情节给出相应的处分，你看他还敢不敢？

对家暴的遏止，除了呼吁当事人要求助、要自卫之外，也要呼吁有关责任方真的履行自己的职责；他们只要履行了职责，施暴者就知道自己的行为是有代价的，是要负责任的，他原来那样算计可以，现在这样算计不行了。

如果没有社会上更多的压力——不管是法律上的压力，还是刚才说到的离婚或饭碗受到威胁的压力，又或者是社会道德上面的压力——他可能在家里作威作福，却依然可以在外面维持一个好的形象。但如果他的家暴行为被其他社会关系所了解，他也会因此受到道德上的谴责，每一方的压力都可以是有效的。

冷建国：这可能就是从吃瓜群众转向路人甲的一种参与方式，就是你怎么样介入整个舆论，让家暴行为处于社会道德的检视之下，而不是在所谓家庭私领域中。

冯媛：当然这个问题也一直有人在探讨，有人说高更这样的艺术家曾经受到过什么样的指控，还有波兰斯基为代表的导演，他们的作品还能不能放（映）？这些讨论都让我们可以从更大的空间来关注这些问题，可能不是说马上就禁止你的东西，但合同上是可以有条款的，可以帮助限制家暴的行为。

在反家暴的过程当中，在我们当积极的路人甲的时候，也要注意我们如何在平等的基础上、在反暴力的基础上来讨论问题，而不是说一个人曾经有过施暴行为，他就完完全全永世不得翻身。

张之琪：不是说不允许一个被指控家暴或性侵的人出书，而是他出了书之后可能会面临市场的抵制。如果女性不想买他的书，那他的书的销量就会受到影响，要跟他合作的出版商也要谨慎地考虑是否要跟这个人合作。

冯媛：还有就是必须要求出版商在跟他的合作中加条件，而不是简单地说终止或者解除合同。当然解除合同、终止合同，我们也有权提。但是我觉得更有约束力的是要加条件，因为有很多出版商或者很多制片商、画廊老板可能唯利是图，那我们就要加条件。

03 / 关于帮助者和执法机关：
执法者不是代表受害者，而是代表国家

傅适野：我们要做积极的旁观者，很多人——包括帮助遭受家暴者或者倾听她们遭遇的人——面临的是失望的问题。当你们一次次去倾听受害者的处境，而最后她们可能又回到了那样一种关系里的时候，你们自己会失望或者有类似情绪吗？如果有的话要怎么处理？

冯媛：作为一名反家暴的个案工作者，永远不能用自己的框框去框别人。不管是失望也好或者其他什么也好，都是自己有一些预设的标准，就像我们刚才说的不能问受害者你为什么不离开一样。不管是家暴还是性骚扰，不管她是在这个事情当中、这个事情刚刚过去，还是这个事情过去了一段时间，当事人自己永远是主体，她有自己做出决定的权利，这是第一点。

第二，从现实来说，我们刚才说了各种各样的情况，有些人原谅家暴者是由于对方停止了暴力——不管他道没道歉，他们之间还有感情，还有共同的孩子，甚至有时候还有共同的利益关系，为了生计、

为了事业，或者为了家庭的、家族的面子，等等。选择原谅是当事人自己的选择。还有一种情况，可能真的对方就停止了，原谅了，从此过上了没有暴力的生活。但我们都知道，暴力有时候是个循环——蜜月期、冲突期、暴力爆发期、和解期、蜜月期……有些时候，和解只是这个循环当中的一环。有的暴力会一直循环下去，最后以悲剧结束——一直处在暴力当中，最后甚至会发展到不是鱼死就是网破的极端状况；有的虽然没有到如此极端，但是整个生命中都在遭受暴力；当然，也有好的结果，就是结束暴力关系，要么继续相处，要么各自开始新的生活。不管是哪一种情况，有一点非常重要，那就是当事人有原谅的权利，也有不原谅的权利。

现在很多处理方式，包括调解，都是说你看行为人承诺不再施暴了，行为人赔礼道歉了，他都这样了，你就接受吧，你就原谅吧。如果当事人不原谅，大家就觉得这人不会见好就收，或者不知好歹。我们不应该给受害的当事人这种压力，受害人也永远有不原谅的权利。所以我们要做的是，在她需要的时候给她一个眼神、一个手势，甚至伸出手来让她可以拉一把。

冷建国：能否展开谈谈家暴案件中执法机关不作为或推诿的问题？

冯媛：这样的态度是不应该的，或者是很令人惋惜的。很多有帮助职责的机构有时候会推诿，比如有时候有些民警就会说，我们今天要是把他处理了，下次你可能就会怨我们了。公共机构人员、执法者你要知道你代表谁，你不是代表受害者对他进行处罚，你是代表国家来对一种行为进行判断——如果该行为侵犯了他人的权利，你有职责制止这种侵害，所以不能因为受害人原谅或是不原谅，就来给自己的责任打折扣。另外，对于受害人的原谅，我们一定要识别她是真正的原谅，还是出于害怕不敢说出自己的请求，或者是不敢主张自己的权利。

我举一个例子。大概一两个月以前我有一次代人报警。这个人以前也报过警，但是警察并没有出警，每次报警都没有效果，男方反而更加气势汹汹，更加有恃无恐。那天已经有点晚了，她又打电话来，说报警了但是警察没有出警。我问明情况后，代她报了警。过了一会儿，派出所的警察打来电话，说处理好了，告诉你一下没事了。一方面我很感动，我觉得警察办事效率很高，而且还很快地来告诉我已经处理了。另外一方面我问他，请问您是到了现场还是通过别的方式处理的？他说我打了电话过去，没事了，她不要求处理了。我说她在家里，那个人就在她旁边，她肯定是有恐惧的，她没办法要求您处理或者再查。最后他去了现场。

后来那位女士给我发信息说，第一次警察打电话来的时候，她特别害怕，因为那人就在旁边，"我特别害怕，我什么话都不能说"。第二次警察到了现场，虽然也没有把男方怎么样，但是警察走了之后，男方气焰就下去了很多。

这个例子也说明，执法机关潜意识里没有把家庭暴力看得太重，就是不想处理，并且为此找理由。

04 / 家暴中的小孩：
复制暴力还是超越暴力

冷建国：在家庭暴力事件中，女性是受害人，孩子可能也是受害人。冯媛老师从事了二十年反家暴的实践活动，根据您的观察，长期暴力对孩子来说意味着什么？

冯媛：被迫目睹家暴，这本身对孩子就是一种暴力。孩子亲眼看到的暴力绝大多数都是家庭暴力，因为孩子很少看到社会上的暴力——电影、电视或者动漫电玩中的暴力不是现实中的暴力。长期处于暴力情形中，包括听到的和感受到的暴力，受到的影响分两种：当下的影响和长久的影响。

当下的影响会给孩子造成恐惧，使孩子自我否定、自我怀疑、无助甚至内疚。因为有时候孩子会觉得暴力跟自己有关系，好像是自己引起的，或是因为自己，受暴的一方才不能脱离这种暴力处境。也可能会导致孩子在人际关系中过度退缩，甚至个别的孩子会生发一种过度防卫心理，以攻为守，表现出情绪化和攻击性，进而影响他们的学习,甚至他们的身体,造成进食障碍或者肠胃功能的紊乱、腹泻、失眠、无法集中注意力,等等。

长期的影响就是会影响孩子的心理、性格,甚至人格的形成。如果没有支持性因素或者其他干预性或积极的因素来中断或者改变这种影响,孩子就会习得这种角色榜样,比如男的应该怎么样、女的应该怎么样,Ta自己以后可能就会复制这种不平等的权力关系模式和施害—受害模式。

这些都是可能的,但不是绝对的。只要有其他支持性因素,比如方方面面对孩子的爱,包括双方如果能在孩子面前表达对孩子健康的爱意,其他家人和社会也能给孩子一些爱,也可以改变这种情况。个别情况下孩子还会变成坚定的反家暴者,因为他们觉得自己不能重复父母那样的模式。

冷建国:在已经有小孩的家庭中,遭受丈夫家暴的女性是否面临着更多的情感挑战和更大的育儿困难?

冯媛:在有孩子的家庭当中,有时候真的能从孩子身上看到对方的影子,不管是看到对方真真实实的样子,还是因为孩子联想到对方——因为这个孩子是两个人共同的孩子。很多女性受害人这时会真的受不了,当她对对方的恐惧、憎恨、愤怒和厌恶,与对家暴行为的恐惧、憎恨、愤怒和厌恶还完完全全连在一起的时候,看到孩子会勾起她很多情感,这种情感有时候甚至会影响到这些妇女对待孩子的态度。在这个时候,能够把对方这个人和对方的家庭暴力行为分开,能把孩子和对方分开,是非常重要的,这样能帮助她以平常的态度对待这个孩子、教育这个孩子。

但对很多受害人而言,尤其是当这个孩子的长相或者某些行为举止很像施暴方的时候,对她来说就意味着受害者和施暴者还有密切的关系,她在情感关系和日常关系上就很难走向新的生活。

傅适野: 我之前采访过一个因为无法忍受丈夫长期家暴而最后杀夫被判刑的阿姨。她出狱后我采访她,她有两个儿子,大儿子长得比较像她,小儿子长得特别像她老公。她说自己经常一晃神就觉得儿子是她老公,她出狱之后经常做的一个梦是她和她丈夫关系很好,她丈夫是一个不家暴的人。她潜意识里面其实渴望,如果他不对我做出那样的暴力行为,可能我们还是一个幸福的家庭,我们四个人还是可以生活在一起。反过来说,女性真的好难,要怎么样把这个人和他的暴力行为完全切割开,要怎么处理和这个孩子的关系,而这个孩子身上携带着曾经对你施暴的、可能也是你很爱的这样一个人的基因?

冯媛: 所以重建主体性不是一蹴而就的,不是个人能够单独完成的一次性行为,而是需要一个支持性的环境,需要一些专业的帮助。也不光女性,任何性别的受害人都会面临这样的情况,当然,大多数情况下女性是受害人。这就需要大家看到家暴的后果,不是说家暴在具体的时间和空间上结束了,家暴后果就结束了、消除了,因为家暴的后果会以各种各样的方式,包括会从和孩子关系的直接投射中延续。

张之琪: 暴力跟爱能不能共存?暴力为什么不能终止爱?

冯媛： 反过来也一样。有时候为什么爱不能终止暴力？就是因为刚才说的结构性的原因。如果只是单单从家庭、个人层面着手，我们就不可能真正做到反家暴。比如说在社会上大家都觉得我们要做大做强。做大做强的目的是什么？压倒别人，多占地盘，多占资源，过上更好的生活。为什么我们在社会上不能抛弃这种零和游戏的思维，一定要你强我弱、我强你弱、你死我活、我死你活？而在全人类的层面，只有在一种平等、尊重、非暴力的氛围中，我们才能够最终拥有真正的反家暴。

关于暴力能不能终止爱或者爱能不能终止暴力，如果不跳出家庭这个领域，是不可能解决这个问题的。因为家庭或个人受结构性因素的影响，两者是相辅相成、互相支持的。结构性的东西如同汪洋大海，我们置身其中，从更大的范围来讲，反家暴实际上是反对一切关系中的暴力。在这种情况下我们才说，不管有没有爱，只要有平等、有尊重，没有爱也可以终止暴力；如果没有平等和尊重，有爱也不能终止暴力。因为暴力会以爱的名义存在、继续并且将其合理化。

傅适野： 说到结构性的力量，最近这几年的趋势，包括民族主义，跟反家暴的逻辑刚好是反的，这会让反家暴更难。比如蒋劲夫之前发了一条微博，说我作为一个中国人，走在国外感受到我们国家真的太强太牛×了，这跟冯媛老师刚才说的逻辑是一样的。

冯媛： 反过来，我们这些有非暴力理念的人就会说，作为一个中国人，你以这样的形象走在世界上，我们就会觉得我们这个国家只是靠那些东西强大，仍然会被看不起。我们可能物质上不一定强大到那个份儿上，但是我们中国的男人如果能够更加非暴力，我们中国的女人能够得到更多男人的合作、理解和支持，我们才会更加被看得起，我们在国际大家庭里头才会更加被认为是受尊重的一员。

今天我们如何教育男孩？性教育也是性别平等教育

嘉宾：刘文利

北京师范大学教授
博士生导师

从男班长暴打女生到十六岁同性恋男孩遭遇欺凌，从厌女言论遍布大学生社交平台到女性卫生用品互助盒受嘲讽，每当看到这类新闻，我们总是不禁要问：现在的男孩怎么了？男孩教育出了什么问题？我们请到了北京师范大学儿童性发展与性教育专家刘文利教授，希望与她聊一聊今天国内的性教育现状，以及"阳刚之气"、校园欺凌、性别平等观念缺失等问题。

从刘老师读小学的20世纪60年代到适野、建国接受学校性教育的2000年前后，学校性教育的方式并没有发生本质性的变化——男女生分开讲授生理卫生知识，连"月经"一词都说不出口。在刘文利开展研究的小学性教育课堂上，男女生在课堂上学习同样的性科学知识，男生也可以触摸和了解卫生巾。在性教育课堂上，老师们真诚、坦率而开放地告诉孩子新生命是如何诞生的，希望在讲授性知识的基础之上，培养孩子建立既亲密又负责的人际关系的重要能力。这也是刘文利一直强调的"全面性教育"，既是知识、态度、价值观、技能的学习，也是让孩子获得健康、福祉和尊严的道路。刘文利从儿童发展的角度审视未成年人的厌女言论或暴力行为，认为性别不应成为看待儿童发展问题的单一视角，她从黑暗处和裂缝中看见的是性教育的缺失和机会。她认为，儿童的成长环境一定是开放的、复杂的，性教育是成年人施加正向力量的难得机会。

在交流中我们也发现，全面性教育不只是对学生"知识＋价值观＋技能"的教育，也是对全社会的教育，童年性教育缺失的家长和老师很多也耻于谈性，一再推迟和回避性教育过程，甚至无法面对"阴茎""阴道"这类科学名词。另一方面，作为性教育研究者的刘文利也在性教育的研究中不断面对新的挑战。比如，什么是耽美？为什么一些孩子如此喜欢？他们在其中折射了怎样的情感？她希望在开放而安全的课堂环境中与孩子们探讨一切问题，为孩子们搭起"独立思考的脚手架"。在两个多小时的对话中，我们超出了成年人／未成年人、男性／女性的二元对立，去学习如何在一个发展的过程中看待个体，"我们如何培养人，就如何培养男孩"。

01 从孩子出生开始进行性教育，男女生有权利学习同样的性科学知识

冷建国：上一次北京师范大学儿童性教育课题组进入大众视野，还是 2017 年刘文利带领研发团队出版的《珍爱生命：小学生性健康教育读本》（下文简称《珍爱生命》）引发的争议。这套读本直接以"阴茎"和"阴道"称呼男性和女性的性器官，被一些家长认为过于直白。因为一系列原因，这套读本目前处于下架状态[1]，但其豆瓣评分非常之高，也被很多人认为是国内最好的小学性教育读本。刘老师能跟我们介绍一下您在北师大儿童性教育课题组的工作吗？

刘文利：我从 1988 年开始做性教育研究，那时我还是北京师范大学生物系的一名研究生，我导师的研究领域也是生物教育。那个时候，生理卫生课教材中有一章是生殖系统，很多老师上课不讲，让同学们自己学习，更有甚者在发教材之前会用订书机把这一章的书页订

---

[1] 截至本书出版前，这套书的最新动态是，2024 年 7 月刘文利推出"珍爱生命·儿童生命教育绘本系列"，该系列面向幼儿，共八本。——编者注

起来。但孩子们对这部分内容非常感兴趣，恨不得书到手头一天就盼着老师讲这一章；但到最后老师也不讲，孩子们还是挺失望的。这种现象很普遍。我当时就觉得这是一个值得研究的重要问题。在那之前我也在中学当过生物老师，在辅导学生准备高考的时候，学生普遍反映没有学过这部分内容，我就要带着学生重新学习。实际上，这些内容是应该在合适时间给到孩子的，要是上课不讲，孩子们就失去了一个学习的机会，所以从1988年开始，我在做硕士论文时就把性教育作为我的研究方向，开始性教育研究的旅程。

冷建国：在我的成长过程中，距离性教育最近的一次是初二的生物教材，书里有一章人体生殖系统的内容，画了一张男性阴茎构造图和一个女性子宫构造图，老师不讲，让我们自己看。有男同学把子宫那张图剪下来，放到女生的书桌上或书包里，作为某种恶作剧，女生们都很不好意思。

我在阅读刘老师的《珍爱生命》读本时，看到了当时在网上引起热议、被认为"露骨"的图片。那张图在二年级下册的开篇部分"人的诞生"，第一张图是爸爸妈妈相亲相爱，第二张图是爸爸的阴茎放到妈妈的阴道里。我觉得我那个时候的初中教材都达不到这个程度。

傅适野：不止一代人从小就错误地认为自己是从垃圾堆里捡来的。我小学四年级从内蒙古转学去广州，当时班级组织同学们看一个国外的科教片，是剪辑过的，到最关键的部分——人是如何诞生的，受精卵是如何形成的——就黑屏了。

我能想到的另外一个有关性教育的场景是，有一次老师给我们进行生理卫生教育，她把男生和女生分开，女生留在教室里，老师讲如果你来月经了要怎么处理；男生在外面探头看，想要窥探女生的秘密。老师应该也单独给男生讲了一些和生理卫生相关的知识，但男生和女生并不在同一个空间里。上初中之后班里男生很喜欢做的一件事情就是，盯着女生拿卫生巾或是把卫生巾偷来玩，还有男生会拆开卫生巾做吸水实验。这种性别化的、男女有别的教育方式，使得大家对于彼此的生理状况以及成长过程中发生的一些很自然的和性有关的现象都非常好奇，这种好奇又使他们用一种非常错误的方式来探索。我们也想问刘老师，这种男女有别的性教育和性别教育是好的吗？是正常的吗？

刘文利： 我上小学的时候是上世纪60年代，一直到你们小时候，学校性教育的方式并没有发生本质的变化，这也是我对学校性教育的直观感觉。从这一点上说，我们的学校性教育这些年没有太大的进步。

在我上小学五年级的时候，老师组织我们在室内体育馆用一节课的时间讲生理卫生知识，男生不允许进来。学校请了一位社区医院的女医生来给我们讲月经这件事。男生特别好奇，也是趴在外面看，事后问女同学医生都给你们讲什么了。那个时候我们管月经叫"倒霉"，这是一个特别负面的词，认为月经是一件特别肮脏、特别羞耻，不能拿到台面上来说的事情。

如果月经的相关内容男生和女生分开讲，甚至男生可能完全没有机会了解这些信息的话——第一,他们确实会好奇到底是怎么回事;第二,他们不知道怎么去尊重女性,没有人告诉他们。在我们做的学校性教育中,这个话题是可以公开在客厅里讲的,而且男女生一起上课。女生来月经、男生有遗精这件事,在小学阶段就该告诉孩子。我们做性教育的时候,老师会当堂把卫生巾按小组分给同学们,小组里男生女生都有。我们发现,男生其实对于这部分内容更感兴趣。在课堂这样一个安全的环境中,老师提供机会让大家去认识月经,对于男孩来说是一次特别好的学习经历。他们可以和女生一起来讨论这件事情,在这一过程中他们也一定会学到如何尊重女性。我从来都极力主张性教育课要男女生合着上,他们有权利学习同样的性科学知识。

我们也特别希望通过性教育让孩子知道我从哪里来,我们会特别真诚、坦率、开放地告诉孩子,新生命是怎么诞生的。当孩子知道发生阴茎放入阴道这种行为就有可能产生新的生命时,他们也要知道应该什么时候发生这种行为,发生这种行为要承担什么样的责任。我们不是只讲述性交本身的知识,我们更希望培养孩子对待这件事情的态度和处理这件事情的能力。比如,你和对方沟通的时候,如果不想发生性行为就要拒绝,在拒绝时要清晰地表达你的意愿。一旦孩子进入性活跃期,他们就会用自己之前学到的知识和培养的能力,去妥善地处理,建立人和人之间既亲密又彼此负责的关系。

冷建国: 从刘老师的讲述中我们可以发现,性教育的面向很多,不只是生理层面的教育,您也认为好的性教育是可以消除暴力的。能给我们介绍一下您一直强调的"全面性教育"指的是什么吗?

刘文利:"全面性教育"的英文是 comprehensive sexuality education。和 sex 不同,sexuality 既包括生理层面的性,也包括心理层面的、社会层面的性。联合国 2018 年发布的《国际性教育技术指导纲要(修订版)》对全面性教育做出了全面的阐述。全面性教育是指基于课程的教学过程,会涉及性的身体、情感、认知、社会层面的意义,教育的目的是使儿童和年轻人能够从知识、技能、态度和价值观方面获得成长,同时能够让受教育者获得健康、福祉和尊严。

我们课题组从 2006 年成立以来做了几件事:一个是在学校开发性教育课程,从幼儿园、小学到初中,另一个是研发中国自己的性教育指南。在这个过程中,我们培养了大量性教育的老师,也做了一些家长的支持工作,同时也在监测性教育的效果,做性教育的媒体传播以及一些政策上的倡导。2020 年《未成年人保护法》把性教育放了进去,我和我的团队做了重要的推动性工作。

性教育是一项社会工程。因为它服务于儿童,所有的利益相关方都会对这项工作有很大的影响,比如说父母或其他监护人、学校的老师和校长、社区的工作人员、医疗服务人员、媒体以及政策制定者。

冷建国: 刘老师提到他们的工作已经推动了政策法律的转变,可能在很多人听来会觉得是官样文章,但这种结果其实某种程度上标志着中国性教育的一个起点,有了这个台阶我们才能一步一步走得更远。

刘文利: 的确,我把 2020 年"性教育"被纳入《未成年人保护法》称为中国性教育发展史上的一个里程碑。在此之前，无论是《未成年人保护法》《预防未成年人犯罪法》，还是《人口与计划生育法》，里面都提到了性教育，但它们用的是"青春期教育"这个词。长期使用"青春期教育"的说法，实际是在暗示青春期才开始性教育。我们主张性教育要从孩子出生时就开始，而不是等到青春期，很多性教育的内容等到青春期再教就太晚了。

比如，科学研究表明，小学高年级和初中是校园欺凌比较高发的年龄段，我们怎样才能预防这类事件的发生？我们要从小学低年级开始就把预防校园欺凌的相关知识教给孩子，孩子才知道怎样正确地处理人际关系、怎样解决人和人之间这种所谓冲突，而不至于让它演变成欺凌事件。性教育的端口需要前移，不能等事情发生了才去解决，而是要通过性教育尽量不让它发生或者少发生。

所以我认为，把"性教育"这个词放进法律，是中国性教育史上的里程碑事件。我觉得比较明显的另一个变化是，2021年全国两会跟性教育有关的建议和提案还是挺多的，还有相关建议和提案登上热搜榜第一名，媒体现在也普遍使用"性教育"这个词了。一个词能够从大众的口里说出来，能在媒体中传播，能在我们的政策文件中体现，就是一个特别大的进步，因为这说明我们已经不避讳"性"这个词了。

02 / 男孩衰落？性别不应成为看待儿童发展问题的单一视角

傅适野：很多时候人们把性教育当成基于性别的性别差异化教育——强调男性要有正统的男子气概，女性要有正统的女性气质，这种基于二元的性别划分伤害了男孩和女孩，也伤害了生存在二元夹缝中的人，比如生理性别为男但自我认同性别为女的人，或者相反，或者自我认同为无性别的人。我们也很好奇，在国内的性教育中是不是存在性别差异化的教育？以及在全面性教育的体系里，针对这一块是什么主张？

刘文利：我们一直是在性别二元化的文化中成长起来的。我们在幼儿园做性教育也会发现，孩子从很小的时候就知道自己是女孩或男孩，也能分辨出对方是男孩还是女孩。在日常生活中，爸爸妈妈会经常跟女儿说，你是女孩所以你要文静；也会对儿子说，你是男孩不能哭。孩子用自己从生活环境中获取的这些社会规范，逐渐建立起一套性别行为标准。

实际上我们在做性教育的时候，更希望首先把孩子当成一个个体的"人"来对待，而不是先区分出男孩和女孩。因为个体的差异非常大，人和人之间的个体差异并不是只有性别这一个区分标准。对孩子来说，性别二元化的规范一方面限制了孩子的发展，另一方面也会使孩子受到差别对待。

在全面性教育中，我们尊重人和人之间的不同，男孩可以坚强、勇敢、有担当，同时也可以温柔、体贴、细心；女孩可以温柔、体贴，也可以坚强、勇敢、强大、独立。这些都是人性特别光辉的特质，跟性别没有必然联系，男孩女孩都可以拥有。

还有，允不允许有些孩子爱哭？哭是一种情感的自然表达。如果不允许男孩哭，他没有宣泄情绪的出口，可能就得用其他一些方式，比如暴力。情绪和情感表达是特别正常的，是每个人都可以有的，不能因为是男孩就要压抑，这对男孩也是不公平的。

冷建国：2020年，有政协委员提出了一个防止男性青少年女性化的提案，教育部给出的答复是增强体育运动，更多注重男生阳刚之气的培养。这件事情也引起了很多网友的关注，一种观点是认为"防止男性青少年女性化"的说法其实是在贬低女性气质，另外也有评论认为，这种阳刚教育是在进一步强化性别刻板印象。

刘文利：这个提案的题目背后隐含的是对女性消极负面的性别刻板印象，同时它认为这个社会不应该允许这样的男性青少年存在。我觉得这个提案以及教育部的答复缺乏性别平等视角，是在强化性别刻板印象,而强化性别刻板印象可能会加剧基于性别的校园欺凌。

冷建国:无论这个提案还是教育部的答复,可能出发点都是近年来社会讨论很多的所谓"男孩衰落"的大背景。美国心理学家菲利普·津巴多与尼基塔·库隆布在著作《雄性衰落》中专门分析了这一现象。他们提到,相比于女性,男性群体存在学业不佳、沉迷游戏和成人影片(Adult Video,AV)、药物成瘾、肥胖、过分依赖他人等问题。这本书也引起了许多批评,主要指向津巴多以男性为绝对中心、女性和家庭社会都要服务于男性的一些建议。刘老师是如何看待所谓男孩危机、男性衰落这类说法的?

刘文利:国内也有类似的说法,比如男孩危机、拯救男孩等,可能都是基于对这种大背景的担忧。但我更希望在看待青少年身上发生的这些问题时,我们能够从儿童发展的角度出发。

一个儿童在发展过程中,特别在青春期阶段,的确会遇到各种挑战,做出一些负面行为。可能恰恰是由于我们教育不到位,这些行为才会高发,或是在某些学校或某些家庭的孩子中表现得尤为突出。在研究儿童发展问题时,性别可能是其中一个因素,但不是唯一的因素,学校的环境、家庭的养育方式、父母的婚姻状况、社会文化等都会影响儿童的发展,我们可以在研究当中把性别作为一个分类维度去分析,但在看待这些问题的时候,性别不能成为单一的视角。

另外,随着教育的发展,女性受教育水平和社会地位不断提高,的确会有更优秀女性的表现对先前男性优于女性的既有观念构成挑战,这种挑战会使一些人感到不舒服，这背后还是长期父权的性别文化，即男性一定要是占主导地位的，女性就得是顺从的。所以我觉得这个问题很复杂，不是一个仅由性别引起的问题。

03 / 儿童的成长环境一定是开放复杂的，性教育是成年人施加正向力量的机会

傅适野：在现在这种性教育整体没有取得很大进步的情况下，假如我们自己有了一个儿子，我们当然可以按照全面性教育的方式去教育他，但我们也会担心，他走上社会之后要怎么办？如果整个社会还是一个强调、强化性别刻板印象的环境，当他真的步入社会，会不会有一种巨大的落差感，以及因为落差而对自我身份产生怀疑？刘老师怎么看这个问题？

刘文利：这的确是非常实际的问题。《珍爱生命》里呈现了很多生活场景，比如爸爸围着围裙做家务、给小宝宝做辅食等。我们希望孩子在很小的时候就知道，父亲是要参与家庭劳动的，做家务和养育孩子不仅仅是妈妈的责任，爸爸也要承担。我们发现，一些小朋友在看到这些场景后，会提出现实中他家庭生活里的落差，也会运用自己学到的知识告诉爸爸，他也一样有义务做家务。在家庭里，教育不是单向的信息输出，而是一个相互影响的过程，孩子可以用学到的知识反

向去影响自己的父母。

我们遇到的另一种情况是，我们在做性教育的时候，会直接把生殖器官的科学名称教给孩子，家长有时担心孩子在外面时把这个词说出来造成尴尬，比如就有小朋友当着爷爷奶奶的面说自己是自然分娩的，是从妈妈阴道里出生的，爷爷奶奶听了就很不舒服。我们就跟家长说，首先，我们非常鼓励孩子能够学到和使用这些科学的词汇，而且说的时候特别自然，没有任何不好意思，因为它就是一个科学知识，奠定这一态度对孩子是非常有好处的。另外，家长可以跟孩子讲，不是所有家庭都能像我们的家庭这样讨论生命是怎么来的；如果你在其他一些场合说了这些科学名词，别人有不同的看法，你不用介意，只不过别的小朋友的爸爸妈妈没有这样去跟他谈这件事，每个家庭处理这件事都不一样；我们做得很好，你做得很好，但我们也要尊重不同家庭有不同的做法。

如果事先跟孩子讲了这种情况，当他说出这些科学词汇别人投来异样的眼光时，他是有所准备的，不会因此受到伤害。第一要尊重孩子，第二要保护孩子。这些事情做好了，对于一个孩子的成长是非常有利的。他长大以后可能会在社会上遇到各种各样的问题和困难，性教育很重要的一点是要培养人的沟通、协商、拒绝、做决策的能力，在这个过程中，他可以从内心滋生出一种强大的力量。比如有人提出要跟他发生性交行为，他可以非常自信而坚定地表达自己的意愿，无论是同意还是不同意，不会受到惊吓或者恐慌到说不出口或是表达不清楚。

甚至当社会发生一些更加消极的现象时，孩子能够更加客观地看待，不会觉得这个世界没有任何希望。因为我们跟他讲过一些非常客观的事实，也告诉过他人类发展的基本规律和趋势，我们一定是向着更加光明和文明的方向发展的，尽管可能遇到这样或那样的问题、困难和障碍，我们值得为了光明的前途，去克服眼下的困难，这种信心和力量是日常生活中父母和老师要给到孩子的。

冷建国：刘老师提到，科学地命名身体器官是很重要的。比如一些女童不幸遭遇性侵害之后，准确地描述自己身上到底发生了什么往往是判断伤害情况和犯罪事实的第一步。听刘老师讲这些性教育的经历，我也感到去羞耻化从儿童做起要容易许多。对于接受对生殖器官或生殖行为（如我从哪里来）的描述这件事而言，小孩没有传统的障碍或羞耻感需要去打破，他还有可能有机会反过来帮自己的父母去除对性的羞耻。

刘文利：的确在做性教育的时候有人说别叫"阴茎"，叫"小鸡鸡"，但"小鸡鸡"毕竟不是一个科学名词，等孩子大了让他再叫什么呢？还叫"小鸡鸡"吗？孩子什么时候最容易说出"阴茎"这个词？是很小的时候，他学这个词就跟他学"鼻子""眼睛""耳朵"一样，没有什么不同，也没有羞耻感。如果说阴茎还可以叫成"小鸡鸡"的话，女性的外生殖器官连替代词都没有，它一直是被消声、被无视的，而没有名称意味着我们当它不存在。那么，儿童发生性侵害的时候要怎么去描述这件事情？如果只是说"他摸我前面了"或"摸我后面了"，法官都没有办法判断到底发生了什么，很容易让犯罪嫌疑人逃脱罪名。从儿童保护的角度来说，从孩子认识自己身体的这种客观的美好的角度来说，我们应该把科学名称早一点教给孩子，这是一项非常重要的基础性的工作。

冷建国：刘老师刚才讲的是性教育的一种理想状况，现在我们看到的很多新闻里的未成年人其实没有接受足够好的性教育。比如有一个副班长男孩在网上发帖说，班级有一个女生"打拳"要如何治治她，是假装跟她谈恋爱还是PUA她。更令人震惊的是这条帖子的评论区，有人说可以造谣这个女生私生活不检点，让她"社死"；还有一个人说不如迷奸她，拍下裸照要挟她。对这类言论或新闻的困惑，其实也是我们做这期节目的一个初衷，想听听刘老师是怎么看待未成年男性这种厌女甚至仇女倾向的？

刘文利：未成年男性副班长做的这些事情让我感到非常痛心。我不知道他在什么样的家庭里生活，也不知道他的学校是什么样的文化氛围，但我可以肯定地说，他是没有接受过性教育的。

这样的事情发生在未成年的男孩身上，更需要我们教育者去反思：我们是否尽到了我们的教育责任？我们的教育系统本身出现了一些问题，我们所重视的那些教育内容没有让这些孩子成为我们希望他们成为的样子。当然，这是个案，不是说大多数孩子都如此，但即便是这样的个案，也是对我们特别大的提醒，我们的教育中忽视了一些重要的教育内容。其中，性教育的忽视是一个很大的失误，我们需要从小培养，而且要持续培养，让孩子们知道怎样去尊重自己，尊重他人。

傅适野：我觉得这也不是专门从事教育的教育者的职责，应该是整个社会的职责。我们之前聊天的时候也说，现在家长是在和社会争夺一个孩子，小孩在学校、家庭接受教育，同时也会接收到网上的信息，并不是活在一个真空状态里。孩子在网上接收了什么样的信息，得到了怎样的关于性别的认知，家长和教育者可能都很难知道。

刘文利：一个孩子的成长环境确实非常复杂，而且成长环境一定是开放的，孩子一定是和周围环境互动的。在这种互动中，怎么保证每一个孩子的成长环境都是安全和健康的，这是我们成年人的命题。

比如一个家庭里夫妻经常互相打骂，长期目睹暴力对小孩是有负面影响的，甚至孩子本身就是施暴的对象。如果学校是尊重、包容、多元、安全的，孩子就会本着尊重的态度去解决冲突。现在的网络环境复杂，语言暴力也非常常见……这些对孩子都是有不良影响的。所以学校性教育和家庭性教育格外重要，性教育是我们可以对儿童成长施加正向力量的机会。

如果在学校，我们按照教育的规律把性教育的相关内容传递给孩子，跟孩子探讨一些性问题怎么解决。如果在家里，爸爸妈妈会和孩子谈性，让孩子知道性这个事情父母是关心的，遇到问题和困难也是可以跟爸爸妈妈讨论的，早期基础打好，等孩子进入青春期，他就可以跟父母探讨，而不是同伴之间交换的那些碎片化的、不完整的、带有误区和偏见的信息。建国说的那个副班长的例子就是典型的同伴影响。其实，性教育有着非常积极正向的力量，它能够帮助我们的孩子在一个更加安全健康的环境里成长。

04 公开讨论一定好过地下讨论，老师和家长不妨听听孩子如何看待流行文化

傅适野： 刘老师在日常工作中应该也会接触到很多学生的家长或者培训的老师，您在把性教育观念传授给他们的过程中遇到过什么有趣的事情或者阻力吗？

刘文利： 我认为学校是一个非常重要的性教育场所，包括幼儿园。在做性教育的过程当中，我们会培训老师，举办家长讲座，最大程度地获得家长的支持。

在培训老师的时候，一个很大的挑战是这些老师在自己的基础教育阶段就没有学过性知识，很多老师对于自己对性和性教育的态度也没有足够的审视。有些老师觉得学生不需要性教育，或者觉得这应该由爸爸妈妈去讲，而不是学校老师来讲。学校性教育到底应该由谁来教？我特别主张，学校性教育一定是学校老师来做，因为老师有教师资格证，做教师首先是合格的；另外，老师密切接触学生、了解学生，如果学生后续有问题，老师是学生可以求助的最近的一种资源。

培训时要克服的第一个困难就是老师对性的耻感。我们有一些针对性脱敏的活动，比如让老师给阴茎模型套上安全套，逐步扩大练习规模，帮助老师说出生殖器官的科学词汇。第二步是走进课堂。教师们提前想象了很多困难，但实际走进课堂后孩子并没有什么异常的表现。经过一个学期或一个学年的培训后，大部分老师可以按照我们的教学要求去进行教学，并完成教学任务。

家长也是一样。很多家长会问，爸爸什么时候就不能给女儿洗澡了？我觉得没有一个绝对的年龄划分，但有一些做法可以参考。比如要尊重孩子的感受——孩子提出来自己洗时，家长要尊重孩子的请求。另外也要尊重父母的感觉——如果爸爸觉得给女儿洗澡不自在，可以跟女儿说，你现在大了可以自己洗了，教她洗澡的方法，给她过渡的时间，如果她说没问题可以自己洗澡了，就祝贺孩子有了独立洗澡的能力，让孩子觉得她长大了。

我们在父母培训中也会给出一些性教育的提示，比如男孩/女孩触摸自己的生殖器官时家长应该怎么做。第一，要理解孩子有这一对自己身体探究的需求；第二，要尊重孩子对自己的身体有这种美好的感觉；第三，等孩子稍微大一点，比如说三岁是道德意识发展的起始时间点，家长可以跟孩子讲一些道理，告诉Ta这是一个隐私的行为，你触摸生殖器官自己会觉得舒服，但别人看见了可能会觉得不舒服，在我们的社会有这样一个规则，触摸生殖器官的时候要在一个私密的环境当中。从小培养孩子遵守社会规则的意识，一定好过父母阻止孩子或是打骂孩子。

孩子触摸自己的生殖器官没有错，这是探索身体的一个阶段，我们要允许并尊重。等孩子再大一些，Ta不光要探索自己的身体，也要开始好奇和探索他人的身体。我们要尊重孩子与生俱来的好奇，但也要告诉孩子，别人不允许的时候不可以看别人的隐私部位。如果孩子问起男孩女孩身体有什么不同，父母可以和孩子共读性教育绘本，培养孩子对人的尊重。要告诉孩子，Ta也可以清楚地表达自己的不舒服，比如不想让别人搂抱，Ta可以说出身体的感觉，并且有权利得到别人的尊重。这种从小进行的尊重、包容、多元的教育会在孩子长大之后帮助Ta建立良好的人际关系，并妥善地处理问题。

冷建国： 您已经是一位走在很前沿的性教育研究者了，您会觉得现在的流行文化或者网络热点仍不断对您的工作提出新的挑战吗？比如耽美小说或剧集的流行，比如当男生说女生"打拳"的时候，性教育工作者要如何跟他们讲？

刘文利： 这种挑战时刻会出现。比如说耽美。在做性教育的过程中，在和初中生交流时我能够感受到，有的学生是真喜欢这个东西，并在其中寄托了自己的一些情感。我可以看到，他们在阅读中思考，而且会和自己现实生活中发生的事情结合。有个学生的姑姑跟家庭成员"出柜"了，这个学生在同性恋问题上跟爸爸妈妈的看法产生了冲突，觉得没有办法再跟爸爸妈妈交流，但一直在暗地里支持"出柜"的姑姑。孩子觉得同性恋很正常，性倾向不同不代表姑姑这个亲人不好。一个孩子如果有这个基本的态度，其实是非常珍贵的一种教育资源，这个孩子可以跟同学讨论对于同性恋的看法和态度。

我们的性教育中普遍存在的问题是，一直是我们成年人决定告诉孩子什么，而不是我们去听他们想知道什么。凡是未成年人感兴趣的，一定是他们想知道的，也盼望着有机会在课堂中跟老师交流或听取父母的建议。孩子接触耽美文化，不是家长和老师引导的，我们要换个角度去探讨为什么孩子会受到吸引。作为家长要去了解这些东西，带着问题和感想与孩子交流，听听孩子是否在其中折射了自己的感情，是否有所期待。

有的老师担心在课堂上公开讨论这类话题会让孩子更兴奋，但我觉得，公开讨论一定好过地下讨论。我们可以通过彼此坦诚的交流知道孩子心里在想什么，发现问题后可以予以引导，这个机会值得珍视，而不是回避和放弃引导，让孩子自己探索。要做到这一点，就得克服文化上对性的耻感和禁忌，性不能成为一个禁忌话题，一定要在阳光下大大方方地谈。有了这样一个环境，我们可能就会有更多机会，帮助青少年在复杂环境中有所甄别，并独立思考。

在性教育当中，我们不去做好与坏的绝对划分。我们不做价值判断，而让孩子自己去思考，我们提供大量科学、准确、客观的事实和信息，帮助孩子搭起独立思考的"脚手架"，让孩子能攀着脚手架一步步往上生长，这是成年人可以做的一件非常有意义的事。

05／在裂隙中看到教育的机会和希望，如何培养人就如何培养男孩

傅适野： 和刘老师聊天很感慨，刘老师一直在反思教育者的机会是什么，教育的希望在哪里。作为媒体工作者，当我们看到比较黑暗的、有裂隙的地方，有时候就止步于此或者陷入悲观，但刘老师会从中看到机会，憧憬未来，有一种乐观的态度和必胜的决心。

冷建国： 我觉得是有一种责任感，非常沉重的责任感，会觉得一切未成年人的不良行为甚至是违法行为，在某种程度上都跟自己的事业有关，都跟自己从事的教育的不足有关。这种反思的视角令人感动。

傅适野： 这次聊的很多话题也呼应了我们过往的很多次讨论，比如刘老师说我们要看一个孩子和原生家庭的关系怎么样，以及在一个家庭中用孩子能不能和家长坦诚地聊性作为指标。我们过往也谈过很多原生家庭的问题，可能是子女对于父母的一些怨气，可能是父母对于子女的一些不理解。刘老师也多次谈到了性同意的问题，这一点在#Metoo运动中也多次被讨论，我们也一直都很关注。刘老师也谈到

我们要怎么去寻找爱、怎么去表达爱、怎样习得一种爱的语言和能力，这也是现在年轻人对于亲密关系很迷茫的一些点。这次聊天像是把我们过往的一些话题用一根线串了起来，感觉很奇妙。

另外，刘老师也强调说，性教育不光是针对未成年人的性教育，其实是针对所有人的性教育。在中国目前的情况下，成年人在教未成年人的过程中也是一种自我学习，因为性教育对于很多成年人来说也是缺失的。同时，性教育又不单纯是指和性有关的教育，它就是全人的教育，这个教育就是对人的尊重。刘老师一直在强调尊重孩子，其实就是在说我们要把 Ta 当成一个人看待，一个有独立人格，有尊严的人。

冷建国：我们这次对谈的初衷，是希望探讨为什么现在连小男孩也厌女了。因为我们既往看待很多事情的视角，尤其是作为成年人的视角，其实是一个最简单的性别的视角。我们习惯用这种视角来思考，是不是男性出了什么问题？为什么两个性别已经对立到了这种程度？但刘老师在为我们分析未成年人的欺凌行为、分析副班长这件事的时候，尤其强调的是儿童发展和儿童心理的视角——不应该把他当成一个厌女的男性来看，而是应该去了解这个男孩所身处的环境和欠缺的教育。这一点不仅让人感动，也让我们得以超出成年人/未成年人、男性/女性的二元对立，去学习如何在一个发展的过程中看待个体。

有一个问题我们这次没有直接问出来，但整个聊天都是围绕着这个主题展开的——是否存在一种可以突破现有性别文化局限和整体厌女氛围的教育方式？我们在今天要如何培养男孩？刘文利老师昨天凌晨回复了我们的采访提纲，在这个问题的批注里有这样一句话，我想分享给大家。她在这个问题下面写道："这个问题的本质是我们在今天要如何培养人，一个有人性的、文明的、善良的人。我们如何培养人，就如何培养男孩。"这其实是对我们的一个提示，也是对我们的一种鼓舞。

在长丰，女性
这一步是如何
走出去的？

嘉宾：林松果

媒体人

2020年母亲节，短视频博主"@papi酱"晒出一张与儿子的合影，不料因孩子随父姓而引发了一场旷日持久的"冠姓权"之争。在这场以城市语境为主的论战中，一个安徽乡村的案例却引起了许多人的关注。有网友发现，安徽省长丰县曾经发生过一场所谓姓氏革命，孩子如果随母姓，政府奖励一千元，而这项政策被认为扭转了当地严重失调的出生人口性别比。

《人物》杂志记者林松果在长丰实地采访了一周多时间，她发现，长丰的性别平等实验远不止"冠姓权"这么简单。作为国家卫计委和联合国人口基金合作的性别平等试点，长丰县从2011年开始推出了一系列推动性别平等的政策，他们组织村里的妇女一起学习《婚姻法》和《反家暴法》，成立妇女议事会，把村代表中的女性比例提高到45%；他们支持独生女为父亲"顶棺下葬"，反对女性只做饭不上桌的风俗，甚至把村里男女公厕的蹲位比调成了2∶3……

这一系列的性别平等实验，究竟给长丰县带来了怎样的变化？如今试点已经结束，基层的主政者也已经调走，长丰会不会面临人走政息的局面？长丰的经验又反映出中国基层治理的哪些特点？林松果把这些写进了《在长丰，女性向前一步》中。以此为契机，我们邀请她一起聊了聊在长丰女性究竟是如何"向前一步"的。

01 / 到长丰去：比预想更广阔更丰富

张之琪：你最开始是怎么关注到长丰县这个选题的？对这个选题有什么初步判断？

林松果：当时是因为微博上"@papi酱"的事情引发了冠姓权讨论，我最初对这件事不是特别感兴趣，直到看到你和一些博主提到长丰县。我一直对基层政治治理问题感兴趣，比如一个政策在某个地方——可能是一个很小的地方——施行之后，在当地会引起一些什么样的反应。从报道上来看，长丰县取得的成果似乎是非常好的，而安徽在我印象中一直是一个父权意识比较浓厚的地方，这些因素让我对这个选题很感兴趣。

我最开始想直接写冠姓权，并不是哪个人的曲折故事，而是家庭内部（关于冠姓权的）协商是如何产生的——当孩子随母姓之后，这个家庭会发生什么？夫妻之间、代与代之间、婆家和娘家之间、家庭单位之间会有什么微妙的变化？

我去到当地首先见了龚存兵（长丰县前计生委副主任），他是整个政策在县城层面的直接落实者。和他聊完，我就给编辑打电话说，我不想只写冠姓权了，因为我的发现比我预想的更加广阔和丰富。

冷建国：这篇稿子提到，2010年前后，安徽的出生人口性别比达到了128：100，也就意味着每128个男孩出生，才有100个女孩出生，这个数据远超正常值，2010年长丰县二孩出生的性别比高达172：100。而作为一位1992年开始就在乡镇计生办工作的老计生干部，龚存兵面对的可能是一个特别顽固、历史悠久的男孩偏好，他在任期内也面临着国家政策的重大调整，比如2015年放开"二孩"，他自己作为计生委公务员的角色也在发生转变。你觉得这个过程会如何影响到他个人？以及他为什么有做这件事情的动机？

林松果：首先，龚存兵这个人非常特别，我们一见面他就跟我谈了一些在我看来非常先进的性别观。我做记者这些年见过各种级别和类型的官员，他是非常特别的一位，我很好奇他为什么会有这些观念。他说首先跟时代大背景有关系，他最开始的时候是做计划生育，后来又开始做出生性别比的相关工作。在很长一段时间内，中国的计生工作都是一票否决制——也就是说，如果说一个地区没有把计生工作做好，那么不管这里经济发展多好，领导在升迁方面都可以一票否决。所以当时长丰县及其他地区的出生性别比没有控制好，不是计生委一个部门的问题，所有人都会受到影响。

龚存兵另外比较特别的一点在于，他真的会动脑筋思考如何解决问题，而不是领导跟我说做什么我就做什么。他能想到的办法就是提高女孩的地位，让大家觉得生女孩也挺好的，所以他制定了文章中提到的一系列政策——从女孩出生，到上幼儿园、上小学、上高中，包括求职创业，怎样在县城范围内执行一些政策，在每一步上为女孩提供支持，给她们一些更好的待遇。比如那个时候长丰独女户和双女户的女孩可以享受中考加 10 分，非常实在，也非常激进。

这个项目开始之后，他开始接触到一些性别领域的专家或人口政策专家，意识到自己之前的那些政策是很浅薄的，还没意识到男女性别不平等的根源在哪里。他一点一点被这些人启蒙，然后再在县里开辟这样一个空间，去做一些更好的政策。

冷建国： 这种基层政策制定（policy making）的过程非常有意思。我查资料发现，长丰县下辖 10 个镇 4 个乡，常住人口有 67.4 万人，2019 年人均生产总值有 7.5 万元，其实是一个比较富裕的地区。

林松果： 他们现在是全国百强县，刚开始做试点的时候还是全国贫困县。其实龚存兵一直跟我讲："为什么出生人口性别比能够下降得这么快？发展是最好的避孕药。"地区经济发展了，人的观念就会慢慢改变，就会意识到自己不需要生这么多孩子，或者意识到女孩也挺好的，不是一定要有一个男孩才能养老。龚存兵认为，我们这个试点是非常好的，但是我们也要非常诚实地说，是因为发展，因为经济，因为富裕了，才使得这个数据下降得这么快，大家才慢慢接受了新观念。

02 女性议政：基层的自治再自治

冷建国： 这篇稿子也提到了创新村女性的参政话语权问题。在村民代表大会上，女性代表的比例不低于45%，女性为了争取这个比例，提出了非常强硬非常迫切的要求。在你的观察中，女性在参政议政方面话语权的提高是否能反过来影响她们在家庭里的话语权？

林松果： 敢在这种村一级的会议上面说话，对农村女性来说挺难的。在农村这一层，中国基层自治基本上就是村民自治，也就是说村民代表大会决定了很多事情。今天几乎所有农村都面临着拆迁，以及女儿有没有权利分房子和土地确权的问题。确权是确到家庭还是个人？如果土地确权确到家庭，家庭内部又怎么分？这些问题都是由村民代表大会决定的，上级政府不管这些。所以，如果说村民代表中有足够多的女性，那这个决策集体也会有男女性别平等的意识，会在政策的制定和执行中注意这些。

原来的村规民约在决定怎么分房子、怎么分土地的时候，一般都是男性视角，不会分那么细，不会想到家庭里面的女性怎样，而是会想我们每家怎么分。当决策集体里有女性之后，她们就会想到那些弱势的女性要怎么办。创新村在村规民约里提到，外嫁来的媳妇如果跟丈夫离婚，只要你的户口在这里，就可以分到一半土地。如果你离婚后再跟其他地方来的男性结婚，只要你们户口都在这个地方，就算你不在这个地方生活，你也是这里的村民，你老公也享受一样的待遇。我当时在村规民约里看到这些制度的时候，觉得相当先进。

冷建国：是的。一方面它有一个性别的视角——女性也可以平等地享有权利、分配土地；另外一方面也有一个"外地-本地"的视角在里面，甚至可以为很多移民社会提供一个参考。

林松果：这个村是合肥最大的一个村，有八千人，可能不像小村庄那么排外，资源也相对更多。

冷建国：45%这个女性议政比例是很高的，一些宣称性别平等的大型企业的管理层都远远达不到这个比例。所以，妇女议事会相当于和妇联合作的一个村民自治组织吗？

林松果：因为创新村特别大，村委会没有办法事无巨细地管这些事情，村一级的单位要承担很多基层工作，我去的时候他们就在搞扶贫攻坚，天天加班，没有周末，一些很具体的事情这十几个人也管不过来。村里的妇女议事会可以帮助提出和解决一些问题，如果你觉得这个问题实在很重要，就再报给村委，村书记会推动解决。我觉得妇女议事会是延伸生长出来的一个空间，或者说一个机构基层的自治再自治。

我去的这几个村，管理班子都是七个人，有的是四男三女，有的是四女三男。我问他们是否刻意保持这个比例，他们说没有，在乡镇招考公务员然后分配到村里，没有太筛男女比例，是一个比较自然的过程。

张之琪： 你的稿子里提到了女性在政治参与上的一些特点，比如她们可能更公开直率敢讲真话。有一个例子是选低保户的时候，男代表会给所有人画钩，因为不好意思拒绝每一个家庭，女代表就会说，这家人我知道，他们条件还可以的，就会不选他们。另外，女性关注的议题范围是很广的，既有一些非常细微、家长里短的小事，也关注村里要不要修路这种大事。女性在这种基层政治参与里有什么优势，或者有什么特点？

林松果： 我的稿子里面提到了袁庆，安费塘村的村主任，她跟我讲过她是怎么做这个工作的。村里稍微受过一点教育、可能是初中毕业的女性，会组成一个性别平等的宣讲团。我问她，"你会专门去讲性别平等吗？"她说当然不会，你要是专门跑到一个人家里跟他说性别平等，他会觉得你很奇怪。她们一般会去宣传低保政策或者其他政策，讲完这些政策再讲点别的——讲点性别平等，讲点不能不让女性上桌吃饭——它其实是一种非常柔的策略。袁庆非常知道怎么把这些东西通过一种让人好接受的方式去传达。

在农村大家都很忙，比如创新村又种水稻又种小麦，又种草莓又种瓜，还养小龙虾，一年四季都在忙活。创新村有一个女性村民们独立的议事空间，叫"妇女微家"，其成员平常也是先跟大家混熟，拉家长里短，一起织毛衣，然后说有个东西你要不要来参与一下。她们真的都是先通过家庭与家庭、妇女与妇女之间的关系建立联系。

另外女性会天然地更关心每个家庭的情况。男性有时候会觉得自己不能太婆婆妈妈，不要太抠这些小细节，打听别人家的情况。选低保的时候，他们也会觉得不要得罪人，得过且过，把大家都勾上，大家开开心心就好了，不要那么计较这些东西。

03 / 试点短途：有限的启蒙，许多的遗憾

冷建国：除了基层自身的能动性之外，我想知道联合国人口基金在这个过程中做了什么？他们是如何影响这个过程的，有哪些自上而下的指导吗？

林松果：他们提供的首先是钱，比如姓氏改革中的奖金；另外会有一些顶层政策上的指导。但联合国同一时期在全国有非常多的项目，他们也希望一个项目的推进是从内部自身的改革开始的。长丰本地这些政策都是龚存兵和卫计委的人想出来的，联合国不太干涉当地官员要做什么，但每过一段时间会关心会督导，看看你到底做了什么、有什么效果。与长丰同期的有三个县，每个县的做法都不一样，全部都是当地官员想办法。

比如龚存兵觉得重点是启蒙，这也是他为什么要做公厕和姓氏革命。他不是真的要让多少家庭随母姓，而是觉得讨论的过程特别重要，希望实现观念上的启蒙。另外一个县的想法又不一样，可能更实在一点，会有一些非常憨厚的政策，比如让所有干部去唱性别平等歌。

冷建国：英国贝尔法斯特女王大学政治学与国际关系讲师张晨晨曾在做客时提到，部分发达国家会带有偏见地认为发展中国家不知道什么是性别平等，或是中国城市的一些女权主义者可能不了解乡村的情况，可能会站在一种比较高的姿态上去启蒙。但长丰县这个项目还蛮特别的，它更多依靠一种内部的自发性，联合国的指导是非常有限的，来自城市的影响可能也主要是学者的一些观察调研。

张之琪：《在长丰，女性向前一步》这篇稿子里还有一个我很感兴趣的话题——你提到一些夫妻两地分居，丈夫在城里打工，妻子留守，孩子养在农村。这些女性在家庭里的地位比较低，她自己没有经济来源，用钱要找老公要，其次她做了很多不被认可的家务劳动。而这个村里面有一些帮助留守女性的政策——比如让她们获得一份营生，能够赚钱，提高她们在家庭内部的经济地位。

林松果：长丰这种情况在全国都是一样的，在农村基本上都是男性在外打工，女性留守。长丰也是一个农业县，基本每个家庭都会有小麦、水稻或草莓地。

我写稿之前跟编辑聊，改革或者试点确实让我觉得很感动、很美好，但我们还是要承认一个现实——试点之前跟试点之后相比，农村女性真正的生活是没有什么改变的。她们依然处于非常繁重的劳动之中，白天下田，晚上做饭，要管家里那些鸡零狗碎的事情。

但我觉得会有一些精神层面的改变。当女性开始参与到村庄的治理之中，开始认识到自己的社会角色不仅是在家庭单元里做牛做马任劳任怨，她们拥有了一部分精神生活。她们跟姐妹聚在一起，可以聊点什么，她们每个人都知道《反家暴法》和《婚姻法》，她们有一点点意识的觉醒。我想写的就是这种启蒙。

张之琪：成长在这一实验周期之内的下一代女孩，观念上会有变化吗？

林松果：首先还是要看你处在一个什么样的家庭里面，现在虽然没有重男轻女，但是会有"更重男"。如果家里有一个男孩和一个女孩，那在资源的分配上面可能还是会有不公平。每一个家庭的内部都不一样。你能看到面上的启蒙，但是在家庭这种最小的单位内部正发生什么，其实我们也不知道。

林松果：在我自己来看，整个实验有非常好的地方。我们说村规民约是挂在墙上的法律，它真的存在于这些村庄之中，是你必须要遵守的东西。这个县城做出了很多制度化的东西，女性可以获得实在的经济利益，可以获得土地。在长丰县的范围内，这些女性得到了相对更好的保障，至少在制度层面固定了很多东西，实现了一些启蒙。

但是采访对象也一直提到他们觉得很遗憾的地方。第一是人走政息，当试点结束或还未结束时，龚存兵从卫计委调到了县委宣传部，主抓这块工作的不再是他了。他原本还想在家庭内部做关于社会性别分工的更多尝试，现在没办法做了，因为他无法再插手这个事情。第二是，为什么他们要在三个县做这样的试点呢？村规民约的试点其实是从河南登封的一个试点移过来的，登封这个试点是中央党校李慧英教授团队一直在做的，长丰的专家团队知道了，就开始在长丰实践。他们希望长丰的先进经验可以在更大范围内得到践行，比如可以在合肥市、安徽省甚至全国范围内研究是否可以把这些制度固定下来。虽说现在在县里做出了很大的改变，但最后没有固定成顶层的东西，没有影响到决策层，这也是他们觉得比较遗憾的一点。

学者汤梦君跟我说，这个试点能够成功，其实包含了天时、地利、人和多方面很复杂的原因，如果放在今天可能不会成功。这次成功的一个原因就是，当地基层的每一层都有想做这个事情的人。在中国乡村，乡镇一级承担着特别多繁杂的工作，基层压力非常大。经济发展很重要，扶贫也很重要，为什么一个基层政府能够有动力去推进性别平等这件事？它不像经济发展，是一个非常好的政绩。在这种情况下推进性别平等，需要真心的认同。长丰县是一个男性决策集体，决策班子当时坐在一起讨论，认定还是要认真把这个事情给做好，他们达成了一致。要做这样一个改革试点，涉及的部门除了妇联和计生办，其他部门也全部是要配套的，比如要提供一些经济上、政策上的鼓励，所以直接主政者必须要大力支持这个事情才能最终做成。

为什么后面就推不动了呢？因为我们经历了机构的合并，卫计委跟卫生系统合并成卫健委，其最重要的工作是庞大的公共卫生体系的建设，人口性别比已经好了很多，计生工作也不再是一票否决制，不是可以影响官员仕途的东西了，所以也就很难再进一步推动了。

04 "基层观察家"：
理解中国政治的可能路径

张之琪：从你做记者的经历和观察来看，如果想在基层做一点事情、推动一个新的政策，会遇到哪些阻力，或者有什么样的机会？

林松果：我之前主要关注两类报道。一类是关注人走政息这个话题。我此前在武汉做过一个选题，那里原来有一档电视节目叫作《电视问政》，当时做得风风火火，因为当时的武汉市委书记非常想把这个节目做起来。时任市委书记是阮成发，后来是云南省省长。当时武汉的每个部门，包括水务局、公安局等，甚至还有副市长，都要去节目里接受普通市民问责。有的市民穿着套鞋就上去了，说下水道没搞好，我们家漏水了，你什么时候把我们家搞一搞？

这就涉及一个问题：阮成发调走了，这个节目还怎么做？还做不做？很多政策都会遇到这样的情况：这一任主官——主官一般来说都是最大的官，比如市委书记或县委书记——想做这个事情，那么他就绝对能推动，因为他就是一把手。中国都是任期制，你不可能在一个地方待非常久，那么当他调走了，新的地方主官上任，就会涉及政绩问题。可能《电视问政》是前任书记最大的特色，新来的人未必想继承他的特色，他想要有自己的东西，那这个事情就做不成了。这种（人走政息的现象）可以推而广之到所有基层，不管是市还是县或者乡一级，都是一样的。

我做的另一类选题是关注一个政策在一个地方会产生多深的影响。我一直都很关注计划生育议题，在"二孩"放开时，我很想找一个地方观察政策放开之后会发生什么。我要找到一个有冲突性的地方，如果说人们已经长久地被政策规训，那么放开之后他们会做出什么样的选择？还会生二孩吗？

我当时就找到了一个著名的计生红旗县——江苏如东，这里几代人基本上都只生一个。现在这一代年轻人已经到了三十多岁，在"二孩"放开之后，他们还会再生吗？当地把人口控制得这么好，那么养老会不会成为一个问题？劳动力是不是短缺？整个社会系统都是勾连在一块的。我后来去了医院、养老院和学校，我在县城里面看到了好多殡葬店，而且因为孩子太少，也会涉及学校撤点并校的问题。当你真的走到那个地方，如果留心，你就能看到方方面面的痕迹。大家都不太愿意再生了，他们好像已经默认了每个家庭就是一个孩子，并且长久以来这也真的影响到了当地的经济和生态。

冷建国： 你提到的这两类报道，其实是关乎个体对一个地方政策的主导作用，以及微观政治到底是怎么运作的。我们此前做节目时也常常有一个疑惑——中国的基层治理到底是怎么样的？我们似乎更多看到的是中央—地方之间的统治关系，至于中国基层究竟是怎样一种权力互动、乡村自治如何实现，林松果的报道可能会为我们提供一些宝贵的参考。

张之琪：我看这篇稿子觉得很感动。哪怕女性的力量真的很微薄，或者她们的力量只能在一定的时间范围之内起作用，也许试点结束之后它的影响并不会遗留非常长的时间，但是至少那个时候我们都努力过，曾经努力争取参与和改变了当时我们认为不平等的事情。你在做这篇稿子的过程中有什么个人感受和我们分享吗？

林松果：我觉得很幸福，一年可能会有一两篇稿子有这种感受。我觉得每个人都那么鲜活立体，不管是官员还是学者，他们是真的对这个项目投入感情。同时我也有一个感受，上世纪60年代政府倡导所谓性别平等政策（"妇女能顶半边天"），如今回看真的好重要，政府的作用在这个过程中好重要——只要政府想做这件事，它就可以做到这个程度。另一方面，我依然期待看到更多自发的、个体生长出来的力量。

赛博格、人造子宫与单性生殖：我们可以从代孕想到多元的未来？

嘉宾：魏颖
研究者、策展人
泛生物艺术工作室创始人

王雨童
青年学者

2021年，在郑爽张恒代孕事件引发争议之后，我们对其中涉及的代孕、弃养、堕胎权等议题有了更加深入也更加发散的思考。在本次对谈中，我们首先复盘了此次全民大讨论中的社会舆论点及其反映出的诸多问题：为何在涉及生育议题的讨论中，男性得以隐身，女性或被攻击或陷入焦虑？为何性别议题被窄化为性别化的议题？为何本可以延伸至生命是否可以商品化、技术优化机体的伦理边界何在的讨论，再次沦为了对神圣母职的强化和对核心家庭的巩固？

之后，我们和青年学者王雨童、研究者魏颖一道，针对生育技术和生殖想象展开了一场思维实验。如果人造子宫技术成熟且被广泛使用，它是否会成为女性从生育和母职中解放出来的福音？又是否会以一种标准化、批量化的模式，颠覆人类既有的家庭结构和情感模式？更进一步，当我们进入流动性别的想象和性别自由转换的世界，二元对立的性别模式会被打破和颠覆吗？男女二元对立的表象背后，整个西方认识论的二元对立又能够被拆解吗？再进一步，如果单性生殖技术取得突破，女性是会被彻底地当作生育机器遭到奴役，还是会在父亲缺席后发展出近似母系社会的形态？

在进行上述思维推演的过程中，我们回溯了西方科学、文学和哲学脉络中顽固的生殖想象——男性对母体的持续恐惧和试图取而代之自我增殖的愿望并存：母体只是容器，父亲才是生命的力量之源。我们检视了在技术高歌猛进的科幻外衣之下仍然以传统西方白人男性和父权制血缘繁殖为内核的陈旧想象，也探讨了随着第二波女权运动的发展，女性学者和科幻作者对于"母体-机器"的重新诠释与解读。

在这次烧脑对谈接近尾声之时，我们意识到，上述种种讨论和推演并非天马行空的想象，也并非只存在于文学和艺术作品中，而是正在发生的现实。技术发展带来了身体的碎片化，也使得生殖的性与享乐的性步步分离。而当技术发展到不再需要异性繁殖的程度，剥离了生殖的性是否还有意义？有何意义？那时的我们又是谁？是男性，是女性，还是超出性别二元对立的全新的存在？

01 讨论为何窄化：
性别议题不等于性别化的议题

傅适野：我们先复盘一下围绕郑爽事件的讨论呈现出来的几种趋势。首先，对女性的炮火攻击非常凶猛，而张恒被认为是一个好爸爸。这件事爆出来之后，很多八卦小组也揪出来一些疑似代孕女明星的名单。很有意思的是，她们的伴侣也是明星——代孕是一个双方共同做出的决定，但在伴侣也是明星的情况下，炮火更多还是集中在女性身上。

王雨童：很少有这种可以把娱乐议题跟社会议题紧密结合在一起展开讨论的事件。复盘整个事件我们会发现，无论是事件本身，还是吃瓜群众，基本上都是女性在参与讨论，并且在其中投入了过度的焦虑和一种极度强烈的自我代入感。而对男性来说，他们更多还是旁观者，都有一个相对比较安全和安稳的位置，觉得水还没有淹到他们的脚踝。为什么它变成了一个只有女性关注的事件，并且集中展现出了女性对于女明星的抨击？好像有一种趋势，把性别和生育议题理解为只有女性关注的议题，而这样的议题就是一个所谓女性议题。

当然这种理解有自己的脉络及原因。我们知道，对现在影响最大的20世纪70年代的女性主义特别强调生育议题，包括生育自由和性自由。这个关注方向有历史动因，那时候的确要从解放女性的身体做起，但在今天继续这样讨论，其实有窄化的趋势，好像只有女性可以关注生育，只有女性在意代孕的问题，好像性别问题仅仅成了一个性别化的问题——这是我对整个事件的讨论中最不满意的一点。

还有一点，这个事情为我思考生命被商品化提供了一个很好的契机。因为它涉及的是两个小孩，两个幼小的生命被当作商品，并且大众对于郑爽的愤怒主要集中在她竟然可以用这么冷漠、高高在上的语气说，"烦死了，我不想要这两个小孩了"。国内目前对于生物伦理的思考并不多。如果孩子是商品的话，我们的器官是否是商品，我们的血液是否是商品，我们的遗传物质是否是商品？这些东西是否在一定程度上可以被作为商品，有很大的讨论空间。但现在的讨论只集中在一种对于所谓核心家庭价值观的巩固上：你既然生了孩子就要养Ta，或者你作为一个母亲怎么能这么恶毒。在讨论中我注意到了一个特别古早的词——"毒妇"，像古言小说里心狠手辣的母亲。但这件事完全不应该被窄化到仅仅讨论女性及女性的道德伦理问题。

傅适野： 确实像雨童所说，目前的讨论面向还很窄，但即便如此，我们也有必要厘清一下，在很窄的这些讨论里大家都在讨论什么。不难发现有一种把母职和女性再度捆绑在一起的趋势。最近几年可以看到大家开始慢慢地解构母职的神圣性，但在这次讨论里有很多人会说，首先你自己可以生孩子，你有子宫还去剥削别人的子宫，然后你的孩子生出来了又不养，还有人说，如果女性生孩子没有投入很多劳动的话，她就会变得如此冷酷无情。这都是将女性和母职的再度捆绑。责备女性自己有子宫还要去剥削别人的，它背后的逻辑是，女性有子宫就一定要生育，就一定要成为一个母亲，就一定要成为一个好的母亲。

王雨童： 女性和养育孩子之间的关系其实没有看起来那么自然。恩格斯《家庭、私有制和国家的起源》的一个基本观点就是，所有的家庭制度都受所有制制度的支配，而现在形成的这种异性恋专偶婚，是受私有制下的财产继承支配的。如果出于为了让人类在物种意义上得到更好的绵延、生更多人类这种简简单单的生理原因，人类采取的家庭形态就不应该是异性恋专偶婚，而是群婚制或者非专偶制，异性恋专偶婚是服务于私有制的财产继承的；女性同养育孩子的捆绑，是为了在这种制度下转嫁培养成本，是为了把继承人培养成一个能力足以继承财产的人。

我们本科的时候会读费孝通的《生育制度》，里面谈到两情相悦没有什么社会成本，只需要两个人在一起，或者只需要两个人之间互通感情就可以了。但是为什么社会要用法律和各种制度维系婚姻跟家庭呢？原因就在于家庭的功能在于生育和抚养。这就是我们会这么敏感地意识到生育问题和抚养问题对女性如此关键和重要的原因。也正因为此，如果我们想要改变女性跟女性其他的社会关系的话，首要问题就是要解决现有的对于生育和抚养的固化想象。

傅适野：另一种很有意思的说法是，当女性和男性一样有钱了之后，当女性和男性一样在生育问题上只需要提供卵子的时候，她们是不是就会变得像男的一样？这也很值得玩味。女性和男性在生育问题上到底能不能等价代换，也是一个值得讨论的问题。即便是只需要提供一个精子或者卵子，这两者是不是完全一样的？

我们之前聊过，取卵的过程比取精痛苦太多了。女性要打排卵针，还有排卵周期等各种各样的问题，这对于女性来说非常辛苦。谈到女性和男性能不能同等代换，我想到了之前"结绳志"公众号推送的一篇意大利哲学家罗西·布拉伊多蒂（Rosi Braidotti）写于1987年的文章《无母体的子宫，无身体的器官》（Des organes sans corps）。她说，随着生物技术发展，人的身体已经变成了一个很碎片化的东西，生物技术的前提是人可以拆分，是由各个部分拼成的一个马赛克。罗西提出，在这一前提下，有些人就会认为有机体不断流通代表有机体的各个部分是等价的，比如器官捐赠等于生殖器官的捐赠，其逻辑是一切器官都是等价的，都可以随意自由交换；以及精子捐赠等于卵子捐赠，暗含男女的生育是等价的，进一步可以推导出男女是等价的。罗西在文章里强调，我们应该强调一种性差异的生殖伦理，即在性和生殖这件事情上，男性和女性的经验完全不一样。包括很多生殖技术也是以女性的身体为依托，是把实验室建立在女性的身体上的。在这个基础上，我觉得也不可以做很简单的男女互换。

02 / 技术与伦理：
技术的"中立"和优化的边界

魏颖： 这件事背后还有一些资本的运作，包括明星形象的营销。比如郑爽的人设就是少女，她自己可能不能公开生孩子，她自己婚姻关系的崩塌后面也引发了很多事情。但现在受到攻击的是代孕技术，大家都在攻击说其他女明星也代孕。每个案例都是不一样的，或者说每个个案都有自己的问题，比如有些女明星也许不能生育，但是现在技术本身受到了非常严重的攻击。

联合胚胎移植，即试管婴儿技术，刚刚出现是在上世纪70年代，它解决的是女性不育问题，当时这个技术的出现是相当迫切并且具有公益性的，与商品化无关；第二代就是90年代，是解决男性不育的问题；到了第三代已经比较优化了。这个技术引发了伦理上的讨论，因为它相当于让天然的基因筛选进程又倒退了，本来不孕不育者的基因就退出人类基因库了，而基因不断地优化对于人类整体而言是一种生存权利的优化，但对于个人而言是权利的剥夺，试管婴儿的出现赋予了无法正常生育的夫妇或者家庭生育后代的能力，却对整个基因库造成了影响。所以当时的讨论重点就是，人类整体和个体到底哪个享有权利优先权？当然，随着该技术的逐渐成熟，人工生殖的小孩避免了双亲的缺陷，是一个优化的小孩，巧妙地避开了上述争论。

因此，讨论技术时我们面临的一个问题是：是在它不成熟的时候，通过一些伦理讨论对技术投否定票把它驱逐，还是给技术一些时间，让它慢慢优化？当然也有可能很多技术就是走歪了，被滥用了。我觉得所有技术都可能被滥用，当然也能被妥善使用，技术本身是既已存在的，我们需要在这次事件之后去加强伦理监管和立法。现在这些讨论如果能够引发一些切实的法律的完善或者社会监管上的加强，那么讨论就还是比较有意义的。

2021年我们在北大博古睿研究中心做了一个有关基因编辑婴儿的闭门讨论，从中可以看到基因编辑和代孕在技术讨论上的一些相似性。2018年基因编辑婴儿事件的新闻一出来，大家疯狂攻击基因编辑技术，后来参与我们讨论的一位科学家解释，基因编辑婴儿事件的问题在于基因编辑的对象是人类的生殖细胞，它会污染整个人类基因库，而并不是因为基因编辑技术——这个技术在关键时候是能救人的——由于大家不清楚来龙去脉，技术本身被攻击得体无完肤。因此，一方面大家需要多了解一些技术相关的事实，另一方面更重要的是加强背后的伦理监管和立法。

王雨童：在日常或者大众的理解里，技术是一个工具，是客观存在，你可以这样用也可以那样用。但从对技术进行文化研究或文化批判的角度看，技术所具备的各种各样的标准——比如它是客观的、理性的、透明的，它是对所有人中立的或者普适的——本身就是文化建构。你只要参与过任何有关技术或者实验室的研究，就会发现，从挑选要观察的仪器的那一刻开始，所有这些价值标准就都在其中了。问题就在于，决定技术的往往是那些非技术的问题，就好像决定性别的往往是那些非性别的因素。

张之琪： 在中国第一例基因编辑婴儿事件发生的时候，我写过一篇文章，有一部分谈到了治疗和优化之间的关系，有点像刚才魏颖讲的。技术最早肯定是以治疗为目的的，它面对的是一些所谓缺陷，思考的是如何通过技术解决缺陷。但随着技术慢慢发展，就会出现优化的选项。在那篇文章里我提到桑德尔写过的一本针对基因编辑技术的书《反对完美：科技与人性的正义之战》，里面举了一个非常有趣的例子。

美国有一对女同性恋伴侣，两个人都是聋人，她们想选择生一个聋人后代，她们认为聋人不是一种基因缺陷，而是一种身份认同。于是她们选择了一个往上倒五代都有听障基因的男性，通过他的精子生了一个小孩，这个小孩生出来果然是一个聋人。这个案例被美国媒体报道之后引发众怒，很多人攻击她们太不负责任，自己知道这是一个缺陷，为什么还要生一个这样的孩子。桑德尔说，我们要怎么理解这个问题？这对同性恋伴侣到底有没有一定要生一个健康小孩的道德义务？当她们不将所谓"基因缺陷"理解为一种缺陷的时候，我们到底要怎么看待她们的选择？

最终他提出了一个观点，他认为健康不完全是一个生物学上的概念，或者说没有一个标准答案。健康之所以被珍视，并不在于其本身的价值，而在于它能不能作为一种资源，作为一种实现其他目的的手段。在这个基础上，健康是没有办法被价值最大化的，永远没有最健康这个标准。健康是有限度的，而当基因编辑的手段可以让我们无限趋近于"最健康"的时候，其实是很危险的。

我觉得他提出了治疗和优化的边界问题，或者说优化应该到哪一步我们就觉得够了，还是我们永远要追求更完美的后代？这也是一个很现实的问题，虽然他举的是一个非常罕见的案例，但类似的伦理困境是普遍存在的，优化的终点是无穷无尽的。

03 人造子宫：
女性得解放 or 美丽新世界？

张之琪：郑爽被批评的另一点就是在代理孕母怀孕七个月的时候，她想要求孕母堕胎。当事情被曝光到公共媒体上，大家哗然的点在于，七个月的孩子已经很大了，引产出来很可能是一个可以存活的婴儿了，这个情况下你怎么能让她打胎呢？另一个问题是当一个女性选择代孕的时候，她和代理孕母之间到底是怎样一种伦理关系？她有没有权利要求孕母堕胎——即便是在法律允许的情况下，她有没有权利这么做？

我收到一封私信，来信者说，这个问题让 Ta 很困惑：我们不是都倡导女性有堕胎的权利吗？为什么在这个事件中，大家反而是用胎儿的生命作为筹码来批评代孕？我们该如何权衡代理孕母的权利和她肚子里的孩子的权利？这又是一个非常复杂的问题，涉及更复杂的伦理关系。

母体和胎儿之间到底是一种什么样的关系？它当然有一个完全生

物学上的解释，有一些很具体的生物学上的描述，这个在很多国家是作为立法依据的。但在很多伦理的讨论和技术的应用过程中，人们对于母体和胎儿之间的哲学关系的认知，很大程度上影响了我们要怎么立法，怎么界定其中的伦理关系。

我这两天看了一篇文章，它讲到传统上我们有两种有关胎儿和母亲关系的想象：一种是整体-部分模型（parthood model），主张胎儿是母体的一个部分、一个器官；另外一种比较好理解，叫容器模型（container model），认为母体是一个容器，母体和胎儿是彼此独立的，在这种模式中母亲只起到了孵化器的作用。在这两种认知体系下面，我们可以看到对于代孕及堕胎的完全不同的看法。如果我们认为胎儿是母体的一个部分、一个器官的话，代孕就是人口买卖和器官买卖的问题，按照这样的观念，代孕是完全不能被接受的。如果认为母体就是一个"孵化器"，那代孕就是一个妊娠服务，是一个出租子宫的行为，是可以被接受的。

对于堕胎来说又是完全相反的：如果你认为胎儿是母体的一部分，那就是 my body my choice，我的身体我做主，妈妈当然在任何时候都有权利选择杀死她肚子里的婴儿；但如果按照"容器模型说"的主张，母亲肚子里的胎儿就是一个完全独立的实体，不管 Ta 几个月大，母亲是没有权利终止另外一个独立的生命的。所以作者说，在美国语境下，这会造成一种困境，即对持有更加"进步主义"政治观点的人来说，他们既赞同堕胎，又赞同代孕，也就是说，既认同胎儿是母亲身体的一部分，又认同母亲其实是一个"孵化器"。反过来也是一样的，如果是一个有保守主义倾向的人，Ta就会既反对堕胎又反对代孕。这在哲学上造成了一种困难，也说明这两种传统的解释模型，都不足以应对我们今天面对的这一技术前提下的道德困境，所以作者认为我们应该有一些新的想象。

这种想象挺值得探讨的，当我们有了人造子宫，当在体外来培育胚胎这一技术成熟后，这个问题就会被更加推进一步。人造子宫是什么？没有经历整个妊娠过程的母亲又在里面扮演着怎样的角色？这是更复杂一点的问题。

魏颖：代孕很大的一个争议点就在于有第二个女性在，她被视为工具人，她提供了子宫，把子宫作为培育胎儿的一个机器。而如果出现了人造子宫——之前有一个案例，美国科学家艾伦·弗雷克（Alan Flake）通过人造子宫培育出了一头小羊，它已经是哺乳动物了，所以未来用在人身上不是很大的问题——这将是又一个伦理边界的问题，这在伦理上是前进还是倒退？人造子宫是无机的，它就是一个塑料袋及一些养分，它不是一个有主体性的人，所以就不存在另一个女性的权益被伤害。但这会让孩子失去物理上的母亲，这对孩子会有什么影响？在生物学上，母亲怀胎的时候会通过羊水跟婴儿有一些交互，包括后来的生产和乳汁哺育，都是在给小孩提供一些外界的保护和精神上的照顾。当所有这些简化成一个塑料袋后会怎样，还有待讨论和展开。

王雨童：有一种可能是人造子宫变成女性的福音，减轻女性各种各样的麻烦，把女性和母职彻底分开。但也有另外一种可能是《美丽新世界》式的，所有孩子都是用某一种标准批量地生产出来，他们在人造子宫环境下长大，并不具有传统意义上各种各样的情感。

魏颖：这又往前推了一步。我这边的语境还是孩子有一个人类的家庭，在一个基本的组成单位中，在一个爸爸和一个妈妈的关照下成长。而你说的是批量化的生产。

王雨童：对。困难同时又好玩的地方在于，这些目前都只是推演和推想，我们肯定要结合各种具体的情况来讨论它及其各种各样的两难困境。

04 未来生殖想象：表面科幻，内核陈旧

傅适野：除了《美丽新世界》，还有没有一些作品为我们描述了人造子宫？

王雨童：这也是我对现在比较主流的对于未来的生育想象抱比较警惕和悲观态度的原因。比如《黑客帝国》使用 matrix 作为隐喻，matrix 就是母体；《银翼杀手 2049》则把整个人类的希望寄托在人类女性能否自然生育上；而《异形》或者其他和基因拼贴、人造怪物有关的电影，都会有意无意设置一个母亲的形象，母亲通过自然生育繁衍出了怪物。从中可以看出，我们传统的文化想象是多么强大和顽固。

以《银翼杀手 2049》为例，当仿生人已经智能到比人类更具有感情、更具有人性的时候，我们对于未来的想象依旧在于能否自然生育。或者说你会感受到，它试图告诉你自然的总比人造的好，这其实是让我感觉最不舒服或者最警惕的地方。表面上它是科幻，它有各种各样的冷冻技术、基因剪切，各种各样最时髦的科技，但其实它的内核依旧是特别传统的西方白人男性的、父权制的关系血缘繁殖，这是最糟

糕的一种关于未来的想象。

罗西·布拉伊多蒂也有一个类似的观点,她说我们并不害怕后人类的未来,害怕的是借着后人类未来的壳,还是传统的西方人本主义的内核。

张之琪: 这其实关乎一种固执的生殖想象。昨天我看了女性哲学家伊蕾娜·阿里斯塔霍娃(Irina Aristarkhova)写的一篇文章《体外发育和母亲机器》。她讲到,研究所谓体外发育的动机到底是什么?最直接的当然是医疗目的,如果一个早产儿很早就出生了,为了维持Ta的生命,就要制造一个类似于人造子宫或者人造胎盘的东西。再往前推一步,我们可以通过人造子宫控制、监测、干预受精—妊娠—生产的整个过程,由此我们就可以了解人类到底是怎么孕育的。关于这些研究能够带来什么,这些科学家有一些观念上的交锋。其中有两种倾向:一种认为母体只是一个智能孵化器,它是很容易被机器替代的,这只是一个技术问题;另外一种似乎是更加女性主义的角度,就是将女性从母职或者生育义务中彻底解放出来。这两种倾向造成了人造子宫的两难困境,一方面它似乎想要把女性从生育劳动中解放出来,另一方面它其实实现了一种男性自我繁殖的想象。

西方哲学、文学和科学传统中有一种非常顽固的对于母体的轻视,就是一直想要抹去妈妈,假装妈妈不存在。而男性这种自我繁殖的想象,本质上就是认为母亲只是作为一个智能孵化器存在,父亲才是人类灵魂和生命力的源泉。

傅适野：说到男性的生殖欲望，我昨天又去看了《弗兰肯斯坦》，因为我们要讨论女性生殖，我就在想有没有可能实现男性单性生殖，《弗兰肯斯坦》就是一个例子。书中的科学家在没有女性的情况下造出了一个怪物，他的初衷也是想探寻生死的自然奥秘。很有意思的一点是，科学家是在他的母亲去世之后开始造人的，母亲的缺席促使他想去造人，但当他造出怪物之后，他的造人计划又被恐惧打断了。

造出来的怪物后来恳求弗兰肯斯坦造一个女伴和他做伴，但弗兰肯斯坦想到，第一，万一这个女的想跟同类之外的人类繁衍怎么办？第二，如果她跟弗兰肯斯坦造出来的男性怪物结合，二者繁衍出一个很邪恶的族群怎么办？这里面其实有一种对于女性生殖想象的恐惧。

王雨童：这也是《弗兰肯斯坦》被追认为第一部科幻小说的原因。从源头看我们会发现，从启蒙时代开始的男性自我繁殖的神话其实是根深蒂固的，甚至在科幻门类里也是同样。在科技界，这种神话现在好像有了一个特别好的实现的契机。

我自己在做论文的时候发现，很多学者会指出，我们对于基因的讨论中有大量启蒙时代的经典意象。比如破解基因密码或者破解基因的神秘地图，跟大航海时期去海外殖民、画出一个以你为中心的世界地图、攻城略地那套是一样的。你会发现，虽然它是最先进的文化、最先进的科技，但是里面仍然充斥着有关殖民的、有关性别的陈旧的话语和想象。

05 / 赛博格宣言：
如何想象机器与母体的关系？

傅适野： 在有关生育的西方哲学的认识论基础上，有一种男性驱动的生殖愿望。这种认识论里有一种说法，女性是一个智能的孵化器，本质上是一个容器或机器，而男性是力量的源泉。体外生殖的欲望就是想要抛弃作为一个容器的母体或者女性身体，去制造一个相对来说比较轻巧（handy）的新容器。但有趣的是，这个研究和制造的过程仍然建立在对母体很密集的研究和剥削上，就是说，现在体外技术很大程度上是需要用母体——不管是动物的还是人类的——作为研究支持的。我看的一篇文章也在讲魏颖刚刚提到的小羊人造子宫的研究，其中有很多对于母羊的剥削，比如母羊被剖腹后因大失血而死亡。

男性的生殖想象建立在对母体的剥削之上。基于此，一些女性会倡导，既然男性把我们当机器，那我们就要反对这种说法，所以她们会在母体和机器之间做出区分，倡导母体并非机器，而是和机器对立的；机器是一个完全没有感情也不会呼吸的孵化器，而作为母亲的女性是有感情的；机器是一个很危险的环境，它给婴儿创造了一个危险的生存空间，而母体相对来讲比较安全。反对者认为，这种对立忽略了西方科学话语本身就把母体机器化的叙述，所以我们要做的不是再度把母体和机器对立起来，而是去重新创造一种母体和机器之间的联结。我不知道这是不是所谓赛博格的概念，因为这个概念指的正是机器和有机体的结合体。

王雨童：如果从学术思想上看，适野说的这类被称为生态女性主义者，她们强调一种反机器，尤其是反科技的立场，强调女性和自然、灵性和思维感受的联系。而在哈拉维著名的《赛博格宣言》中，她把这些人批判了一通。虽然她们也是她的伙伴，也是和她一起进行社会运动的同志，但哈拉维认为这种想法有一个最关键的问题，即沿用了传统的西方文明所设立的种种二元对立，首先是机械、技术跟自然的对立，然后是男性跟女性的对立，以及知识跟感受性东西的对立，等等。真实的情况是，起码从"二战"之后，这些东西早已密不可分——它可能同时是自然的，也是技术的，同时是灵性的，也是智性的。在这种情况下，单纯强调机器或者非人性的东西对于女性的破坏或者伤害，是一种非常消极、对未来于事无补的态度。我们已经身处技术社会之中，还要假装技术不存在，这是一个特别不实事求是的态度。

而女性本身跟机器的关系也是更复杂更多元的。首先，男性对于女性身体和机器之间关系的主流想象就十分有趣。在男性或者说主流的想象里，被技术塑造的女人身份，除了母亲或者生育机器之外，还有性伴侣和家庭主妇，有一大堆特别烂俗的作品都和这些主题相关。你会发现，这些女性的身体或多或少都不因自己而存在。

也就是说，在这种主流想象里，机器与女性之间是一种异形同构的关系，就是男人之于机器人，男人之于女性。重要的是结构，在结构上女性跟机器是一样的。我们可以想到特别古早的例子，比如希腊神话里的皮格马利翁，女性跟雕塑一样都是被塑造、被制造、被控制、被赋予的形象。但有趣的是，到18、19世纪出现了对"女性-机器"的重新认识，人们发现机器不是你控制它就可以，机器可以反过来控制你了，经过启蒙之后，主流也开始认识到女性身上还有更多的深度，有更多的你无法直接控制的东西。

德国19世纪浪漫主义作家霍夫曼有一个小说叫《沙人》，其中既有男人发现他不能完全控制机器人偶时那种自信心受到的挑战，也有男人发现他不能完全控制女性时的那种性别优势感的崩溃。我们会发现，其实女性身体跟机器可能会有更亲密的关系，或者说机器对女性的身体来讲，很可能并不是压制，而是一种互相帮助，我们跟机器之间可以建立更亲密的联盟。这也就是为什么20世纪初比较早的女性科幻作家会积极地想象用新的技术去改造自己，改造女性，让她们成为一个特别强有力的形象，成为一个远远超过所有男性的形象。我觉得赛博格跟女性是非常有亲缘关系的。

张之琪：刚才我脑子里一直在想蔡明的那个机器人小品，最后就是机器人失灵了，无法控制了。现在从这个角度重访这个小品，感觉好像并不简单。

06 / 另类的性别想象：从《黑暗的左手》到 ABO

傅适野：刚刚我们聊到，男性和女性并非一定是二元对立的模式，一些科幻作品里也有类似打破二元对立性别模式的尝试，比如流动性别的设定。勒古恩的科幻作品《黑暗的左手》的设定是，人本来是双性状态，在经历发情期遇到另外一个人的时候，两人在流动的关系中被重新分配性别角色，当然最后在生育的时候，还是有一个人是女方，女方承担生育的职能。你们会怎么看待这种流动的性别设定？

魏颖：这在动物界挺正常的。我们现在看人类所有固有的特征都觉得习以为常，但当我们出离人类中心主义视角，性别太多元了。比如贝类，水温高，它觉得适合繁殖，就转化成雌性；水温低，它就是雄性。这些在动物界很正常，所以《黑暗的左手》的设定可能受到了动物界的启发，只要稍微从人类中心主义往外看一看，这些案例比比皆是。

王雨童：我想到我们对于同性恋研究有一个说法叫 queer study

(酷儿研究)，但如果从别的物种的角度来看人类的这种异性恋、单一对偶婚姻以及核心家庭，这个事情本身才特别queer、特别怪异和不遵守常理。

《黑暗的左手》比较有趣的一点是它的设定——在克慕期也就是情动期，可以选择你的性别，有可能是男，有可能是女。这导致的一个结果是，生育跟抚养不再是某一个人的事情，而是每个个体都有概率经历的状态。其中有一个情节，卡亥德王国传来一个消息，说国王怀孕了。这并不是在说这种性别转化、性别流动到底有没有技术上或者生理上的合理性，它的主题其实是说，性别更多是一种状态，而不是一种本质性的、定死了的事情。勒古恩设想的是，当这一点彻底改变的时候，整个世界会如何变化？简单地建立在男女二元对立之上的整个社会系统和社会文化会不会变化？

书里有一段话特别好玩："17岁至35岁的人都有可能为分娩所累，这一事实意味着这里的所有人都不会有其他地方的女性可能遭受的心理或身体上的束缚，大家共享义务同特权，相当平等，人人都在承担同样的风险，享受同样的机会。因此这里的人也就不能享受到其他地方男性所有的那种自由。"可能所有刻板的性别气质都会不存在，所有潜在的性别要求也都不存在，建立在种种性压抑、性冲动、弑父情结和性暴力之上的一些文明形态也都不存在。

傅适野：我前几天看了另外一个科幻小说《游戏玩家》，它的设定是有男性和女性两种性别，男性在青春期之前会维持原始的性别，青春期之后就可以选择自由转换，性别转换的过渡期会出现两套生殖系统并存的状况。故事里"文明"社会的恋爱模式是异性恋，但没有婚姻的契约，男女可以以临时或者长期同居来维持关系，怀孕和生育是由女性完成的，即男性可以转换为女性怀孕生子，女性也可以转换为男性与别的女性怀孕生子，通常人们会选择自己与伴侣各生育一个孩子，也不干涉生育多个孩子的选择。看完这个小说之后我就在想一个问题，男的真的会愿意转换成女性并且怀孕生子吗？

王雨童：这个问题在于，这个社会的性别本身背后是整个西方文明制度，这就是为什么我们说仅仅说男性比女性更有优势或者女性比男性更有优势是没有意义的，因为只要二元对立存在，这种紧张的关系就会存在。

这让我想到《黑暗的左手》刚出来获得了各种各样主流认可的时候，当时的女性主义者却非常严厉地批评了这个作品。原因是里面只设定了两种性别，虽然说两者可以互相转化，但还是一个二选一的问题。还有一点就是，在英文原作里，作者是用 he 来称呼主人公的。当然，这其中也涉及所有的语言和思维劳动本身在整个西方认识史上跟二元结构的关联——只有 he 或者 she，没有其他选择；只有相互转化，没有在这个框架之外去发展其他的性别。

张之琪：除了流动的性别之外，ABO 是不是一种不同的性别模式？

王雨童：ABO 其实是从欧美发源的女性耽美写作里的一种设定。

魏颖：Alpha（A）男性就是众星拱月，集中了所有的基因优势。

Beta（B）男性是可怜的大多数。但 Omega（O）是什么，我很好奇。

王雨童：我觉得 Omega 是 ABO 整个设定里最有意思的一点。Ta 的设定是一个有很强的生殖能力，但相对而言在体力和领导力等方面非常弱势并且在数量上也非常稀少的社会阶层，或者说一种人。好玩的是，这个设定虽然有 A、B、O 三种，但同时也保留了男女，所以理论上 ABO 有六种性别。耽美小说里写的主要是男性，但也会出现女性配角。

但 ABO 的设定有一个问题，所有 Alpha、Beta 和 Omega 都有其固有的生理基础。比如说 Alpha 在大多数设定里是一个性能力非常强的物种，有非常大的生殖器；Beta 是性能力和性吸引力都非常普通的普通人，就是所有配角。换句话说，整个体系最为人诟病的就是，好像我们只写 Alpha 和 Omega 的事情，不怎么写 Beta。Omega 性吸引力特别强，只有 Omega 可以生育，它会保留女性的生殖器官。

傅适野：那你觉得这个设定有什么进步性吗？

王雨童：我个人觉得，没有。它的问题在于还是把生育跟某一类生理上的人关联起来了。只有 Omega 能生育，而且每一个 Omega 都是"小娇花"。

07 单性繁殖：
从艺术实验到终极推演

傅适野： 咱们从ABO进入单性繁殖的话题。在技术上女性单性繁殖是不是已经有一些实践了？

魏颖： 我现在接触较多的还是艺术作品，但我觉得未来在技术上实现的可能性非常大。或许过一百年单性繁殖会成为可能，大批量单性繁殖估计还是比较难。但艺术家会有一些想象，有几个例子。一个是有位艺术家（夏洛特·贾维斯，Charlotte Jarvis）把自己的体细胞转化成了女性精子（female sperm）。现在干细胞技术很发达，可以实现让身上任何一个部位的细胞回到最原始的干细胞状态，再让它分化成身上任何一个部位的细胞。在这个案例中，它分化成了生殖细胞。在技术干预下，生殖细胞转化成了精子细胞，所以这个女性艺术家最后拿到了一个自己的女性精子。这个过程可能更具有象征意义，因为很多时候艺术家做的是视觉性或者实体性的思想实验。

还有一个日本的艺术家是女性同性恋，一般需要男性精子产生后代，她设计了一个方法，把她和伴侣的基因绘图，通过计算机进行融合，展望了两位女性基因融合可能产生的后代。她当时拍了一个片子，在日本的国立电视台播出，希望引发大众对于女同性恋包括女性身份的思考，还是蛮大胆的。她所在的流派叫思辨设计（speculative design），是通过设计把一些未来的可能性用艺术表达出来，从而引发更多思考。

傅适野：基于我们刚讨论到的男性具有原始生殖欲望这一前提，如果女性可以单性繁殖，如果男性知道所有孩子都可以没有自己的基因……作一番思想推演，会出现什么情况？

张之琪：我和适野在讨论这个问题的时候，适野说，在单性繁殖技术已经成熟并且可以应用的情况下，女性到底会进一步被奴役，还是可以获得一种类似于母系社会的权力？比如在走婚制中，父亲始终是缺席的，他贡献的只是一个精子而已，如果技术上可以实现连精子都不需要男性贡献的话，那是不是我们就可以拥有一个母系社会的框架？这可能是两个完全不同的想象的方向。除此之外，当女性可以自己生育一个孩子的时候，她是会选择生孩子——因为这孩子属于她，还是会选择不生孩子——因为也许繁殖本身也是一种父权制建构出来的需要？会有一种非父权制的新的生育文化产生吗？

王雨童：我觉得两者并存可能更接近于答案，各种各样的行为或者心态，或者生不生孩子的决定都存在。

魏老师说的这些艺术实践让我想到，在男性主导的科幻作品里也有很多女性关于生不生孩子以及如何处理和男性关系的想象，它们是比较特殊的历史的产物，是上世纪六七十年代第二波女性主义的直接后裔。而即使是在同一个历史语境下，这些作家的回答也都不完全一样。比如有的人崇尚所谓分离主义，就是女性跟男性彻底分开，女性一个国，男性一个国，或者男性因为某些原因灭绝了。当然我们现在去读这些作品，可以理解它的偏激以及为什么会有二元对立，因为当时就是直接的暴力冲突与社会运动的语境。比如乔安娜·拉斯（《如何抑止女性写作》作者）在《女性人类》(*The Female Man*) 中的态度就非常明显，她认为直接的武力战争是不可避免的。

也有很多作家不采取分离主义的态度，而是认为应该多种现象并存。比如美国黑人同性恋男性科幻作家德拉尼（Samuel R. Delany）的小说《特里同》(*Triton*) 里就说，未来火星的卫星上特别崇尚各种各样的性取向，包括同性、异性、恋物等，反而男主作为一个在传统男女文化中长大的直男，感受到了巨大的身份落差和不被认同。那里的异性恋非一对一的关系，非传统家庭、非传统婚姻也都广泛存在。所以我觉得它们可能都在更接近于我们理想中的未来的状态。

魏颖：这让我想到卢西亚娜·帕里西（Luciana Parisi）在 *Abstract Sex: Philosophy, Biotechnology and the Mutations of Desire*（《抽象的性别：哲学、生物技术和性的突变》）一书中把性分成了三个阶段：第一阶段是生物性的，是和繁衍相关的；第二阶段跟文化性和社会性相关，掺了很多杂质，但这个杂质是人类必需的，比如爱情、婚姻、契约财产、权力，是性到了某一时期需要发挥的作用，但跟生物性的关系已经有一定距离了；到了第三阶段，就是我们现在，性跟这些都解绑以后就可以飞起了，当数字技术和生物技术可以参与其中的时候，核心家庭的概念崩塌了，它指向的未来是很开放的。我们不知道会不会有第四阶段，或者说就是停在这里变成了赛博的性。而如果人没有生物性的需求、没有社会性的需求、不需要继承人并且又是单性繁殖的话，女性就是无比自由的。反过来讲，女性可以单性繁殖，男性也可以单性繁殖，每个人的选择都无限大，其实乌托邦挺好的。当然，人还是有异性恋的权利，不是说非得所有人都单性繁殖。

张之琪：最后，我们可以聊一个更开放的问题。齐泽克给《银翼杀手2049》写过一篇评论，他提出了一个问题：当技术发展到不再需要异性繁殖的程度，剥离了生殖功能之后的性是否还有意义？性在这里不光是生理层面的性，而是一种sexuality。性是否还能存在于后人类的时代，或者说它的存在还有没有意义？更具体来说，是否还需要区分男性和女性——不光是生理上的性别，也包括社会性别，我们的性向是否会更多元？等等。

王雨童：这个问题真的非常难回答，因为我们现有的知识，尤其是跟性有关的知识，主要是精神分析，但是精神分析完全解决不了这个不在它框架里的问题。

魏颖：我觉得未来的人很可能有两个身份，一个是在现实世界，一个是在赛博世界、虚拟世界，比如Facebook、XR（扩展现实）里。

在那个世界里，可能人的生理性已经不重要了，人就是数字人，是数据在发挥作用。数字世界的权重将越来越高，当数字世界的权重高到一定程度，而物理的性在里面又无法表达，它的重要性就会越来越下降。同时，在物理世界里，性的丰富程度又会因为生物技术的发展而越来越复杂。我们可能都无法想象未来和性别相关的组合。或许人可以选择要不要生孩子，选择有性别或者没有性别，男性或者女性，或者男性和女性叠加。Facebook不是有五十多种性别吗，这就体现了一种可能性。

总结起来我觉得有两种可能：一种是人在数字世界里完全不需要性这个东西了，二是人在现实世界中陷入了更多的选择或者更大的迷失。

王雨童： 要讨论剥离了繁殖功能之后的性是否存在，可能要回答的一个问题是：在所谓人性里面，或者说人类这些现有的感受里面，性到底是个什么东西？何种愉悦可以被称为性，而这种愉悦的行为是否跟繁殖功能或者功利性职能有直接的关系？人丧失掉这个职能之后，是否会觉得这种愉悦没有那么重要了？

这是我们还没有办法完全回答的，如果仅仅就现在能看到的状态来讲，传统意义上那种性冲动真的会少很多。取而代之的愉悦可以是跟一个虚拟偶像的关系，跟完全不能跟你发生交互的人之间那种单向的冲动，或者是很多科学设想里提到的，在人的脊椎骨上装一个开关，通过刺激它从而实现纯粹生理上的性冲动和性满足。

思考性是否还存在，或者性的意义是否将完全超出我们曾经知道的各种形态，那是一个完全超越了我们之前知识体系和情感模式的世界。

张之琪：我们这次虽然谈到了很多非常激进和大胆的想象，很多现在只存在于文学作品和艺术作品当中，但其实它们早已经在现实中开始了。刚才雨童讲的性爱和生殖的分离，就是现代文化的一个重要组成部分。罗西在文章里也讲到，生殖机能已经丧失了基于自然主义范式的统一性，这意味着从那个时候我们就已经走上了这条路。而生殖技术的干预和介入让生殖过程越来越碎片化，性和生殖的分离就是碎片化的第一步，是把整体切碎的第一刀，我们一直都走在这条路上。刚才雨童提到了人和虚拟偶像之间的情感联结，也是让性越来越碎片化和多元化、与生殖功能解绑的体现之一。

爱一个人,是最小单位的民主实践

嘉宾:**杨荔钠**

导演

余雅琴

媒体人、影评人

"妈妈"是每个人再熟悉不过的词，它意味着母体、港湾、庇护、人的来处。也因为其普适性，"妈妈"被赋予了太多的意义，它总是指向牺牲、奉献、无私，甚至神圣。它不被允许自私，甚至鲜少快乐。

在过往的聊天中，我们花了很长时间探讨"妈妈"，我们试图破除母职的神圣性，我们也探讨母女关系，探讨女性不成为母亲的可能性，以及女性作为女儿的反思和领悟。或许我们不会成为母亲，但我们永远都是女儿，我们的性别意识也是在思考自己和母亲的关系中逐渐获得的。我们观察母亲的人生，品尝她的快乐与苦涩，我们也畅想"我们的女儿"，如果她确实存在，我们该如何与她相处，我们又希望她成为一名怎样的女性。

导演杨荔钠的新片《妈妈！》就在处理这样的议题。当65岁的女儿患上阿尔茨海默病，85岁的母亲该如何应对？当女儿渐渐将母亲遗忘，相依为命的二人该如何重建秩序，创造新的联结？

在电影中，我们能看到阿尔茨海默病真正的样子，不是无声的、顺从的病人，而是有强烈个人意志的、"宛若新生"的主体。曾经温和的人或许会变得暴戾，曾经体面的人或许会丧失尊严。

我们也能窥得有关照护的理想。当患上阿尔茨海默病的女儿逐渐将母亲遗忘，她像面对陌生人一样面对母亲，重新学习信任、沟通和尊重；当年迈的母亲目睹一个井然有序的小家庭因疾病陷入混乱和失序，她开始接受和拥抱这种混乱，用爱，用善意，用包容迎接一个"全新的"女儿，仿佛在家庭中践行最小单位的民主。

　　而当这种照护的理想从一个小家庭扩大到整个社会，从血缘关系扩展到陌生人，它可能实现吗？我们能否以母女或不同代际女性之间的照料为模板，去建立我们和所有人的关系？我们能否以一种温柔、理解、不强制的方式和他人相处，实现一种真正意义上的民主？

　　这部电影或许不能提供答案，但它起码提供了一个方向，一种可能，和一个值得为之奋斗的理想。

01/ 重新做一次母女

傅适野： 为什么会想拍一个阿尔茨海默病和养老相关的故事？随机波动之前做过一期节目《从初老到终老，人在 30 岁时想的事情》，我们是从 30 岁开始思考衰老和死亡问题的，2021 年夏我们更是发现，我们经常会想到自己和他人的衰老和死亡，而在 20 多岁的时候我们几乎从来没有思考过这个问题。

杨荔钠： 我一直都比较关注老年议题，25 岁就拍了第一部作品——纪录片《老头》。我从小是奶奶带大的，跟老人的感情非常深。阿尔茨海默病会侵蚀我们的记忆，当记忆从我们脑海里消失的时候，我们算不算来过这个世界？阿尔茨海默病患者数量逐年上升，该病的患者在我们国家已经有 1000 多万，这种疾病像风暴一样，一点不比癌症来得温柔。

作为创作者，不一定只有亲身经历的或跟自身经验有关的才能成为创作主题，间接经验也是经验，公共经验也是经验。所以，无论是阿尔茨海默病还是老年群体，都是我现阶段比较关注的跟生命有关的议题，也是我这么多年来创作的一个脉络。

老年群体，女性群体，孩子，我三十年的创作经验一直围绕他们转，我的眼睛能看到的就是他们。

张之琪：《妈妈！》中的一些片段让我们想到许鞍华导演的《桃姐》，尤其《桃姐》是许鞍华为母亲寻找养老院的过程中产生的创作冲动。和《妈妈！》里的冯济真一样，许鞍华也终身未婚、没有孩子，为母亲考虑养老方案实际也是在为自己的将来考虑。包括在《人物》杂志 2022 年 8 月底对戴锦华的采访中，戴老师也讲述了她照顾年逾九十的母亲的故事（戴老师的母亲那年初突发脑梗，造成半身不遂，精神状况也不稳定，辗转了几家医院后，戴老师把她接回家中照顾）。随机波动的嘉宾陆晓娅老师也写过一本《给妈妈当妈妈》，讲述自己照顾阿尔茨海默病的母亲的故事。

在这些老年母女共同生活、彼此为伴的故事中，大多是妈妈患病或者失去自理能力，女儿像照顾婴儿一样照顾母亲，母女关系发生了调转。但在《妈妈！》里，这样的调转短暂发生，随即又被调转回来。影片的大部分篇幅还是在讲母亲照顾一个因认知障碍而回到童年状态的女儿，仿佛她们又重新做了一次母女。在电影里，当女儿告诉妈妈自己的真实病情时，妈妈说这也不错，给我们母女之间增加了一些新鲜感。这是一个特别有意思的视角，此前我们谈起阿尔茨海默病，就好像自己因此失去了一个亲人，但在电影里，妈妈似乎在说，我可以跟一个全新的人再当一次母女。

杨荔钠： 在人生的上半段，从母亲孕育你的那一刻，妈妈就不是为自己活了，她尽量去哺育你、照顾你，把你打扮得漂漂亮亮，送你去上学，等你结婚生子，慢慢地你们的关系开始疏离。在母亲把孩子打扮得成熟靓丽的时候，她也在慢慢走向衰老，她不可能参加你人生所有的荣耀时刻和盛宴，但会永远在背后默默注视着你。这是我对母亲的理解。

影片里这位母亲在年轻时饱经风霜血雨，那一代人都有自己的苦涩，到了晚年，社会环境变好了，她才能开始在一个被庇护的环境下自然地生活，所以母亲才有了返璞归真的状态。在她完全有理由做回任性小孩的时候，她的命运里又发生了一场新的悲剧，这次重创不亚于她年轻时经历过的任何一次。她玩命吃饭和锻炼，又开始战斗，做回一个母亲。在某种程度上，她比女儿更有预知感，知道未来会发生什么。

在之前的一些路演中，很多观众也会觉得这种母女关系的设定是一个挺有趣的、不可思议的反转和反差。这其实也是一则提醒：生病不是老人的特权，阿尔茨海默病正趋向年轻化，有时候50多岁的人也会患病。

张之琪： 从电影里，我看到的是一种家庭忽然陷入混乱和失序的感觉，这一点家里有过生病老人的人可能都感受过。对人心理冲击最大的，正是那种失序感——本来家里一切井井有条，大家在各自的轨道上生活，突然有一个人生病或者不能自理了，这个家一下子混乱了起来。我印象很深的是，最开始女儿把家里打理得有条不紊，什么东西放在什么位置，很有秩序，后来女儿生病，家里开始变得非常混乱，所有东西凌乱地撒一地，但母亲接受和拥抱了这种状态。

对我来说，这好像是长大了的感觉。长大后开始能够接受，生活里有好多东西是完全没有办法控制的，没有办法把它捋清楚，再让它回到所谓常态，你就是要跟一个特别混乱和无序的状态一直共处下去，并且在这个过程中不互相埋怨、不去怪罪制造混乱的人，这是一件特别困难的事情。不仅仅是跟老人或跟无法自理的人一起生活，我们跟生活中的很多人在一起都会面临这个问题。很多东西其实在冲击着你原有的生活轨道，给你制造了一些混乱，但是你可以不去怪 Ta，可以去跟 Ta 在一个你实际上无法完全掌控的环境里共处。

这其中首先是爱，因为你爱 Ta、包容 Ta；其次，我觉得这也是一种民主的实践——大家可以生活在一个彼此可能都不那么舒服、但我们能够共同生活的环境里，而不是用我的秩序去宰制别人，也不是让别人用 Ta 的秩序来宰制我。虽然有混乱，但我觉得也是一种很理想的关系，是一种值得去尝试的实践。

杨荔钠：我特别同意你说这是一种理想的相处关系。并不是所有母女都是这样的，也不是所有家庭都这样，但我们是不是要在这个过程中来学习一种比较良好的人际关系，去思考我们最后如何能体面而有尊严地老去和死去呢？

傅适野：上野千鹤子在有关养老的论述中曾谈到照护者的权力，

在上野看来，看护是在漫长的时间里不断抑制权力滥用的过程，滥用权力的人从中获得快感和权力感，而看护则是长期对抗这种欲望的经验，是一种非暴力实践。《妈妈！》中看护和被看护的关系则更微妙一些，在女儿被确诊阿尔茨海默病后，她似乎因为这一病情获得了很多被照护者的"权力"，比如她对照护者的指责甚至打骂，都被很具体地呈现出来。我之前看到有人说，很多公益宣传片在宣传阿尔茨海默病的时候，都将病人描画为沉默的老人，他们好像是一言不发的，但现实中并不是这样。

02/ 有尊严地衰老和死去

张之琪：电影的一条暗线是女主角冯济真与父亲的关系，父亲是以日记、回忆和幻觉的方式出现在影片里的，他没有真实地在场，但似乎又无处不在。到了影片中后段，我们从冯济真的一段"坦白"中才了解到父亲的真实死因，了解到在她的幻觉中不断浮现出来的一段关于父亲的创伤记忆。在这部以母女关系为主线的电影里，父亲扮演了怎样的角色？父亲的死和家庭的创伤记忆对这对母女的关系产生了怎样的影响？

杨荔钠：我认为这部电影里的父亲是特别不可或缺的一笔，连接着未来和过去，他也是一个家庭中特别精神性的很重要的组成部分，所以父亲在女儿眼里虽死犹生。尤其是在她患病的时候，父亲时时出现在她的脑海里，她对父亲有特别深情的爱恋和深切的愧疚。我认为她得阿尔茨海默病可能都跟年轻时的这场愧疚有关，家庭的破碎和苦难可能都来自父亲。父亲的日记里是女儿的生活，女儿最后在发病的时候把这本日记撕了，我想在她的世界里，父亲是一个很隐痛的伤，好像心里压了一个千斤顶，她喘不过气来，一生都背负着这个重担。

这些重担和苦难，我们如果可以说出来，反倒会好些。但直到她发病以后，才有勇气说出来，某种程度上我认为这对女儿是一个解脱，她对父亲的爱表现得更加直接，这可能是她人生中最幸福的一段时光，一家三口人最终团圆。其实在我所有的创作当中，这部电影里的父亲形象是最完整的，在之前的《春潮》和《春梦》里，男性角色基本上是缺席的。

我对他们这代人充满了深深的敬意，我非常心爱他们，我愿意同体这一家人的命运，虽然命运是有缺憾的，但在这代人的叙事上，我还是想保留它的完整性。

余雅琴：一般来讲，父亲在家庭结构中代表着绝对的秩序。当父亲出现状况，比如说意外死亡，母亲和孩子承受创伤，这个家庭某种程度上处于一种失序的状态，可能就表现为女儿没有办法再去接纳另外一个男人、不能结婚生子等。在女儿发病后，母亲又替代了父亲，建立起一个秩序，她也可以庇护这个孩子，形成了一对相对比较稳定的家庭关系。我觉得这一设定是很女性主义的。

傅适野：电影里另一个让我觉得很女性主义的设定，是冯老师跟周夏（文淇饰演）的关系。年轻女孩周夏是一个偷窃惯犯，有过在公交车上偷窃的行为，后来还在冯老师家里入室盗窃，但冯老师保释了她，给了她一沓钱，三年之后，周夏带着自己的孩子回到了冯老师家里。电影后半部分出现了一段特别明快的、很有希望的画面，呈现了一个年轻女孩对两位老年女性的照顾，同时这位年轻女孩还带着她自己的小孩。

电影最后的走向让我想起是枝裕和的《小偷家族》或者《掮客》，它们描绘的是一种非异性恋婚姻制度下的集体生活和共同养育的可能性。但我更喜欢《妈妈！》这部电影中的安排，冯老师母女与周夏的关系不是以血缘为纽带的，而是依靠甚至是陌生人的善意建立起来的，这种善意往往来自女性（电影中的安排也很微妙，周夏生了一个孩子，但孩子的父亲是谁一点都不重要），好像提出了未来社会关于怎么照料老人病人的一种新的想象，它可以依托于一个良好的社会安全网络、依托于陌生人的善意来实现，而在现实中这又是非常困难的。

另一方面我也在想，人老了之后是不是一定要通过年轻的生命带来希望呢？在之前随机波动聊衰老的那期，我们谈到之前去敬老院参观，敬老院旁边就是一个幼儿园，工作人员介绍说，因为老人很喜欢小朋友。所以，我们是不是没有办法抵抗死亡恐惧，一定要通过引入新的生命来抵抗它？

杨荔钠：我相信人和人的缘分，也觉得我们要找到怎么跟老去相处的方式。我想我肯定不会去养老院，我会选择一个安静的地方孤独死去，而不愿意在一个集体主义的环境里消解生命的最后阶段。但这是我在 50 岁时想的，不知道 80 岁的时候会发生什么。

我很确定的是不需要对周夏孩子的父亲阐释太多，但我知道这个孩子一定是个女孩。她们的相处呈现出了代际的分野，现实里我们也有妈妈、有女儿、有更年轻的生命。她们最后那一场戏我也特别喜欢，周夏好像照进这对母女生活的一束阳光——如果说阳光不回来、不出现，我相信母女的生活还会持续，过着自己的日子，但是她照进来，这对母女就会有片刻的欢愉，观众看到这里也会有片刻的希望。

  为什么周夏能在冯济真一句话都没说的情况下走回人生的正轨？我相信就是那一丝善念。人和人之间可以存在你什么都不做但我会信任你、即便你做错了我也要信任你的最宝贵的关系。我所有的电影都在探讨人际关系，无论是爱恨情仇还是伤感哀愁。社会发展到一定程度，我们的人际关系一方面在进入更广阔的空间，另一方面又是封闭的，人人互不信任，是躲闪的甚至有攻击性的。在这部电影里，我恰恰想诉说一个我们本来应该有的样子。尤其是在我们都经历过一些教训、一些我们都明白的过程之后，新一代人的成长应该有自己的模样。这种生命力和人际关系甚至可以成为人的一种美好情操，属于我们灵魂中能更自由地输出的部分。

  张之琪：看电影的时候我也在想女性之间该如何合作养老，这也是我们这代人普遍思考的问题，如果我们没有走进婚姻，都是独生子女没有兄弟姐妹的我们是不是可以一起养老，跟平辈的朋友一起生活到人生最后阶段，形成一种互助的养老关系？能不能跟比我们更年老或更年轻一辈的女性一起生活？现在我们看文淇这个角色，可能觉得离现实太远，但我们也会有老的时候，所以也未必离我们那么远。

  上野千鹤子关于养老的讨论对我很有启发，我之前也会觉得，去养老院是最保险最稳妥的选择。但她在书里讲，得了阿尔茨海默病的人可不可以在家老去和死亡，当然完全可以，前提是 Ta 愿意。这对我很有启发。面对一个需要照顾的人，我们其实很少考虑 Ta 愿意怎样，我们觉得 Ta 是没有选择的或任人安排的，如果 Ta 要依靠家人，家人就有权利为 Ta 做选择，我们有时候不会考虑到 Ta 自己究竟想在哪里老去、死去。这是一个理念问题——我们究竟是把个人意志放在第一位，还是把安全、健康、长寿放在第一位？安全、健康、长寿是我们对于人的生命价值做出的客观评价，比如活得越长越好、越健康越好、越安全越好，但 Ta 自己究竟想在什么环境下度过人生的最后阶段呢？我们不太会把这个问题放在优先位置来考虑。

  上野的养老理念，包括适野讲的全社会的互助网络与保障网络，我觉得它的前提是尊重每一个人的个体选择，社会以个体的选择为依据提供养老服务，而不是选择一种所谓最高效的、最省力的解决方式。

03/ 女性主义从生活经验里来

冷建国：你之前也拍过一些纪录片，比如《老头》和《家庭录像带》，后者反映了你自己家庭内部一些很紧张的关系，妈妈把这个片子当成复仇工具，之后母女关系更紧张了，爸爸看完很愤怒，可能每个观众看了片子都会代入不同家庭成员的立场中去。从这部纪录片到后来的《春梦》《春潮》《妈妈！》，剧情片是不是为你提供了更广阔的空间去探讨家庭到底是什么，从自己的小家庭走向更普遍、更复杂的家庭关系中去？

杨荔钠：一定是这样的。剧情片和纪录片都是我的养分，它们相互依存，相互借鉴。现在好多年轻作者都在从自我和自己的家庭出发进行创作，但在我们那个时候还是很稀少的，所以《家庭录像带》某种程度上也是一部很先锋性的作品。我好像在北京只放过一场，当时也有一些指责的声音——喜欢的人说，这不只是你家的事情，而是我们所有家庭的事情，是我们所有人的事情；也有人说，你为什么把你们家的故事拿给我们看，我不想看。私影像一直都存在这样的争议。

现在私影像遍地都是了，我认为这是很好的，尤其是对年轻作者来说，从内部向外去探索这种实际的对话，没有什么不好，Ta 可能会更舒服或更自信。

有一次我在英国看自己的回顾展，在看《家庭录像带》的时候，我的女儿坐在我旁边，她说："妈妈，原来我是从这个家庭里出生的。"那一次让我发现，原来促使我女性意识觉醒的第一个人就是我的母亲，我的女性意识觉醒正是从这部影片开始。因为《家庭录像带》也涉及对女性的暴力、夫妻之间的伤害，那时候我对这些是没有觉知的，但是从那之后到我结婚生子，我慢慢意识到我的女性主义意识是怎么建立起来的，其实都是生活经验给我的。这种生活经验特别珍贵。我们毕竟还是在一个男权社会里，所以我认为自己还有很多责任，也还有很多选题、很多要说的话，都与女人有关，跟女性世界有关，这些可能会在我的创作生涯当中一直延续下去。

余雅琴：在杨导最初拍摄纪录片的时候，中国虽然已有女性主义研究，但还不是像今天这样已成为一种大众的公共话语，还是非常书院的象牙塔式的一种东西。当时的女性创作者未必非常了解女性主义、了解女性主义电影究竟意味着什么，但是已经有了身体性的本能的创作。我觉得杨导的作品就是从身体和个人经验出发的，尤其是纪录片。

当时的纪录片还不是今天这种项目制，而更像是创作者用摄影机去自我书写。从《老头》到《家庭录像带》《老安》《野草》等，我们可以看到杨导是一个直觉性很强的作者，她非常擅长从项飚讲的"附近"里发现自己要拍摄的题材，这是属于纪录片人的非常重要的特质，一个对"附近性"没有理解和认知的人，其实做不了好的纪录片导演。

剧情片可能是另外一回事，但如果带着这种特质和创作嗅觉进入剧情片的创作，肯定会带来很强的身体性的东西。如果看好莱坞大片你会发现，这些故事和导演本人没有所谓身体的连接，或者说关系很弱，因为这种电影有一套很复杂的生产机制，它要求导演有很强的片场掌控力、很强的叙事能力等。但我觉得从纪录片领域成长起来的导演，每一部作品都与我们的生命息息相关，不同之处在于 Ta 从对个人生命、对自己周边方圆几里的关切，上升到了对绝大多数人的关怀。

过去一些导演追求宏大的国族叙事，讲大世界，拍史诗片，后来大家发现，每一个特别微小的、哪怕非常边缘的人的故事，也是值得被观看的，而且它的背后也一样有历史的脉络和社会的脉络。

张之琪：我觉得这种私人和公共的区分本身，就是一种比较男权的逻辑，好像在说女性可能就喜欢拍一些家里鸡毛蒜皮的事，不足以放在更大的平台上呈现，只有宏大国族叙事才有这样的分量。我现在觉得这不仅仅是创作方式的变化，而是作为女性，我们思考很多所谓宏大议题的出发点就是我们的私人经验、我们和家庭的关系，尤其是跟母亲的关系。

对于很多女性来说，我们的性别意识萌芽都是通过观察自己的母亲、思考母亲的人生、思考自己与母亲的关系获得的。对我来说，我现在已经是一个女权主义者，我要怎么去实践女权主义的理念，也要通过跟我的女儿（相处）来探索，如果我将来有一个女儿的话。或者是我之前写过的，即便我们不会成为母亲，我们也会有一个虚拟的女儿，我会想象自己要怎么跟她相处、想要她成为一个怎样的女性，我的理想会投射到我的女儿身上。就是这种很私人的、在母女之间传递的经验，塑造了我们作为人的政治性的一面，这两者完全不是割裂开来的。

在《妈妈！》这部电影里，即便她们不是母女，也是一种很令人向往的人际关系。看完之后我在想，我们是不是应该以这样一种母女之间或者女性之间相互照顾、相互支持的关系为模板，去建立我们跟所有人的关系？以一种温柔的、不强制对方的、最小单位的民主的方式去与人相处？即便这个人跟你没有血缘关系，你们是不是也可以建立这样的关系？电影里有一句台词说，"不是所有的女性都会成为母亲，但所有女性都是女儿"，是这样的，即便我们不做母亲，作为一个女性、作为一个人，我们都应该有建立这种关系的美好愿望。从这部电影里，我们可以看到这样一种美好的愿望还是存在的。

现代的爱，
无解的爱

嘉宾：淡豹

作家
环境体验员 + 记忆观察师

2019 年，在观看美剧《现代爱情》(*Modern Love*)的过程中，我们与淡豹同时感受到了感动与分裂两种情绪。如果我们尝试借此在纽约种族多元而精英上流的社会中寻找一种现代的爱情，结局或许不会那么理想。剧集所呈现的粉红泡泡般的爱情，一方面浪漫化甚至扭曲了对应的非虚构原作（它其实是《纽约时报》一个长达十五年的非虚构专栏），另一方面也巩固了浪漫主义和婚姻家庭制度的吸引甚至霸权。我们从《现代爱情》延伸开去，聊到了许多有关"爱"的话题。

比如，韩炳哲在《爱欲之死》里主张的牺牲献祭般的爱，距离我们的真实生活到底有多远？现代爱情与传统爱情的区别在于前者建立契约又打破契约吗？"一切经历都赋予你生命的厚度"这种说法为什么是一个假命题？爱的个体性、私密性与不对等性是否阻碍了我们探讨爱情共通的特质或意义？如果我们在私领域狭义的、与性相关的爱情探讨中频频碰壁，那么是否有可能在更广义的、更符合伦理的大爱层面获得共识，甚至反过来增强爱的激情？从小说集《看不见的爱》看来，"对他者更广泛的爱能够带来性快感"，淡豹如是说。

01 爱让人破碎，也重塑人的主体性

冷建国：你们觉得这部叫作《现代爱情》的剧集"现代"吗？

淡豹：在剧集的第一集里，从纽约的小黄车（Yellow Cab）里钻出来的是一个表面上很新的组合——单亲妈妈、她的孩子、她的黑肤色男朋友，他们很相爱，受到了门卫（doorman）的肯定。而现实中，是这个女孩在洛杉矶自己带着孩子生活，这才是一种新的家庭形式，是一个革命。但电视剧把它给否定掉了。

我还有个不满的地方。这个戏找了很多有色人种来做装饰，表面上好像特别纽约，特别现代，都是跨种族的恋情，但是这些关系都是白人发动的，包括性别上也是，很多关系都是男性发动的，所以我会觉得里边不少所谓现代的元素都有点装饰性，是一个现代爱情的传统讲法，我看的时候就特别的分裂。

看《现代爱情》的时候，我同时在读《爱欲之死》。韩炳哲在这本书里就讲说，现代爱情多么糟糕，多么不好，都退化了，还不如之前的爱情，你能想象的那种最高尚、最纯粹的爱不存在了。但看这部剧，我就觉得还是有很多甜蜜的瞬间，但这个甜蜜的瞬间你又知道它是假象，分裂感就会更强。反观自身，这种分裂的感受一方面来自我们在批判所有这些有点俗气的东西；一方面我们现代人也真的被这么多年来的一夫一妻制的爱情，被浪漫主义的那些东西吸引，不是说它们本质上就吸引人，而是说我们作为现代的动物，很为它打动。

张之琪：其实这本书让我觉得有一点点怀疑的地方是，他在讲为什么"爱欲已死"之前，先定义了爱欲是什么。而这个定义是非常西方的、白人的、男性的，是传统的西方哲学里的那种定义。所谓"纯粹的爱"，是在你身上体现了一种他者存在的经验，是通过一种自我牺牲的方式肯定了他者的存在。如果接受了这个定义，你就会特别容易理解它后面讲的东西——我们之所以现在已经没有这种爱了，是因为他者已经消失了，因为大家都陷入了一种自恋的爱里面。但是如果你对这个前提存疑的话，他后面讲的其实就不那么成立了，因为这个前提实在是太白人，太男性，太西方了，所以我会觉得它不是一个标准答案。

傅适野：对，我觉得应该是一种解读的方式。包括我们之前也在说，可能对于中国的女性或者中国人来说，他者其实还是存在的，并没有完全消失。但是另外一方面他讲到爱就是一种无能为力，是一种脆弱，我又会觉得他者好像也还挺多的，你要在这种脆弱性和敞开性之中，才能体会到爱。

我最近也在听淡豹的《爱情课》，她在里面讲到费兰特的小说

《被遗弃的日子》，小说讲的是一个主妇在遭遇了丈夫出轨之后的自我破碎和重组的过程，在这个过程中她又重新找回了自己的主体性。

淡豹： 爱情中的美好经验也好，伤痛经验也好，都是让人重塑自我的机会。社会理论家劳伦·贝兰特（Lauren Berlant）想做以爱为基础的政治哲学，在爱中人能打开自身，这个大家都说得很多了，她比较强调的是，在爱中人的这种自我重塑的方向是不确定的，但这种不确定和以利益为基础的社会关系带来的风险又不一样。她有一个比喻，在爱里面人愿意坠落下去，你不知道会坠落在什么样的东西上，也不知道这个东西上面有没有垫子，所以她会觉得在爱中的关系性（relationality）才是真的关系性。

张之琪： 对，其实韩炳哲在《爱欲之死》里也提到了，他说爱体现的是一种与他者的非对称关系，不是说我付出了什么就一定能得到同等的回报，这跟资本主义社会的等价交换原则是完全相悖的，比如我为一个人牺牲了很多，可能毫无回报，但是我也愿意，是一种没有计算也无从计算的关系。

淡豹： 我其实很喜欢这个，但我就不知道在中国此时此刻，大家来强调这个，女性会不会过得更难。

张之琪： 我其实也有这种矛盾，我在看这本书的时候想到，有段时间微博上出现了一次关于《海的女儿》的很大的争论。有一个博主说她不想给女儿读《海的女儿》，是因为她不想让她的女儿做一个为了男人牺牲了自己的生命或者其他宝贵的东西的人。当时就有很多人站出来讲说你不能用这种当下的、现实的视角来解读安徒生的作品，或者说不应该从利益计算的角度来看爱情。我会觉得我也能理解那种童话，它讲的本来就是一个启蒙式的个体，为了一个美好的、值得为之献身的东西牺牲了自己，这构成了一种很大的美感，也不是一件坏事。但是如果降到现实，就像适野刚刚讲的，他者实在是太强大了，不仅他会损害你，你们也并不是站在一个同等的地位上进入这段关系的，这个情况下你真的要主张她去牺牲吗？

淡豹：对，美感是有阶级性的。比如一个现实问题，女孩子要不要强调彩礼，我觉得这实质上跟《海的女儿》是一类问题。她说她要彩礼的时候，我们要不要跟她讲说这是一个以爱情为基础的婚姻？

冷建国：我觉得这个问题确实太难了，就跟我们看《现代爱情》差不多，只能远远地看着一个爱情的美景，然后又要想到我不能像剧里那样，把我的孩子托付给一个彬彬有礼、谈吐有趣的门卫。一方面要强调在爱里是没有对等的，你是要付出的，甚至那种痛苦也是爱的成绩或者爱的感受；另一方面又觉得一味强调付出会不会损害现实中本来就更弱势的一方。我们就这样永远在文学文本和现实之间摇摆。

淡豹：当我们强调"潜力"的时候，比如说爱所开启的潜力，比如痛苦能给人带来什么样的人生经验，但有的人就是爬不起来了，管Ta是出于性情的原因，还是经济社会地位的原因。

张之琪：我觉得这可能也是社交网络上很流行的一套话语，比如说一个人为爱情而疯狂了，或者说Ta真的就一蹶不振了，这种状况就会有人站出来说，你怎么能这样，爱情其实没什么，你还可以再来，你还有机会，你要争取主动，你要怎么怎么样。但有的人没办法，比如说她被老公背叛了，她就会觉得我的人生结束了。我觉得这不一定是阶层问题，比如说她失去了婚姻就失去了经济来源，也有的人就是脆弱，Ta就是没办法，这同样也是一个权力问题，只是这个权力没有体现在金钱这种很实际的层面上。

淡豹：对，你得先有主体性，才能打破主体性，体验脆弱性，体验之后才能发现它能给你带来新的主体性。有的人本来就不是那个状态。我很喜欢讲这些和看这些，但我又很害怕它变成一套鸡汤，"爱情使你的人生更丰富"什么的，感觉又挺无力的。

张之琪：就像我对韩炳哲的意见，为什么他来定义什么是纯粹的爱？有没有另外一种可能，它就是有点不堪的、有点算计的、没那么好的爱？这怎么就不是爱了，怎么就成了堕落之后的形式了？

淡豹：以及在中国，爱也不一定是西方一直以来的那种形式，先强调自我，强调主体性，再强调打碎它。

张之琪：而且我觉得他还是在那种二元对立的结构之下来看这个问题，一定有一个自我一个他者，然后二者是怎么在一个辩证的角力里面互相影响的，这个框架太根深蒂固了。

02╱爱的享乐主义逻辑下，虐也是甜

冷建国：你们有没有看过微博首页广告里的那种虐恋甚至虐待小说？我之前点开过一个，情节大概是男主角强奸了一个女性，她不爱这个男人但怀了他的孩子，强奸者爱上了她，然后他们就在一起了，甚至还开始了宫斗大戏。为什么要写和读这种充满了囚禁和性侵犯情节的小说呢？读者的心理机制是怎样的？

张之琪：我觉得很有意思的是，韩炳哲在《爱欲之死》里写到了《五十度灰》，他说他看这个小说的时候非常困惑，因为他觉得这里面的一切都是一种享乐。比如说在 SM 关系里面，受虐者感受到的其实是疼痛，是痛苦，但这个小说依然可以把这种疼痛和痛苦建构为一种享受。小说里面用到一个词叫"可口的刑罚"，好像疼痛也可以通过一种享受的方式来存在。韩炳哲说，这意味着在现代爱情当中，我们已经完全剔除掉了痛苦的成分，一切都可以变成享受，都是一种"甜"，它只是用不同的形式给你，但本质上都是甜。

淡豹：一个是享乐主义逻辑，还有一个是经济学逻辑。当我们说

这些经验都能够敞开我们、丰富我们的时候，我们其实是在讲人生是一个可以不断累积厚度，并且不会被削低的一个东西，这是一个经济学逻辑——"你的人生经历使你更完满"，你是朝向充足的、朝向越来越多的。现实不是这样的。

张之琪： 在这本书里韩炳哲认为，我们现在剩下的只是性；他把爱欲和性分开讲，性是一种高度商品化的东西，同时是高度视觉化和高度展示性的。他认为我们现在只有这个东西了，已经没有了爱，甚至没有了想象力，一切都是以图像的形式直接糊在脸上。他说如果你对一个东西真的有欲望，其实你是仿佛窥见一点仿佛又窥不见的状态，当你有充分的想象空间的时候，欲望才有生长的空间。

03 / 爱总是不对称的，追求一体化是危险的

冷建国：淡豹是怎么看萨莉·鲁尼小说《聊天记录》里的"现代爱情"的呢？

淡豹：我觉得那本书写得特好，看起来是一些很庸俗的元素，但是她把人物的内心戏写得很好，让人觉得那些庸俗的元素没有那么重要，就是这个女孩自己的探索，她的那些感受和观察都是严肃和认真的，是本写得很高级的小说。

我看的时候想到契诃夫的短篇小说《带小狗的女人》，表面上也是很俗气的故事，上来就是海滨度假胜地，阶级、人物一下子就出来了。男主角是个情场老手，勾引了一个已婚女性，然后两个人就各种偷情。但是你非常能看得进去，非常感慨于这两个人感情的纯洁性，以及他们各自对于生活的探讨的那种严肃性。虽然他们俩既不高级也不是好人，也谈不上什么知识性，可是你很被那种严肃性所打动。

冷建国：当我们在探讨现代爱情的时候，有什么是非现代爱情或者前现代的爱情吗？大家可不可以举一个例子，你印象最深刻的关于

爱情的小说或者影视作品是什么?

我的答案可能是威廉·特雷弗的短篇小说《出轨》。一对出轨的情人有各自的工作,但每天会保证见面三次,早餐一起喝咖啡聊一下今天要做什么,中午拿着三明治在公园里一起看鸭子看风景,然后再回到各自的办公室,晚上一起喝个酒然后各自回家。女性是离婚状态,她并没有担心男人会因出轨感到压力,男性也没有在女人面前提起过自己的家庭和孩子,有一天早上见面的时候,女人觉得他有些不开心,这天晚上,他们分手了,谁也没有问对方为什么要离开,或者是我们究竟错在哪儿了,还有没有什么方法继续下去。虽然结局令两个人心碎至死,但是爱情似乎没有受到伤害,爱情还在那里,甚至跟以前一样坚固,他们仍拥有这份爱,甚至在未来的日子里发现自己在某种程度上变成了对方。

张之琪: 但这是前现代的爱情吗?我觉得这是一种非常现代的对待感情的方式。就好像有个契约,我们可以出轨,婚姻和一夫一妻制不算什么,但是我们两个人之间有一个 agreement,这个 agreement 是我们自己定的,我们两个都要遵守,这个对我来说特别现代,虽然也很无聊。我们从审美上都想要那种纯粹的爱、自我献祭式的爱,我觉得那是有审美价值的,但可能现代人谈恋爱的方式,就是那种自我立法,同时又自我束缚的方式。

冷建国: 我觉得爱实在是太个人化(personal)了。我们在外面观察一份爱,可能跟爱的主体自己对爱的体会完全不一样。

淡豹：所以听你讲这个出轨的故事我会觉得，这是个男作家写的。他在里面让男性决定什么时候结束，而女性这边没有任何更激动的或者更不满的情绪，他怎么样这个女性都OK……

冷建国：而且她一直强调离婚是为了自己的快乐，不是为了对方。

淡豹：对，真是一个没有负罪感的男性，以及一个特别理解没有负罪感的男性的男作家。在作家笔下爱就好像是一个固体的器皿，作家会觉得两个人看到的是同一个东西，是对等的，他们中间就没有你刚才说的那种爱里边的主体和其他观察者的差异。实际上我会觉得如果爱真的是一种"关系性"，那两边的人对于"关系"的看法是不一样的，这才是真正的关系性。如果你硬要认为中间的那个东西是固体的，两边是对等的，就等于是在否认这个关系性本身。

张之琪：我想到我们之前聊政见不同的人该不该谈恋爱，就聊到迈克尔·哈特的一篇文章《走向"爱"的政治概念》，它里面就讲到我们其实总在追求一种一体化的爱，总在追求一种同一性（sameness），就是要互相认同，最终成为一体，好像这被认为是一种好的关系，但这种关系有很大的危险性，在两个个体的关系层面是有危险的，上升到国族的层面也是很危险的，它们其实是同样的一种情感机制——追求的都是一种同一性。哈特认为这种爱是非政治性的，就像刚刚淡豹说那种完全对称的关系不是真正的关系性一样。哈特在里面还举了阿伦特的例子，他说阿伦特在《人的境况》里面写道，爱不仅是非政治的，而且是反政治的，她所指的"爱"就是这种追求一体化的爱。在阿伦特看来，所有的爱都是追求一体化的。

其实我也很想聊这个，我觉得韩炳哲讲的那种会让你痛苦，会让你有点丧失自我的爱，其实就是因为你爱上了跟你特别不一样的人，你们之间永远没有办法达成一体化，所以你永远处于一种极端挣扎的状态，这个状态真的是值得追求的吗？

淡豹：韩炳哲可能会否定这个问题的合法性，在他那里，或者在哈特和贝兰特那里，爱是没有办法去讨论值不值得的，因为它不是一个主体来决定发动的，你在事后当然可以去做这个评估，但在爱发生的时刻，我觉得他们比较强调两个层次，一方面是爱是自愿的，但另外一方面，它又是不可能由主体来控制的，你是自愿进入了一个自己不受控的状态，所以可能没有办法在当下来评估我什么时候开始爱更好，或者我要不要爱这个人，这个是爱的政治性的核心之一。但我特别同意哈特说的追求同一性的爱的可怕性，它跟民族主义一样，双方本来是怀着对差异性的憧憬和潜力进入爱的关系，但同时又追求一种同一性，这个会特别危险。

04 / 做一个好人，就会有好的性生活

冷建国：我们到目前为止聊的更多是两个个体之间的关系，无论是同性还是异性，是一种所谓"狭义的爱情"。今天我们这个桌子上除了放了两本《爱欲之死》之外，还放了两本《看不见的爱》，是一名法国小说家写的短篇小说集，我和淡豹最近都在读这本，虽然里面的每一篇都有男女之爱或者跟性有关的爱，但整本小说集的主题又是一种更广义的爱。

淡豹：对，我觉得它是很前现代的爱，是人道主义的爱。

冷建国：其中有一篇叫《人与狗》，讲的是对动物的爱，我还挺喜欢的。它讲的是一位老人年轻的时候被关进奥斯维辛，人生陷入绝境，在死亡逼近的时候，他从一只狗的身上找到了生的希望。后来他想要去报复当年把他举报给纳粹的那个年轻人，是狗阻止了他，狗上前舔了他敌人的手和脸，他觉得自己在狗的眼睛里看到了上帝。所以他一生都养着同一种法国猎犬，直到他的最后一只狗被车撞死，那个时候他已经八十多岁了，他写了一份自述之后就自杀了，因为他觉得在这

个年纪无法再养一只新的狗并给狗养老送终。他这一生的故事没有跟任何人讲，最后以一封自述信的形式告诉了女儿。

淡豹：这篇我感觉写得像寓言——"狗教我做人"。我觉得真正的宗教经验可能是在最不期然的时刻来临，来自你最不期然的对象。

冷建国：还有哪篇让你印象比较深，或者觉得写得很神？

淡豹：第一篇《布鲁塞尔的两位先生》我也觉得写得特别好。它的故事是一直有发展的，最后有一个谜底揭晓的惊喜时刻，现在这种短篇挺少的，很多都是在讲气氛或者塑造一类人物，没有特别多的推进。最后一篇《幽灵孩子》我也挺喜欢，那里边的爱我觉得也是一种人道主义的爱。而且它们提的都是真问题，是真正有重量的那种大决定。最后一篇其实是一个苏菲的抉择式的问题，你怀着你自以为的爱所做出的抉择可能不一定是最好的，可是有的时候人又被逼着要做这种抉择，比如说你的孩子有缺陷，你到底要不要给Ta生命，给Ta生命是爱还是不给Ta生命是爱？所以我觉得拷问的不是爱不爱这个简单层次的问题，而是说爱意味着什么，你要怎么做才是符合伦理的，这是又经典又有宗教性的问题。

冷建国：神奇之处在于，作者并没有回避我们所说的"狭义的爱"，每一个故事都跟性有关。他也并没有把这种个体之间的爱情跟大的爱相对比，因为我们读的时候就会发现，这两个东西完全无法比较。

淡豹：不对比同时又有关系，不是像韩炳哲说的那样，爱和欲就分离了。对最后一个故事里的那对夫妻来说，他们之间性的激情能不能重燃，和他们到底怎么处理这个孩子的决定是紧密相关的。

它还有鸡汤的一面，我们刚才说的这几个故事有一个共同点，就是你对他者的广泛的爱，最后会让自己有欲望的激情。

冷建国：这可能也是广义和狭义交接的节点。

淡豹：广义的爱带来性快感，做一个好人对你的性生活有好处。

张之琪：就是一个奖励，对于做好事的奖励。

05 / 中国文化中
"孝"的教育很多,"爱"的教育很少

张之琪: 最后要不要聊一下爱的教育这个问题,因为我这两天看《人物》杂志的一篇报道,叫《那些被PUA绑架的人生》,写的是那些花很多钱去报PUA课程的男性,讲他们是怎么被骗,怎样在他自己制造的假象里面挣扎的。文章里面讲到一点,PUA培训班的大行其道也是我们很多中国人缺乏爱的教育的一个体现,就是当你喜欢一个人的时候,你不知道该怎么表达,然后你也无从判断这个人对你到底有没有好感,所以才会花很多钱去找这种所谓"PUA导师"。

淡豹: 感觉我们经常见到的是教人怎么进入关系和维护关系的那种教育。所以我看到《人物》文章里的那些细节,培训班讲的都是怎么去搭讪女生,让女生愿意回你微信,让她愿意跟你出来,而不讲怎么跟人建立感情,或者怎么去问自己的感情是什么样的,自己喜欢什么样的人。

搭配着《人物》那篇,我当时恰好在看另一个澎湃新闻的报道。

报道讲的是去巴基斯坦伊斯兰堡娶亲的中国光棍。那篇文章还受到一点批评，比如你怎么不去问那些外嫁新娘、跨国新娘，为什么只问男性？我觉得这不是一个特别站得住脚的批评，文章要讲的是这些光棍可能就回不来了，就变成了出国劳务了，可能还会有危险，比如被扣了，血本无归，也和 PUA 这个角度类似，你要看看这些经常被诟病的人，他们的欲望是什么，为什么没被满足。

看了些文献之后我觉得，好像传统中有很多关于孝道的教育，你真的要发自内心地去孝——这个意义上的爱，我觉得我们有教育，比如爱父母的教育、爱子女的教育，但是我们现在说的浪漫关系里爱的教育是比较少的。

傅适野：但是像你也会说，可能我们现在整个话语的趋势其实是基于浪漫爱的，那么我们的爱的教育要怎么既告诉大家你是有爱人的能力的，又可以让他们避开一些当下很流行的话语或者叙事的陷阱，我觉得还挺难的。

淡豹：我也很困惑，你既要建立一个爱的理想，告诉 Ta 什么是爱，又要有一些实用主义的方面。比如我会觉得像建国刚刚讲的出轨的小说，真的特别理想主义，现实中人爱的程度和爱的形式是有可能有磨损的，它跟你维护关系的方式大有关联。这样一来，实用主义的方面和理想的方面怎么平衡，就变得很重要，这又回到我们之前讲过的问题——是牺牲还是权衡。

傅适野：其实我觉得这也很像我们之前讨论的消费主义和女权这

些问题，我们到最后好像总会陷入一个困境，即我们把这些都剥离了，都分析了，都解构了之后，我们要往哪儿去，好像总是无法给出一个确定的答案。

淡豹： 如果不谈关系的问题——因为关系是特别现实的——就谈爱本身，一个人怎么确定自己是不是在爱，你怎么教自己的孩子去判断这个，这种形式的爱的教育我都不知道怎么做。

张之琪： 我觉得我们这次的主题就是，读了很多书依然过不好这一生。

淡豹： 我们带着批判的视角看了所有这些东西，然后陷入了自我怀疑。

冷建国： 唯一确定的就是当你有了大爱，你就可以有好的性生活。

傅适野： 这也是一个比较好的建议了。

张之琪： 人还是要善良，是这个意思吗？

傅适野： 没想到是一个如此鸡汤的结尾。

世界如此疯狂,
我们何必正常

嘉宾：张悦然

作家

林奕含将性侵比喻成奥斯维辛，林棹在《流溪》里形容一具身体承受的暴力与一次核爆炸不相上下。这其中似乎存在某种光谱，一端是具体的、身体的、微观的，另一端是宏大叙事，是战争，是革命，是关乎人类命运的灾难。女性写作遍布这个光谱的每一个点，每一个点上又有着无数种写法——赫塔·米勒和托卡尔丘克把历史写得像诗歌，像星阵，韩江把伤痛的具身性转化为公共性，萨莉·鲁尼书写着现代化的传统、剖面上的永恒、缠绕着的直白，林奕含实践了一种噩梦重温、鲜血淋漓的文学献祭。

　　这次，我们和张悦然一起，试图沿着一条名为"女性与政治"的线索，梳理这些我们喜爱的女作家。在这些作家中，多丽丝·莱辛是绕不过的一位。她热烈拥抱共产主义和女性主义又决绝地抛弃它们，多年以后，无论是读她的小说、书信还是传记，人们想看的和已看见的，似乎已完全是莱辛的生活和"主义"，是她是否真的抛弃了两个孩子，是她的传记与小说的差异探秘，而不再是文学本身。

　　对于女作家而言，是否只有完全地交付自我这一个选择？把自我交出去，换来的又是什么呢？是乞求似的"请你来读读我的故事"吗，还是在创作中保有自我，而在生活中做一个"正常的人"？当张悦然说"我不正常"的时候，我们三个诧异了一会儿，大笑了一会儿，也难过了一会儿。毕竟，我们都不正常。

在这次对谈中，张悦然既是作家也是读者，既是文学的人也是普通的人。这也是我们讨论女作家与政治的方式与意义——政治是每一代人都"有资格"书写"文革"，政治是女性被凝视、评判、骚扰时的自我怀疑和遍体鳞伤，政治是我们跳进跳出文学审视自身与生活，政治是我们意识到自己不正常，而这一正常标准的制定者最不正常。

01 / 破碎的语言，丰富的隐喻

冷建国： 2023 年，张悦然在"看理想 APP"推出了"女作家"系列课程，我们这次对谈既是"女作家"系列的番外，也涉及我们三个对这一主题的延伸思考。悦然在 2020 年出版了文学评论集《顿悟的时刻》，这是我很喜欢的一本书，她带着写作者的视角进入文学评论者的角色，展现出了一种解读的多重性，文本解读呈现出了十分丰富的面向。"女作家"系列课程共涉及八位作家，我们此前也聊到过其中许多位，包括伍尔夫、阿特伍德、莱辛和费兰特。今天我们想从女性作家与政治的关系这个角度展开对话。

《房思琪的初恋乐园》作者林奕含把性侵比喻成奥斯维辛，林棹的《流溪》曾说，一具身体承受的暴力跟一次核爆炸的威力不相上下，这两种说法都强调了宏大叙事和身体叙事之间的一种反差、一种对比，也是一种融合，它们揭示了我们的身体也是政治的，历史叙事也可以是具身性的，那么，形形色色的女作家在书写人类命运的时候，可以有怎样的写法呢？

我最近在读出生于罗马尼亚的德国作家赫塔·米勒的《呼吸秋千》，或许可以作为从微小到宏大光谱的一个切入口。《呼吸秋千》讲的是"二战"后期罗马尼亚说德语的人被关押进俄国集中营的故事，这本书好像一本关于饥饿的传记，米勒把个体的饥饿写得那样翔实而极具痛感，其实是为了反映整个劳动营、整个暴政的存在。

张悦然：赫塔·米勒的语言本身是诗性而零散的，并不是非常连贯的，我觉得这种语言完全是一种对于政治的新的讲述方式——我们不能说它是女性独有的，但至少提供了一种非同寻常的视角。她花许多笔墨来写空气、写炎热、写肌肤的感受、写极其细微的细节，比如一个项链上拴着蚂蚁的尸体。这种细节其实是一种重述，讲述的是她作为见证者完全不一样的视角。

这让我想到韩江的《白》，也是一部很特别的作品。在波兰华沙，作为旅者的她，想起了自己只有几个月大就死去的姐姐，整本书就像她在华沙为死者所写的纪念，为姐姐献上的一朵白花，但她把非常个人的东西变成了公共性的东西。很多人会问，这是小说吗？它好像是一些哲思、一些片段，但我觉得，韩江写的正是最个人的东西连着所谓宏大的和政治的东西。

傅适野：我看赫塔·米勒有两个感受。一是语言破碎，但又能理解她为什么使用如此破碎的语言，因为在经过巨大的伤痛之后，我们的生活以及我们自身确实破碎了。第二个感受是她很喜欢使用比喻，很多时候是一种隐喻，把一个意象写出许多变体，来回来去地写。好像我们经历创伤后，已经失去了用直接的语言去表述经历的能力，所以要用一种很曲折的婉转的方式，不停地讲述同一件事情。

我最近在读大卫·格雷伯的《规则的悖论：想象背后的技术、愚笨与权力诱惑》，他提到，权力是非常空洞的东西，尤其是暴力。我又会想，我们这样反复地书写暴力，用诗性的语言也好，用优美的语言也好，指向的是否是它本质的空洞？除了反复的书写、用隐喻书写之外，我们可不可以有另外一种讲述的方式？我们是直接面对它，还是要用婉转的方式一直绕着这个空洞书写？这是我最近比较纠结的一个问题。

张悦然：比喻和隐喻确实是书写集权的一种特质——我是如此地会兜着圈子，环绕着集权来写中间空洞的部分。赫塔·米勒小说中的破碎感，在托卡尔丘克笔下也有体现，这似乎是整个东欧的一种破碎叙事，是其历史和文明的一个写照。托卡尔丘克所谓"星群小说"全都是碎片，跟波兰不断被分割的历史相关，跟它作为一个流浪民族的没有归属感的主体性相关。所以，这些女性都选择用一种破碎的、有着丰富修辞的语言来书写看起来特别坚固和冷酷的政治。

冷建国：我读赫塔·米勒的感受是，除了这么写，她别无他法，这种写法就是她的感受本身，是她的自我的体现。无论是写罗马尼亚齐奥塞斯库的独裁暴政，还是写"二战"后期苏联的罗马尼亚集中营，或是罗马尼亚人逃到德国之后艰辛而卑微的移民生活，她使用的一直是这样一种语言。

02 / 痛苦的比较级，文学的比较级

张之琪：《白》是韩江在波兰做一个驻留项目时写的，她把自身的经历和东欧国家的惨痛历史做了一个对照。开头我们也提到，林奕含将对女性的暴力跟奥斯维辛的暴力相提并论。这种比喻或这种比较的作用是什么呢？是不是女性需要通过这样一种比较，把大屠杀的暴力和对个体身体遭遇的暴力作对比，让人们认识到女性经历的也是重要的？仿佛参照系已经被宏大叙事的书写固定，我们只有跟参照系发生关联，才能让更多的人理解我们的经历。如果我们不作比较，大家能够理解女性的痛苦的量级吗？

张悦然：是的。要引起重视的时候，你往往需要把自身的和宏大的联系在一起。至少在文学里，这两种暴力是非常平等的。正是因为女性的叙事是容易被忽视的，是容易被质疑的——这种很个人化的叙事到底有多少价值？——所以我们要强调说这两种暴力都很重大。但我觉得近年来女性的自我表达叙事有了非常大的发展，这是一件很好的事情。

在过去，如果一个女作家想要讲述离婚后痛苦的一年，或生育之后得了抑郁症，这些事情往往被认为是不值得写的。但是现在很多当代重要的作家会把这些事情写出来，就仿佛它是一场暴力事件，因为在里面我们能看到非常巨大的痛苦，包括个体和外界社会的剧烈冲撞，一个女性是如何在这个过程里被破坏和重建的。

冷建国：所以你会不会觉得，我国这种所谓"社会主义现实主义文学"的定义是有问题的？在 2017 年的一次活动上，作家阎连科质问为什么现在这么多"苦咖啡文学"。他认为，这种小说里看不到国家、民族或人类的生存困境，只是关于人在某种情况下遇到的小困难，是"温暖中带一点寒冷，甜美中有丝丝苦涩"，村上春树的作品就属于这一类。作家王安忆之前也提到，不是所有的题材都能写成小说，现在的年轻创作者太容易把自己的生活写成小说了，一些事情是否值得文学化是一个存疑的问题。会不会有一种可能，上一代人对现实主义的定义跟我们不太一样？他们眼中的政治跟我们今天聊的政治，也不是同一个政治？

张悦然：但你也可以说他们更有资本，因为他们的经历使他们可以这么说。他们有过和更大的历史连接的部分，认为那部分是不能回避的，但是他们可能非常难以代入更年轻一代的视角。萨莉·鲁尼也在谈论政治，她也并不是一个亲历者。两代写作者的角度和距离是完全不一样的，确实还是从自己的立场出发，沟通、对话和互相理解还是挺难达成的。

冷建国：在小说《茧》出版之后，我记得你也曾面临类似的挑战，很多人会质疑你为什么要写"文革"。

张悦然：我的感觉是，"文革"像是一块比萨，上一代人已经一块一块在派对上拿走了，我再去拿，人家就说，已经分完了。在我们的语境里，资源和材料只属于一代人的感觉特别强烈。但在西方，"二战"一直在被反复书写，你不会觉得它是只属于某一代人的话题，也不会觉得它已经被讲完了。什么叫讲完了？什么叫这件事情够了、不再需要了？这是由谁来判断的呢？

傅适野：这里其实有一个话语权的问题。上一代人觉得自己和更宏大的历史发生了关联，是那个时代共同的亲历者，所以他们的经历是重要的，就是因为他们仍在把握话语权，还是由他们在定义什么东西是重要的。对于他们来说，可能会觉得我们现在面对的东西是轻飘飘的，这也是享有话语权者的一种发言，是用自己的特权否定了下一代人的经历。刚刚你说文学里没有痛苦的等级，现实中可能也是这样。每一代人都有自己在面临的痛苦，都有自己的集体记忆，但是谁更拥有话语权，谁就认为自己所经历过的更重要。

张之琪：这种比较级无处不在，不仅存在于代与代之间。比如我很多朋友看萨莉·鲁尼的小说时，看到中间会产生一种厌烦的情绪，觉得这些第一世界的政治问题，是在自找烦恼；我们有更严峻的问题，这些问题我们甚至都不能写，但她花很大的篇幅来讨论这些烦恼，这有必要吗？我觉得这种比较其实是不自觉的。人就是会去做这种比较,谁的主题更重要,谁的痛苦更值得被书写,这种比较好像是无处不在的。

张悦然:对的。以金爱烂和萨莉·鲁尼为例,如果你去做一些采访就会发现,我们的读者、很多知识女性还是对金爱烂更有好感,她的小说里充满着东亚的、男权世界的痛苦,我们对此非常熟悉,也觉得它更真实。对比之下,萨莉·鲁尼是一个傲慢的爱尔兰小姐,讨论着很多不切实际的问题,似乎不值得同情,她的痛苦也显得很不重要。

我们每个人都在做这样的比较与判断,会说哪种痛苦我更能理解,因此我更加认同,哪个我不太能理解,所以就觉得它不那么重要。我们要经常提醒自己这一点。

03╱被窄化和被遮蔽的萨莉·鲁尼

冷建国：我还有一种感受是，在很多时候，萨莉·鲁尼的小说在评论中被简化成了一些社会议题，比如她代表着千禧一代的知识左派的政治态度，比如她笔下一些角色的言行不一或者生活态度体现了政治上的某种空虚。你会觉得这样的评论视角和审视方式，是对鲁尼小说自身文学价值的一种磨损吗？

张悦然：我觉得萨莉·鲁尼是一个非常有才华的作家，但她也被消费得非常严重。就是因为她成了某种符号、某个代表，所以大家会讨论她身上各种各样的标签，忽略她的才华的部分。同时，她进入的是一个商业的出版流程，这个流程会不停地迫使她比较快地出新作品，比较快地和公众做更多交流，对她的成长而言，这不见得是一件特别好的事情。

说回鲁尼的作品，我觉得其中有一种很古典的美，那就是关系的真实。她写的是互联网时代，但为什么小说中人物的关系是那么固定，好像总是一个人跟另一个或者两个人的关系？既然是互联网时代，一个人不是可以迅速认识几百个人吗？为什么她还是在乎与那一个人的关系呢？这就说明萨莉·鲁尼还是非常古典的。她小说里的主人公，永远都是通过朋友和爱人及个人的关系来确立的。主人公以这种关系来确认自己是存在的，自己在这个世界上有价值，因为"我"和他们有特别紧密的联系。这好像是一个连接着奥斯汀的时代，连接着19世纪文学脉络的东西。

很多人也指出，萨莉·鲁尼只不过是把聊天的方式变成了短信或邮件。其实不就是过去两个人一来一往地写信吗？以前写信的女性可能不知道一些政治相关的事情，现在知道了，就也参与进来，这些事情也就变成了她和友人或爱人的话题。但本质上还是挺像书信体小说的，尤其是《美丽的世界，你在哪里》。包括主人公对塑料制品的反感等，也是小说里很古典的东西。但她的这种古典美其实现在不太容易被看到，我们更多看到的还是鲁尼作为千禧一代女性的某种政治态度。

冷建国：提到萨莉·鲁尼的政治书写，或者小说里对政治态度的表露，其实跟多丽丝·莱辛或者玛格丽特·阿特伍德很不一样。以莱辛为例，无论是《金色笔记》《第十九号房间》还是《第五个孩子》，她的主张和女性主义色彩都锋芒毕露。在阿特伍德的小说和文集里，我们也能清晰地看到她在害怕些什么、焦虑些什么和主张些什么。鲁尼的主张其实是非常隐秘的，评论者往往试图以文化批评的方式让她小说中的议题暴露出来。

张悦然：这些东西是鲁尼小说内部的材料，并不是非常完整的主题和主张。在我看来，鲁尼没有一个像阿特伍德那么鲜明的主张或立场，她的小说并不算是政治性特别强的小说。

张之琪：读鲁尼作品的时候，我有时候会有一些摇摆：我们应该把这些人物谈论的内容理解为作者的政治表达吗，还是理解为她对日常生活的一种描绘甚至讽刺呢？如果把我们三个每天的聊天记录写成小说，可能也差不多就是这些内容。年轻的女生会聊政治和性别议题，也会聊吃什么和穿什么，所以你也可以理解为这种写法就是对日常生活的一种描写。

张悦然：是这样的。我们不能把鲁尼的小说完全看成是一种政治的表达，实际上更多只是日常的一个截面，是瞬息间的一个想法，也不见得是恒固不变的东西。

张之琪：萨莉·鲁尼的很多对话，其实是为了填充两个人的关系。可能以前的人会写今天吃了什么、穿了什么、走进一个屋子看到了什么，她写的是我跟一个人发微信发短信聊了些什么。

张悦然：只不过，现在的女性形象是由她的很多部分组成的。如果过去的女性是由她吃什么、穿什么、读什么书组成的，现在很重要的一点就是她的政治表达。这个部分是人物精神世界的一种外化，把她的思考展示出来，读者才能知道她是什么立场、平时会和什么样的人交往，是一个怎么去思考问题的人。

我总觉得，萨莉·鲁尼现在最广泛被讨论的，不是她最值得珍视的部分。把她身上这些标签全都打掉，才能看到她比较珍贵的真实的东西。比如从文学的角度来看，她的对话写得很好，很自然，极具文学性，又非常动人。鲁尼有很多独特的文学品质，但这些东西现在被其他一些没那么重要的东西环绕着，也就不太容易被看到了。

04／读莱辛作品的人很少，
研究莱辛生平的人很多

冷建国：除了议题性的标签性的部分，另一种讨论鲁尼的角度就是，她的自我到底有多少投射在了某部小说中。大家在解读文本的时候很倾向于把女主角解读成鲁尼本人，好像每一部小说的女主角都有她的影子；在根据她的小说改编的电视剧里，所有女主角也都长得跟她差不多。

傅适野：《剩余价值》此前聊过作品和人品的话题，回想起来，我们当时聊的大都是男性创作者，比如伍迪·艾伦、波兰斯基和菲利普·罗斯。我们当时思考的问题是，如果他们在现实生活中有性骚扰或者厌女的行为，但我们又很喜欢他们的作品，我们要怎么面对这种矛盾的感觉？

我后来也想，如果性别转换成一个女作家，这个镜像问题会是什么？或许就是女作家的生平和自传的问题。在解读女性作品的时候，尤其当作品以第一人称叙述的时候，很多人会有一种窥私欲，觉得作者是不是在写自己。这也是费兰特为什么会选择一种防御性的措施，把私人生活和文学作品完全切割开来。因为如果不切割开，当女性进入文学市场和舆论场时，就会处在一个被审视的状态下，很多人就会认为你的作品其实反映了你的经历，并不再去探讨作品本身，转而去探讨女性作家的私生活。鲁尼面对的也是这个问题。

张悦然：最典型也最严重的一个例子是莱辛。对于莱辛而言，她的作品和她的生活我觉得是互相成就也是互相伤害。莱辛传奇的一生成为她作品的一个特别重要的注脚，这是挺可悲的一件事情。现在读莱辛作品的人其实很少了，但研究莱辛生平的人特别多。

最近几年在英国备受关注的一个话题是莱辛是不是真的很女性主义，因为她曾抛弃了她的两个孩子。英国学者劳拉·费格尔（Lara Feigel）在她的书里讲了这件事情；也有很多论证是关于她到底有没有抛弃两个孩子的，因为一些信件表现出了她的不舍和母性流露。反正，抛弃孩子似乎变成了女性主义很重要的一个信号和一个表现，似乎成了一个探测你的女性主义的边界的问题。

坦白说我好像没觉得这件事特别不能接受，是西方学者太大惊小怪了。因为我读过太多"文革"的故事，革命过程里很多人都会抛弃孩子。我也读过萧红的故事，她不是因为革命，而是其他原因不方便养。我忽然意识到，这个事情并不能探测我的女性主义程度是高是低，因为我的人性的部分还没有完整。在革命的环境里谈女性主义是没有意义的，因为那是一个异常环境。

莱辛当时也经历了狂热的革命热情，心怀对革命的幻想。她离开非洲的时候跟两个孩子说，妈妈要去建设一个美好的家园，以后的世界再也不会有饥饿。她其实是在一种异常环境下做出了抛弃孩子的决定，但对于如今新的一代女性主义者来说，有没有抛弃过孩子、是否在自己和孩子之间做出过选择，好像就成了一个值得研究的女性主义的议题，并且对这些事情的关注远远超过了对莱辛作品的讨论。

傅适野：关于这个问题，我觉得要问的是，为什么是女性——而不是男性——被放到了这样一个在个人和革命之间做抉择的位置上？男性似乎不需要面对这样的问题，而女性必须从中二选一，需要持续问自己这样的问题，并持续地被人质问，甚至以此为标准被衡量你是不是一个女性主义者，这件事情本身就有点荒谬。

张悦然：所以，莱辛留给我们最大的遗产，似乎是她自己的经历和小说之间可供研究的女性主义和母职的部分。包括《第五个孩子》《第十九号房间》等都表现出了对母职的抗拒或怀疑，《金色笔记》现在也没有人把它纯粹当成文学著作来读了，而是成了一个女性主义读本。

冷建国：这种塑造是双向的。出版社在宣传《金色笔记》的时候，就会将其塑造成女性主义圣经或开山之作，所以读者往往是带着预判和预设去读它的。你在"女作家"系列课程里也提到，《金色笔记》里的女性主义弥补了莱辛在此前探索共产主义道路时的幻灭感。但莱辛之后又否认了自己是女性主义者，她的一生都在跟自己信奉的两种主义做斗争。

张悦然：莱辛一生真的是接受了太多的主义，又离开了太多的主义，确实是一个很有能量的、很了不起的女性，但是也受到了各种主义的伤害。

包括她跟女性主义的关系也很复杂。她不希望大家总是把她的作品跟她本人的经历做对照，很希望大家关注文学本身的价值，这很困难，因为她没有办法从作品中把自己赎回来。所以莱辛拼命地写传记，写了好几本，她想的是，我把传记交出来，你们就可以把《金色笔记》当成纯文学来看了。结果大家又去比较这两者，说她传记里可能也没说实话，然后再去研究她的书信。所以，现在很多研究者同时研究莱辛的书信、传记和《金色笔记》，一起比较，还在讨论她到底有没有抛弃孩子……这些还是大家最关心的问题。

张之琪：但在文学研究里，研究作者的生平其实一直都是很重要的一个路径。我们此前采访过张爱玲研究者黄心村老师，她的《缘起香港：张爱玲的异乡和世界》有大量篇幅在讲张爱玲的真实经历。新材料的出现也确实是一个很重要的因素，比如张爱玲之前的信件公开出版了，对于学术研究来说就是一个新材料，大量的新研究就建立在新材料出现的基础之上。

黄心村老师在书里也提到，所谓考据派会把张爱玲的私生活以一种窥私的方式进行解读，而她的研究是扎根于文本的。但二者的边界似乎十分模糊，实际造成的效果可能也像你讲的那样，不管以什么方法去研究一个作家，对于公众来说，注意力都会被吸引到生平上，都会被吸引到把作品和生平做比较上。

张悦然：这很自然，我们会因为一部作品而想知道写它的人是什么样的，这是一种特别正常和自然的心理。如果做成像费兰特那样，到了虚构一个作者生平的地步，它确实就变成一种行为艺术了。经过我们的研究，费兰特在她的访谈录里讲的也不见得是真话，也就是说，费兰特这个人等于是虚构的。比如说她的妈妈是裁缝，我们大概可以判断，她的妈妈不是裁缝。

费兰特的确很有意思，但不是所有作者都可以这么去做。我想的是怎么能找到一种比较良性的关系。比如阿特伍德，你可能也知道她的一点点经历，但对它好像也没那么关心，放弃每天研究阿特伍德到底经历了什么，而去关注她的作品本身，这对我来说是比较良性的。

我觉得可能会有一个比较舒适的地带——你了解一些人，这种了解也支撑着你对她的作品的理解，但没到你想不停地了解她而不想看她作品的本末倒置的地步。

05 / 女作家，正常一点好吗？

张悦然： 我在做"女作家"系列的时候想到了一句话：一个女作家到底需要多大程度地交出自己？一些女作家的作品里真的有很深的交付感。在一些比较极致的文本里，女作家像捐躯一样把自己捐给了文学。比如说莱辛，我觉得她自己和她的文学已经没办法分割了，张爱玲基本上也是如此。另一个非常典型的例子是林奕含，写作对她来说绝对不是疗愈，而是二次伤害。阿特伍德说作家扮演的是一个祭司的角色，要把一个东西祭奉给神。林奕含祭出的是她自己，《房思琪的初恋乐园》之所以能让我们代入得那么深，沉浸得那么深，是因为她又把它演了一遍，这绝对是把自己捐出去的过程。

冷建国： 你也是一位女作家，写作生命已经很长，从很小的时候就被公众认识。你自己在写作过程中会面临这样的问题吗？

张悦然： 肯定会的。我觉得，一个萦绕在女作家脑海的问题是，正常一点好吗？怎么老是会觉得自己不正常？这个也是一个问题。

莱辛的紧箍咒是"理智一点好吗？"理智是她对自己、对女作家的一个非常高的要求，就是我不能动感情，我应该理智。对我来说，那个词是"正常"，很多时候我会有一种女作家不正常的想法。

傅适野：为什么？这个"不正常"是敏感的意思吗？

张悦然：举一个特别简单的例子。我是一个母亲，我会经常觉得我好像很亏欠我的孩子，因为我觉得自己不是一个很正常的妈妈，具体说哪里不正常也很难，就是觉得自己不够正常。我觉得最奇特的地方是，在我小的时候，我妈妈很以我为骄傲，她觉得我有自己可以发展的事业，但我做了母亲以后，我觉得我妈妈最大的愿望是我能正常一点。

冷建国：在研究这几位女作家的时候，你会突然有一瞬间觉得她们也不是很正常并获得安慰和共鸣吗？

张悦然：当然。在这个过程里，我觉得太好了，她们也不正常！

冷建国：比如谁呢？

张悦然：都不正常啊，哪有正常的！你们难道不会有这个问题吗？比如别人会觉得你们是文艺女青年、女性主义标准什么的非常高，所以会觉得你们不太正常？

冷建国、傅适野、张之琪（合）：我们觉得他们不正常。

傅适野：我觉得悦然说的其实是一个女性被规训的过程，"正常"指的是符合一个比较主流的标准，比如一个公认的好的母亲要做到ABCD，但文学的意义是不是就在于告诉我们不正常也可以？

张悦然：你看莱辛，她的母职部分还是会被认为很不正常，包括她抛弃孩子，包括她被认为把自己的一个孩子养成了巨婴，一切都是从母亲身上去找问题，这些好像都是因为她不是一个正常的母亲。当你有母亲或老师这些社会身份的时候，就会感觉自己受到了正常或主流声音的呼唤。

张之琪：你刚才说文学是一场祭祀，你会觉得祭出自己之后得到了一个回应，就是不能做一个正常的母亲吗？

张悦然：坦率地说，我会觉得，莱辛可以不正常因为她是莱辛，而我既然做不到那么好、那么伟大，是不是应该把自己缩减成一个更正常的人。

张之琪：这完全是刚才适野讲的情况镜像——如果它发生在一个男性创作者身上，大家会因此对他更宽容，会认为不能用一个社会约定俗成的标准去要求一个男性创作者，他的不正常正是一种特权。

张悦然：对于女性，我觉得很难，尤其是这些你好像没有办法完全符合的规范如此可见。我心里有一个声音是，如果你做的事情特别重要、特别有价值，你可以这么做，但往往此时又会对你自己的价值产生很大的怀疑。所以，在学习这些女作家的时候，我其实也是在帮自己寻找很多自由和信心。

傅适野：最近几年，越来越多的女性正在站出来质问和挑战正常的标准，比如蕾切尔·卡斯克。

张悦然：卡斯克是我非常非常喜欢的作家。我觉得《成为母亲：一名知识女性的自白》并没有特别触犯到底线，只是说她不那么喜欢当母亲，生育后有一段时间比较反感小孩，在西方就引起了很多人的反感和攻击。卡斯克做了一件挺有勇气的事情，她能承认自己没有那么喜欢做母亲，做了母亲也有一段时间只想逃离职责。

张之琪：你会觉得男性有不正常的时候吗？你会用正常的标准去看待男性吗？

张悦然：我很少，但我发现周围的男性经常用正不正常来判断女性。男性判断女性是否正常的一条很重要的标准还是理性，讲理、能正常沟通就是正常；而女性往往被认为很容易情绪化，失去控制、失去理性，这个时候就被定义成不正常。

作家伍尔夫花了很多精力约束自己的情绪，她也觉得理性很重要，认为情绪崩溃是一种典型的女性特质。所以，怎么管理情绪、保持男性认为的"正常"，就变成了好多女作家的一门功课。

傅适野：我们之前最常讨论的是男性经常指责女性情绪化，但实际上，男性可能更情绪化，而男的一旦发了疯，危害可比女的大太多了。

张悦然：这些女作家真的很辛苦地在强调理性，好像有一种独属于女性的情绪，像一种疾病似的，没有那么容易控制。对莱辛来说，理性等于一种智力、一种智性，是她作为知识分子很重要的标准。这同时也是一个枷锁，一定会有不堪承受的崩溃时刻。伍尔夫有很多这样的时刻，所以她用了很多方式来解释自己的情绪，比如"雌雄同体"的说法。

张之琪： 你在写作的时候会想着保持理性吗？

张悦然： 生活中更多一些，写作中不太会。我觉得女作家真的有一种天赋，就是交出自己。所以很多女作家能更好地把自己和小说的故事打通，和小说的人物融合，她们作品中和自己相连接的东西似乎更深更多。

冷建国： 其实这也可以是一种写作技艺更高超的体现。

张悦然： 它完全可以是一种很高的标准，但要看标准掌握在谁的手里。比如李斯佩克朵这类作家，她的语言有点像赫塔·米勒，诗性而破碎，但她没有那么强的政治隐喻，李斯佩克朵很个人、很自我，她的写作自然地与她自己相连接，她的整个生命好像都在她的写作里流动。如果我们能定义这是一种好，那也很珍贵，但很多时候我们会觉得很难把李斯佩克朵放到某一个脉络里面，很难明确她在文学史中的位置。

冷建国： 当女性这样写的时候，她的作品被认为跟自己的身体和生命经验连在一起；如果男性作者这样写，往往被认为是一种普世的经验。

张悦然： 男作家天然就有这样一种感觉：我写的东西你们应该懂，有什么不懂的？有这么多文学前辈的作品，你们应该读过了，我的作品就放在这个脉络里面。而女作家好像在非常费力地说：这是我的作品，请你看一下，能明白吗？请看一下正不正常？

托卡尔丘克认为，女性从经典作品中获得不了很好的女性主义成长，因为经典作品都是男性的，其中很好的人物也大多是男性，女性要么是女仆要么是情人，都是被固化的角色。所以托卡尔丘克去写女耶稣，让女性去成为她们从未成为过的角色。

近年还有一种书写老年女性的趋势，比如阿特伍德的《证言》，我们也期待中国的电视剧能赶快出现老年女性叙事，填补这个空白。托卡尔丘克觉得，老年女性摆脱了对性的关注以后，获得了特别开阔的视野，也更加自由，成为类似女先知的角色。好多女性都写过这一幕。希拉·海蒂在《房间里的母亲》中说，有一天她穿过街道，当她发现男性不再看她的时候，她意识到自己可能获得了一种自由——那时她四十岁左右，可能还没到更年期。托卡尔丘克也写过这种后更年期的女性，感觉自己是透明的，她走在所有地方，无论穿什么和如何打扮，都没有人关心，她觉得自己是一个透明的人。很多女性都有类似的感受，在脱离男性目光以后，自己可以重新定义和感受自由。

按照艾丽丝·门罗的定义，三十多岁的你们现在处在最苦的阶段。这是女性最容易消失的时间，最容易为了家庭或很多其他事情被击垮，或者离开了原来想要追求的东西。在采访里我们可以看到，门罗一点儿也不留恋这段年轻的时间。对她来说，这段时间处于辛苦养孩子、写作没有着落、马上就要放弃和失去的一种状态。

冷建国：2023年4月开始，文化圈被一股#Metoo浪潮席卷，我们也回忆了在文化圈参与过的一些有中老年男性在场的饭局，有一种感受是，好像永远逃不过那种审视的目光，那目光既来自男性，也来自其他女性。当我们说老年女性获得了自由，其实是有新的更年轻的女性填补进了被男性凝视的空间。好像一代代女性都要经历这样一个被凝视的过程，好像一个流水线，直至衰老将你释放，回到自由状态中去。

06 / "房思琪"不只是一个控诉的文本

冷建国：在这波 #Metoo 浪潮里，我们看到了很多女性受害者站出来书写自己的经历，也有点呼应你刚才提到的，这种自述里往往有着丰富的情绪，好像女性要把自己备受创伤的一面完全写出来，才能证明这个在别人看来轻飘飘的骚扰行为其实是一种毁灭性的打击。

张悦然：这可能就是我们说的交付的意义。每一次女性的表达都得触及特别深的自身的情感，才能够换得别人对这一遭遇的相信和理解。这是一件很残酷的事情。

冷建国：近年来，每一次有性侵性骚扰事件引发讨论，《房思琪的初恋乐园》都是绕不过的文本。这一次比较特别之处在于，被揭发性骚扰的史航还是这本书简体版的推荐人之一，让整件事情变得更加讽刺。在"女作家"系列里，你在分析安吉拉·卡特《染血之室》的时候提出了与《房思琪的初恋乐园》的对照。

张悦然：我觉得"房思琪"是一部非常难谈的作品，我一直想表达的是，我们不能总是把它当成一个控诉文本来看，它之所以很重要，也是因为它是一部很好的文学作品。既然是文学作品，为什么我们不能承认它有美的东西？为什么房思琪对我们的冲击远远比新闻报道大，正是因为里面有很复杂的东西。

林奕含把自己交付出去，等于又经历了一遍，最可怕的是，她是以一人分饰两个角色的方式经历的。小说里之所以有羔羊的比喻，是因为她在从李国华的角度凝视自己，她既要在自己的角色里感受，还要想象另外那个人是怎样看待她的、是怎样获得愉悦的、是怎样把自己想象成一个猎物的。这样一来，这部作品才能有现在这种力量，但这个过程是毁灭性的。

其实，我们也享受了这部小说里美的东西，但当你承认它美的时候，你会感觉到一种不道德。但它既然是一部文学作品，就肯定不是一个简单的控诉。

冷建国：小说本身也提到，巧言令色是李国华的一重保护伞或一层羊皮，这就使得对文本的讨论更困难，似乎它的美也是一种遮蔽性的、迷惑性的东西。另外，这个文本之所以让我们的感触这么复杂，是不是读者也会在某个瞬间代入狼的视角，去看待作为羔羊的房思琪，从中获得一种很有罪恶感的愉悦？

张悦然：对，但回头一想又会觉得不对，会有一种道德的谴责。当我们被拉到那个角色里，似乎也分享了某种东西，最后我们会发现，我们分享的是交付出自己的女作家的灵魂肉身。

但卡特的《染血之室》就不会给我们这样的感觉，因为女主角没有真的危险，读者会感到这是一个写给女性的情色文本，她把自己献给了蓝胡子，她也有很多女性像一本书被翻开的这类比喻，但我们不会有不道德的感觉。我们在幻想里获得一些愉悦，又知道女孩并不真的危险。卡特没有展示女性的痛苦，她更多展示的是享受的部分，男性的暴力又并非真的是一个无可挽回的恐惧，就跟一些好莱坞电影有杀人情节但你也不会特别难受一样，因为它只是一种形式上的暴力，你就可以很放心地去享受它。

但房思琪给我们内心带来了复杂的道德负担和共谋感，因为我们在获得一种满足和愉悦。可此时我们站在谁的角色里？我们在分享的是什么？还是林奕含交付的那个东西。非常残酷，但这也是文本很伟大、很厉害的地方，正因为它让我们代入得很深，我们才能够体会到暴力的深层，而不是阅读一条新闻的那种感受。如果一部小说只作为控诉文本而存在，它就没有那么强的生命力。

很多时候我觉得，不管是女性还是男性，Ta 在书写政治的时候，因为用的是文学的载体，最终还是要看文学的表达和文学的价值，而不是看 Ta 写的那个事情重要不重要。

有一个政治的文本可能会一直流传下去，那就是托妮·莫里森的《宠儿》。一个黑人女作家写黑人奴隶的历史，《宠儿》是一本政治正确得不能更正确的书，它将永远嵌在那个历史位置上。但如果我们把它放回那个时代，那时还有爱丽丝·沃克的《紫颜色》以及其他黑人女作家的书，为什么是《宠儿》被嵌在了那个位置上呢？还是因为

《宠儿》的文学性很高，它的结构形式非常独特，它在文学上的价值使它得以流传。

冷建国：总之，女性作品的政治性体现在，你可以像赫塔·米勒那样写那种残酷的历史，也可以像林奕含那样书写发生在身体上的政治。悦然说的是另一个面向——女性可以有多种多样的方式去写政治。

张悦然：在我们看起来好像存在着两极，一端是个人的、身体的，另一端是宏大的，其实这终究是一回事，或者说没有两极那么远，它们是同一个脉络里的东西，我们想做的事情就是把它们连接在一起，成为一个共同的叙事。女性可以在这里，也可以在那里，女性可以这样，也可以那样。

颜怡颜悦：我们可以选择过一种别人不羡慕的生活

嘉宾：颜怡 颜悦

脱口秀演员

视频通话接通的那一刻，颜怡颜悦的脸出现在屏幕左侧的框框里，她们穿着不同的衣服，还是有些难以分清。屏幕右侧的框框里也是两个女孩的脸，分别属于在纽约大街上很多次被分不清亚洲女孩的美国人认成双胞胎的之琪和适野。

让彼此的猫也互相打过招呼之后，聊天正式开始了。颜怡颜悦的表达方式跟舞台上一样，交替地讲话，不停地接梗，时不时地打断对方，补充或者反对对方的观点。我们聊天时距离她们通过脱口秀综艺被观众熟知，已经过去了两年。她们这样总结过去两年自己的变化：宜人性大大降低。

"宜人性降低"对于创作者来说意味着什么？创作者需要是宜人的吗？面对越来越不宜人的环境，创作者还能做些什么？颜悦认为，在过去两年的时间里，很多人都体验到了一种"脱轨感"，感到自己的人生跟两年前期望的方向不同，想努力地把人生掰回正轨。但这种荒谬、随时在颠覆的状态，一直存在于人类的历史中，而创作的意义之一，就是去对抗和解释这种动荡。

但这种动荡的感受，又没那么容易用语言去捕捉，这可能令创作者失语，也可能让她们发现那些不能轻易被传统的语言所管理的东西。对于颜怡颜悦来说，这构成了新的创作动力，"因为那些不能被轻易描述和承认的感受，恰恰是弱势者的感受，是这个时代最值得被创作的东西。"

她们说，如果在这种动荡和不确定性中，还有什么是可以相信的，那就是另一个女性的遭遇。是我们共同的脆弱性让彼此不再孤单。希望我们都能以另一个女性的遭遇为起点，去感受，去联结，也不停地去创造。

快问快答

_还记得你第一次自觉的创作是什么时候吗?创作了什么?

颜怡: 在小学还没上明白的时候,我和颜悦创造了一个虚构的世界"圣城",那里面只有我们熟知的角色和性别,我们周围的熟人都成了人形的小动物,所有动物都是雌性的泡泡龙状态。相当于构建了一个自己的乌托邦,写了很多奇怪的小故事。我记得我和颜悦小时候每天躺在床上,会一起讲我们偷渡到人类世界的故事。

颜悦: 我是那个世界的总统,颜怡是副总统,都是女性领导者,君权妹授。

_创作时有什么小癖好/小迷信吗?

颜怡: 迷信应该是没有的,我们是坚定的无神论者。癖好是我会经常跟颜悦吵架,跟她吵架是我把一个东西口语化的方式。我们经常会害怕没办法用人话去说一个东西,吵架让我们的东西不再那么书面。

有没有一本书/一部电影让你重新认识了你的性别?

颜悦: 比较系统性的认识肯定是来自《厌女》,上野千鹤子用比较有趣又非常完整的文学性的方式,给我们梳理了一下自己对这个世界产生的种种异样感,告诉我们世界为什么是这样子的,提供了非常多理论上的支持。

小时候看一些男作家的作品,比如帕慕克和弗兰岑,能感受到他们笔下的人物身上比较超脱的东西,这也让我重新认识了自己的性别,跟周围人教育我应该成为的女性不太一样。

颜怡:《厌女》真的让我重新认识了我的性别,她(上野千鹤子)后续出的好多书,每一本都让我重新认识我的性别。

创作男性人物时,你们觉得自己能真正理解男性吗?或者说,这种理解对创作是必要的吗?

颜悦: 我最近正在思考这个问题。有时候看一些电影和书的评论,总是说创作者把女性人物塑造得太刻板,或者男性作家很难写好女性人物。我有一天就想,不对,我最喜欢的作家弗兰岑也是个男的,在小说《自由》里,他就塑造了一个现代女性的角色,复杂,身上有罪,同时又是一个完整的、很热烈的人。我想,他是怎么做到的?是不是剽窃他老婆的人生?因为他老婆也是一个创作者,但没他有名,他确实也在一些散文里流露出对老婆很强的愧疚感。后来我觉得,好像也不是,我去重新看了一下他写的女性角色,觉得他基本上在把这个角色当自己来写。也有很多作家对笔下的女性角色特别刻薄,他们会超脱出来拼命贬低自己笔下的人物,读者能感受到那种距离感,这种距离感让我很不舒服。但弗兰岑不是这样,他没有把这个女人当成一个女人,他把她当自己来写。

颜怡: 我自己在看一些男性作家写女性人物的时候,会觉得他非常不理解女性,这种不理解源自作家刻意要假设自己是一个女性,添加一些刻板印象。我们自己跟别人一起写稿时,如果嘉宾是女性,也会刻意从女性的角度去想,这个时候就会写出很假的东西来,语言有很多的客体性在里面。

颜悦: 这就像我看颜怡和我看照镜子的颜怡的区别。

颜怡: 也就像我看颜悦和在自拍的颜悦一样。

描述一下你所在行业的玻璃天花板。

颜怡: 脱口秀这个行业的玻璃天花板还挺厚的。我们最近确实在写这方面的段子,关于职场中感受到的隐形压力,大家对这件事情的共识还没有到达一定程度,就已经开始压抑了。我们要试图去建立更多的共识。

颜悦: 我们行业的玻璃天花板是扎在我们身上的碎玻璃。我的感觉是很细微的。一开始进入一个公司,人微言轻,每做一件事并没有多强的成就感,还不断有人来告诉我该怎么做。虽然他们说的是错的,但是我还得听。慢慢地,当你感觉到自己有一点被认可时,会觉得自己坐在一个圆桌上——你以为自己是往高处爬了一点，其实你只是往旁边挪了一点。

一些新来的实习生或新人演员说话其实很好笑，但他们说了笑话没有人笑，你会被那种氛围浸染，也不去鼓励他们。回想起来，我一开始进入行业也是这种感觉。我有自知之明，我日常说话的好笑程度并没有多大的进步，但越来越多的人觉得我说话好笑。因为我受到了社会层面的认可，所以大家会先入为主，认为你是一个说话好笑的人，就会给你更多的认同。不论是作为女性还是作为新人，都是需要这种认可的，不管 Ta 口头上愿不愿意承认。如果我跟更多的女性创作者在一起，她们会更愿意承认彼此说的东西是好笑的。

如果作品无法发表 / 播出 / 上映，还会继续创作吗？

颜悦：不会继续创作了。对我来说这是非常大的打击。尤其是我们现在知道有很多限制以后，就会自我阉割，朝着一定要发表的方向去做。我还是没有办法接受卡夫卡那种人生：写出来作品，死后才发表，或者他其实根本就不想发表。

颜怡：那是因为他从来没有发表过。所有创作都多少带着那种感觉——有人会看到，有人会理解。

颜悦：我真正感兴趣的就是人本身，就是别人。人其实很奇怪，当人数超过一个，大家就开始隐藏自己奇怪的属性，但是我很喜欢去发掘别人那种隐藏起来的奇怪的属性，这就意味着我得跟他们交流。

如何看待自己的年龄和变老这件事？

颜悦： 我不想变成颜怡那样比我老五分钟的样子。

颜怡： 因为你每分钟都在变得更像我。我 2021 年看了欧文·亚隆的《直视骄阳：征服死亡恐惧》（下文简称《直视骄阳》），让我对死亡焦虑产生了很大的兴趣。倒不是真的说人类并不怕死，Ta 只是没有意识到死亡在对自己起作用。而年龄焦虑再往深一点就是死亡焦虑，就是让你时时刻刻质疑自己在世界上的意义。

颜悦： 我之前以为我完全不在乎年龄和变老这件事情，后来我意识到是因为我们家的基因。我妈到现在看上去还跟三十多一样，有点吓人，我觉得我妈一定有心理疾病。

颜怡： 她有"道林·格雷的画像"。

颜悦： 可能在出卖自己的灵魂。她连医美都不做，就完全保持青春。我意识到，可能只是我没有注意到我在变老，我以为只是今天没睡好。但我前段时间跟一些年龄稍长的、非常优秀的女性聊了聊，我才意识到我内心肯定是有对于变老以及死亡的焦虑的，但看到她们直接跳过焦虑，也缓解了我潜在的焦虑。

颜怡： 我觉得我们看到的年纪比较大的女性并不够多，如果我们能够看到更多，就没有那么焦虑了。只要我们看到足够多六十岁以上的女性，就不会觉得活到六十岁是很难的事情。就像双胞胎一样，我们现在很少看到双胞胎，就会感觉自己很孤独。但如果我们能在世上看到足够多的双胞胎，我们就会觉得这是正常现象，我们并不是怪物。

下辈子还想做女性吗？

颜悦：当我接触女性主义的时候，我会觉得我比男性要幸运，因为男性没有这样一个机会来认识自己。但是如果从很多层面考虑，我还真的没有那么想当女性。反正我也不信有下辈子这回事，我觉得是女性就不会信下辈子。

01 / 艰难中的幽默，苦痛中的笑声

傅适野： 距离上次聊天过去了两年时间，你们的创作动力和状态在这期间有什么变化或者波动吗？

颜怡： 波动超级大，整个人都变了。我感觉自己这两年变成了十个人，两个人变成了二十个人。我们前段时间做了大五人格测试，跟一年前相比，我们的宜人性大大降低。我们现在的性格特别招人烦，非常有攻击性，每天都在生气，看谁都想吵架。

傅适野： 这种比较应激的状态对创作来说是一件好事吗？

颜悦： 我觉得脱口秀是一种情绪宣泄，但很多时候这种改变也并不是好的，它会降低人的理性。不过这种改变也是有必要的。我不想通过理性去压抑这种应激，甚至有时候我会觉得，在很多事情面前，创作都不重要了。

如果你问我，生活中出现太多这样的波动，我的创作怎么办？其实我也没有办法，只能去应对，这就是我的人生，这就是实际上发生的事情。大家都会感到我们的人生跟自己两年前期望的发展方向不太

一样,想努力把自己的人生掰回正轨,但现在我好像都看不到那条正轨了。这种状态也并不新鲜,人类一直都在干这样的事,一直都处在一个荒谬的、随时在颠覆的状态里。

创作的一个要素就是去对抗和解释这种动荡,就像我自己在情绪波动非常大也非常痛苦的时候,虽然说也有抑郁到什么都不想说、什么都不想做的时刻,但也有写出我之前完全意料不到的东西的时刻。

颜怡: 我不知道我是不是有点过于接受自己了,我想允许自己对环境做出任何反应,把自己这种宜人性很低的、不健康的状态呈现出来。我觉得自己有一点像核爆之后的变色龙,还在适应核爆之后的状态,遇到什么诡异的我都会呈现出来。

我曾经觉得人不能完全没有自主性,没有理性,必须要压抑一些不好的东西,呈现出好的东西。后来看到那么多人都在反映环境,每个人都生活在自己的时代之下,为什么不能在这个时代就成为一个疯子呢?这就是这个时代带给我的礼物。

傅适野: 我们在《随机波动》的第 100 期节目中也提到,之前觉得很重要的一些事情,现在好像都不重要了;另一方面,一些新的感受也很难用语言描述出来,现有的语言和词汇已经不足以支撑我们去描述它了,语言和现实之间的裂隙好像也无法填补。我不知道你们会不会有这样的感受?

颜悦: 这恰恰是我想创作的动力来源。你说的感受对我来说也完全准确,生活变动中产生的缝隙从我们的语言里逃逸出去了。那些感觉、那些感受、那些以前不能轻易被描述和承认的东西，恰恰是弱势者——女性、穷人或者 whatever——能感受到的东西，是这个时代最值得被创作的东西，也是最有力量的东西。这些不能够轻易被传统的语言所管理的东西，就是创作能带给我的，也是能带给人类的东西。

傅适野：你们从事的行业是要给大家带来快乐，让大家发笑，但这些全新的感受可能是痛苦的，你们觉得痛苦能转化成幽默吗？

颜怡：可以，我觉得这个转化是非常直接的。因为面对这些痛苦的时候，我们没有别的方式来应对，只能用幽默，我觉得这是脱口秀受到欢迎的一个原因，因为在这个时代大家都挺无力的。

颜悦：我们很多演员朋友的作品就做到了这一点，比如小佳写他父亲的段子。这些痛苦对我来说不是要用笑去消解的，不是把它转化成笑声笑一笑就可以过去了。我们所有人都知道事情是有可能变成这样的，无论生活中出现多糟糕的事情，我们内心多少是有点预感的，只是我们要尽力去避免它，直到又有一件糟糕的事情发生。你的笑其实是在笑自己，一方面是嘲笑，一方面又是试图安慰自己的笑。嘲笑是指"你看这事又发生了，我就告诉你阻挡不了的"，另一种是"好吧，我们阻挡不了，但还是会去尽全力"，是对自己的安慰式的、共情式的笑。

02 说想说的话，是生命力，是意义感

张之琪：《展开讲讲》有一期节目提出了一个观点，说在今天所有的综艺节目或大众流行文化里，喜剧是最能够容纳社会议题的一个门类。但它和社会议题之间的关系又非常复杂，一方面，我们知道它很多时候不能真正深入地去探讨一个社会议题，存在各种限制；另一方面，我们也看到，有一些创作者对于社会议题的挪用是非常浅表的，他们只是把它当作迅速建立和观众之间联系的一个手段。你们会怎么看喜剧和社会议题之间的关系？在你们的创作中，会用什么方法去呈现社会议题？

颜悦：我们确实觉得一定要提出新的东西，而且你得对自己的观点负责，虽然你一旦说出一个观点，就很有可能被曲解，但是我们必须尽力去表达自己想表达的意思。

颜怡：我们刚入行的时候，大家在一起创作，我们也看很多人的作品，感觉有一些创作虽然讲的是社会议题，但呈现的是非常古旧甚至刻板印象的东西，他们只是把这个现象说了出来，但没有想改变这

个现象的力量。当时我俩就说，以后我们写东西一定不要去重复这种现状，我们要提出新的东西。当然，这肯定是建立在一些学者和有社会责任感之人的研究基础上，是踩在他们的肩膀上创作。如果大家都能够不断地去更新自己的认识，那么在娱乐方面我们也会有更多的话可以讲。

颜悦： 我想跟所有的创作者讨论这个问题，我们也一直在试图把这个问题理清楚，但真的很难。当创作涉及社会议题，至少要对这个议题本身以及它背后的很多现象和理论有所了解，但对于一些即时性的创作者来说，Ta可能觉得我今天就要上台了，我就随便把它当个梗说了，这肯定是不负责任的。

引用一下"囧司徒"（乔恩·斯图尔特，Jon Stewart）在一次和记者的辩论中说的话。有人问他，为什么你作为一个喜剧演员，要天天讲这些沉重的东西？"囧司徒"说，你反过来想一下，为什么只有喜剧演员在讨论这些沉重的话题？你们记者干什么去了？

如果我要谈论一个社会话题，我要去收集资料，甚至可能要去看论文。那些论文我完全看不下去，看一两句话就阻塞我思路一整天，因为它是一种完全不同的文体。最后，我还要把我的语感从论文切换到喜剧上来，要疯掉一样。对我来说最大的痛苦是这个。

张之琪：《剩余价值》的第一期讨论的就是女性和幽默的关系，这么多年对这一问题的讨论也一直在继续。在你看来，是否存在一种幽默是所谓"女性的幽默"？之前存在的关于什么好笑、什么不好笑的标准，是否与男性的生命经验紧紧绑定？而当一个女性进入这个行业，试图去挑战男性经验主导下对于幽默的定义时，是否她就会被认为是不幽默的？

颜怡：一定是有的，而且我们的感受非常强烈。这确实是一个本体论层面的东西，抽象来看的话，也可以是一个新的秩序想打破原有秩序的过程。比如三弟是我们非常好的朋友，也是一个喜剧演员，我们都是江西女人，我们之间互相讲话开玩笑，非常能够 get 到对方的笑点。但是出去跟别人讲的话，尤其是在比较不成熟的时候，别人就会觉得我们很尬，所以，我改段子就会找三弟一起改。

我们能感受到，幽默是有语境的，不管是南北方的差异，还是男性女性之间的差异，它绝对都是需要去被打破的秩序。如果说其中一个占了主导，没有给另外一个生存空间，那也是不健康的。

颜悦：不同生命经验肯定会带来不同的喜剧品位。现在节目上表现比较好的女演员还是比较少的，评论者或普通观众就会拿我们互相做比较，的确，我们的有些话题是重合的，但这种相似性建立在非常平庸的层面上——你们都是女生，你们说的东西都一样，其实我们和很多男生说的东西也是一样的。我们不看任何关于拿女演员互相比较的东西，甚至还有一些拿我们俩做比较的很无聊的言论。因为每个人的内心都会有无法抑制的情绪，可能给你一种很强烈的比较和竞争的感觉，对我们互相帮助很不利。

女演员凯瑟琳·赖恩（Katherine Ryan）说过这个问题。她说，美国有一位特别厉害的女演员惠特妮·库明斯（Whitney Cummings）上很多综艺，也有很多巡演的机会，她被认为是最棒的女脱口秀演员。当有其他女演员问，为什么不多给我们一些上节目的机会时，那些人就会说，你有本事就做成惠特妮啊。

傅适野：社会上似乎一直存在这样一种倾向——当我们说一个女性很好、很成功、应该成为女性榜样的时候，这个榜样往往是一个男性认可的女性。回想我们小时候那些被认可的女性偶像或女性榜样，往往都需要男性背书。而在今天，实际上我们是要反对这种男性背书，情况反过来了。现在男性最不喜欢谁，最讨厌谁，反而构成了一种背书，是因为她是真正触痛了他们的那个人。

最近几年真的有很多很棒的女性创作者出现在我们的视野里，身为女性观众，我们也能够一眼识别出来，哪些女性创作者在努力创造一些新的东西、新的议题、新的思考议题的方法，而哪些创作者还在沿用一些旧的创作模式。负责任的女性创作者有勇气在舞台上讲出内心真正相信的东西，并愿意去承担后果，虽然可能没有那么多观众接受，最后导致的结果可能是淘汰。你们在这个过程中会有很挣扎的时候吗？

颜怡：其实我本来以为会获得高票。我们也并不是说要搞自杀式袭击，其实还是想通过内容获得认可的，但2022年遇到了很多意外的情况，有很多不可描述的困难，我们的判断比较失灵，尤其是那年第二期讲的内容大部分都没有播出，但其实是我们非常想讲并觉得效果会不错的一期。

　　回答你的问题，我们确实是内心想讲出那些话，这种东西是一种生命力，而并不只是一次上节目，它们是能够带给我们生命意义感的东西，很难去压抑。

03 / 警惕名利，过一种别人不羡慕的生活

张之琪： 这几年《脱口秀大会》和脱口秀获得了很多关注，你们也随之获得了更大的名声。你们感到自己在行业里的位置有变化吗？

颜怡： 我们还是唯一的双胞胎。（笑）

我们的感触还是挺深的，刚开始会觉得这个领域完全是陌生的，看起来里面有那么多名利，似乎非常诱人。进入这个行业这么多年，也完全能够感受到这种东西对人的改变。一个看似非常诱人的东西又同时能够腐蚀你，那是什么东西？

颜悦： 硫酸。

颜怡： 我这几年的感受是，一个创作者可能真的不能变成一个非常名利双收的人，不然 Ta 怎么去相信那些被构建起来的虚假的东西？如果我能够在上海买房，过上一种非常安稳无忧的生活，我怎么去相信我的生活其实随时可能崩塌，我可以随时去感受到别人的痛苦？如果我真的变成那样，有点屁股决定脑袋。

颜悦： 并不是说创作者就一定得穷，我还是希望创作者能活得好

一点的。我很喜欢英剧《革命见证人》，艾伦·里克曼饰演的法国大革命里的一个人，死刑之前去参与一个布道，他说了一段话，其中一句是"I shun fame! It always costs too much"。这完全也是我的感受，当你可以获得一些利益的时候，你立即能看到它的代价有多大，这挺恐怖的。

冷建国：你们如何衡量诱惑和代价？

颜悦：还挺微妙，我相信没有人会有一个非常确切的答案，很多人反而是后知后觉。有些人会感到焦虑，甚至有一些生理上的反应，到后来才反应过来，其实就是自己不该干这个事。

颜怡：《直视骄阳》里写了一个例子，一个顶级赛车手根本上不了赛场，一上场就会手抖，心理医生问怎么回事，他说，最近有个朋友死在赛车场上，他的死亡给我造成了心理阴影，我害怕这件事情。他问医生该怎么解决这种恐惧，医生就跟他说，这可能说明你最好不要再上赛场，是你的身体在提醒你，你也可能会像这位朋友一样死掉。

颜悦：当你还稍微年轻一些，在十几岁、二十几岁的时候，死亡焦虑不会那么明显地降临在你身上，潜意识里你觉得人生是无限的，于是就有一种对人生不用负责的欢脱。直到有一天你经历到一些事儿，意识到你也会死，便忽然发现该对自己的人生负责了。我可以选择一种别人认为不好的生活，或者别人不羡慕的生活。

这个挺难的，因为我自己以前的人生中很大的成就感，都来自别人希望过我的生活，所以我才会去想过那样的生活。直到我意识到我自己并不想过那样的生活，只是别人想过而已。

冷建国：名声给你们的生活带来了一些什么样的变化吗？

颜怡：真实的变化没有那么大，但我会不停提醒自己不要沉浸进去，不要觉得好像有名是一件多么了不起的事，总感觉如果真的沉浸进去不会有什么好下场。

颜悦：对我来说最大的影响可能也就是快递不敢写真名之类的小事，但更多是一种摧残。一些细节让你有一种地位升高了的感觉，那只是一种有钱感、有地位感而已，其实你并没有真的有钱或有地位。即使有，那些也是非常短暂的东西。但有钱感会让人的心理产生扭曲，甚至慢慢影响你的人格。

我们的经纪人对我们特别好，什么事都帮我们做，直到有一天她可能不在身边或者帮不了你，你就会觉得，怎么没人帮我？我是不是变成了一个婴儿？

觉得自己的时间比别人珍贵，也是一个非常不好的事情。虽然我知道很多人会认为这是合理的，但我们会对这一点特别警惕。即使我再有所谓能力、才华，我都不可以让另一个人的生命服务于我的生命。除了颜怡，她就是为了给我捐献器官出生的。

04 / 唯一相信的，是另一个女性的遭遇

傅适野： 上次见面的时候，你们聊到了在这个行业里经常被女性拥抱和被女性前辈帮助的感受，比如蔡明老师。这种女性之间的互助，不管是来自同辈还是前辈，对你们来说意味着什么？

颜悦： 我真的非常感谢前辈的出现和帮助，她们给予的不仅是一种切实的帮助，更让我意识到了自己很多潜在的问题。每次我们的节目播完，蔡明老师都会给我们发微信，一般是说"恭喜"，如果我们被淘汰了，她也会鼓励我们，跟我们交流。我们这次被淘汰之后，就跟蔡明老师说了一些我们的烦恼，她说的一句话让我特别触动，她说，"先做对的，再做好的"。以前碰到的前辈永远是在教育我们该怎么把事情做好，蔡明老师就说了一句完全相反的话。我就会去想蔡明老师的人生，真不知道她是怎么撑过来的。她在更早的环境里做一个女喜剧人，现在还这么关照后辈，也经常给年轻演员朋友鼓励和支持，她是我的榜样，我希望我以后也能做到这样。

我以前完全没有在生活中把性别当成一个划分标准，大多数时候

还是根据和一个人聊不聊得来来决定亲疏远近。但我现在会更有意识地去帮助女性，我觉得这是我之前忽略掉的一件事。以前会觉得对女性后辈的帮助会不会很刻意，像是一种声明、一种宣言，其实不是，它也应该是一件很自然的事情，我在努力把这个行为自然化。

傅适野：《脱口秀大会第五季》节目里有很多片段展现了你们跟其他演员的友谊，你们一出生就已经是彼此最好的朋友了，在这种前提下，会跟我们这些单胞胎在交朋友的时候有什么不一样吗？

颜悦：其实还有蛮大的困扰，尤其是工作以后，如果有人老把我们当一个人，我就会觉得丧失了主体性。我们的微信列表里有很多三人群，我们慢慢觉得三人群好像是一个终结友谊的非常有效的方式。

如果设身处地为别人想的话，确实因为我们俩身份特殊，如果是一个新认识的朋友，Ta一开始跟我们俩说的话可能是一模一样的，Ta会觉得自己有种在复制粘贴群发的欺骗感，所以才会拉一个三人群。但我今年决定停止为任何人换位思考，我真的受够了为别人换位思考，我在尽力克制，因为我太喜欢换位思考了。

傅适野：颜怡之前和我们提到了最近在创作的一些东西，有一句话说的是，"如今我们已经什么都不相信了，但唯一相信的是另一个女性的遭遇"。这也是我们今时今日今刻在实践的东西，我们也在相信着另一个女性的遭遇、另一群女性的遭遇，或者说是和我们一样弱势的那些人的遭遇。这种相信对你们来说意味着什么？

颜怡：当时跟你们说的时候，这其实还不是我的作品的一部分，只是我的一个想法。在获得了你们的反馈以后,我更觉得这个东西有价值。很多时候,我的孤独感就来自觉得我的遭遇只有我自己在经受,但其实可能女性的遭遇是类似的,没有人是自己单独有罪地活在这个世界上。如果能知道别人的遭遇和过错,每个人都能活得更加自在。

05 / 脱口秀离人很近，写小说离人稍远

冷建国： 我们上次聊天的时候，你们正在创作一个剧本，在两年的时间里这个剧本已经创作完成并且上演了，创作舞台剧跟创作脱口秀、创作小说有什么不同？你们两个人各自分开创作和一起合作又有什么不一样？

颜悦： 跟小说和舞台剧这种主业之外的创作相比，脱口秀能够赋予我们更多主体性和主观性的东西，我们发现，很神奇，创作但凡超过一个人，就会开始有一点点偏离你想表达的东西。所以，我们现在至少在创作初期都是尽量分开来写，后面再考虑怎么融合。很坦诚地说，创作就是个非常折磨人的过程，你不知道自己是不是好的，是不是对的。对我来说，只有我写出一些我觉得好的句子的时候，我那一天才有动力活下去，然后第二天又觉得这个句子有点傻，每天在这种不断的轮回之中。小说和戏剧就是更能让我活下去的东西，是一些比较深的、触底的东西；脱口秀就是要不停地浮现出来，不停地去考虑别人的想法和感受。

颜怡：我自己感觉，写脱口秀跟写小说、写戏剧不一样的一点是，我通过写小说、写戏剧能够离人远一点，脱口秀我总感觉离人太近了。如果能减弱一点人类在我生命中的影响，我就更能说出我想说的话。

我特别喜欢查理·考夫曼的一段话，他曾经也给别人当过编剧，给别人写段子，以这个人的口吻去写，他就很恨那些东西，他觉得他再怎么写都没有这个人本人写得好。他后来就意识到创作中的主体性很重要，他告诉所有的创作者，你可以先试着不要去讨好别人，等你创作完了再去想怎么讨好别人，创作的时候要尽情剖开自己，对自己坦诚，这样写出来的东西是一定能打动人的。

冷建国：提到你们这种跨体裁的创作，我记得你们上次来做客的时候也提到，会从读书里面提取很多灵感，以此来超越自己个人经验的局限，我也想问在2022年的创作过程中以及在上半年上海封控的状态下，有哪本书对你们特别重要吗？

颜怡：《看不见的女性》。

颜悦：我们最近看了《烦人的爱》，说实话我一开始并不喜欢《我的天才女友》的小说，我在大学的时候就看了，觉得费兰特的语言跟我同期看的那些作家比没有那么精致。但后来因为我特别喜欢那个剧，才再去看费兰特其他作品，比如后来出版的她的处女作《烦人的爱》，看到她早期不那么成熟的作品，稍微有一点点人工的痕迹，这个时候我才意识到费兰特有多厉害。她擅长制造紧张感，能够在细节中展现女性的生活、人类的生活，即便你只拥有一个小房间，也可以体会到很多很隐秘的人性。

我最近还挺喜欢一本很奇怪的书，叫《论家用电器》。因为我最近正在写一个人物，一个莫名其妙地仇恨一切家用电器和家具的女人，这也来源于我在封锁期间对桌子产生恨意的经历，背后可能有某种更深层次的恐惧。后来看到《论家用电器》，我震惊了，我好想去采访汪民安老师，他知道他在写什么吗？他知不知道这些东西有多好笑？这本书真的有英式喜剧的意味，改成一个英式喜剧一定非常好笑。

傅适野：这几年对于大家来说都非常不易，但是我们也看到，很多人还是在这种困难的环境中努力做一个负责任的创作者和表达者，希望大家也可以做负责任的观众和听众，也希望各行各业的女性都能像颜怡颜悦一样，在女性整体的脉络里去获得联结，向前辈学习，也去关怀比自己更弱势、更边缘、更年轻的女性。期待颜怡颜悦接下来的创作，祝你们拥有创作的自由。

倪湛舸：把女性主义作为一种视角，而非一个标签

嘉宾：倪湛舸

作家、诗人、学者

电影《满江红》上映后，倪湛舸的小说《莫须有》又收获了一批新读者以及一些新讨论。关于岳飞的叙述许许多多，但是家喻户晓的岳飞故事里似乎都没有女性的身影。

细究史料会发现，当时的军营、匪帮和朝堂中均有女性在或明或暗地管理和主导，她们在一代代的历史叙事中被雪藏，史书也由此成了一部男性之书。在早期现代西方，作为村庄医师、组织者甚至政治领袖的女巫遭到迫害，女性被赶回家中，成为无报酬的生育者与照料者，在家庭之外，资本主义市场、现代民族国家和现代科技才能崛起。

因此，我们要发现女性，讲述女性，不仅仅是要纠正历史叙事中的形变，更要做有性别视角和女性主义敏感的创造者。我们既关心通俗文学和流行影视中的叙事如何规训大家的幻想和欲望，也从女性的来路中寻找未来的希望，那是一个有着新的可能性的世界，有着更为平等和公正的性别以及其他关系的世界。

从女性学者的视角出发，倪湛舸认识到，"我们如何透过一个有问题的材料，看到被遮蔽的历史现实，重新发掘启动文本为她者赋权的潜力，这是研究者应该做的工作。这需要研究者具备分析材料的能力和性别层面上的敏感，这是我们要做到的，也希望能够激发更多人参与到这种发掘和重建的过程中。"

快问快答

还记得你第一次自觉的创作是什么时候？创作了什么？

倪湛舸：我现在能够回想起来的是刚开始学写字的时候，我有这么一个意识——不一定是自觉的，可能是自发的——当我学会一个字，我会不自觉地去组词然后造句。这可能就是我写诗的开始。

我还有一个比较奇怪的理论，创作有可能不是一辈子的事儿，你的意识可能是前生带来的。你现在得到的一些技能或天赋可能来自一些初始的设定，是你上辈子的积累，是你曾经的努力。我们现在都太接受现代西方一次生命的设定了，我是宗教学者，现在教亚洲宗教，我的学生特别喜欢的一个设定就是轮回转世，他们觉得这能够解释我们现有的思维模式里显得奇怪的很多问题。

创作时有什么小癖好/小迷信吗？

倪湛舸：我是一个很理性的人，没有特定的在写作时一定要做的事情。如果一定要说的话，我会把更重要的事情先做完；我真正的创作都是在晚上或者周末进行的。我只会把碎片时间给它们，不会占用真正大块的工作时间——工作时间是用来写论文的。

写论文这件事很有趣，在这个过程中你会有很多新的发现，对已有的材料和文本会有新的理解，写完之后还有机会跟别人交流，我很享受这个过程。不是说一定要强迫自己去把所谓重要的事情先做完，然后才可以搞创作，而是在我看来，这是创作所依附的一个巨大的根基。我要先把这个根基给建好，在这基础之上我可以做更有趣的事情。

_ 有没有一本书／一部电影让你重新认识了你的性别？

倪湛舸：我是有启蒙书的。在我十二三岁月经初潮之前，我妈妈送给我一本书做礼物。那本书大概是叫《一本女人写给女人的书》。我印象中好像是美国一本科普读物的中文译本，其实是一个生理卫生教材，有很多彩图告诉你身体的部位，包括阴道、子宫、卵巢，等等。我小时候看到觉得特别神奇，第一次对女性身体有了那么清晰的认识，也很感激我妈做了这么有意义的一件事。

_ 创作男性人物时，你觉得自己能真正理解男性吗？或者说，这种理解对创作是必要的吗？

我觉得真正理解应该是不太可能的，任何人对其他人，甚至是Ta自己，都没有办法真正做到完全的理解。误解在很大程度上是我们自我认识和社会交往的基础，所以没有必要去追求真正的理解。试图理解是我们努力的方向，不管是男性的形象还是女性的角色，对于创作者本人来说都是一个他者。自我和他者之间的关系是很复杂的，本质上是一种权力关系，在某种意义上自我要对他者达成一种征服，这种情况下我们会追求所谓完全理解。但我觉得更重要的是，让出一定空间，承认自己没有办法完全掌控笔下的人物，承认误解是不可避免的，不试图理解，给予你的人物一定的自由。

_ 描述一下你所在行业的玻璃天花板。

倪湛舸： 显而易见，白男。前两年奈飞（Netflix）的喜剧《英文系主任》讲的就是一个亚女当上英文系主任后遭遇了很多啼笑皆非的事情。那个剧有很多问题，但不得不承认它里面所表现出来的老白男并非凭空捏造。现实中的老白男，可能还有更年轻一些的，真的很成问题。

_ 如果作品无法发表/播出/上映，还会继续创作吗？

倪湛舸： 肯定，因为创作对我来说已经跟呼吸、跟日常生活凝为一体。我创作不是为了发表、寻求别人的认同或所谓成功，在很大意义上，我创作是因为我觉得生活中有一些感受，尤其是比较疼痛的感受，需要一个出口。对我来说，整个创作过程是生命不可或缺的一部分，而不是最后完成的那一瞬间。创作的过程就是它的意义所在，无论能否发表、发表以后能否被读者接受，对我来说意义不大。当然，我还是很希望能够以现有的创作为基础听到别人的声音，让别人也参与到我与我创作的世界的互动之中，我的世界会变得更加丰富有趣。

如果把学术研究和写作也当成一种创作的话，创作的过程是很艰难的。我们有peerreview（同行评审）的制度，会有人给你提意见，你需要根据这些意见反反复复修改，有时候会改两三次甚至更多，所以我们一篇文章出来的过程是非常漫长的。但我觉得，如果你能写一篇比较好的论文，它的生命力可能很长，几年十几年，甚至几十年几百年。这类创作是一个很长线的过程，在一定程度上可能要把你的创作成果看成人类知识积累的一部分，你其实是作为一个巨大的群体中的一员在进行研究。

如何看待自己的年龄和变老这件事？

倪湛舸：我们在不同的年龄段有不一样的状态、不一样的经历、不一样的好处和焦虑。我个人而言，如果在人生的漫长历程中做到了一直在做自己真正感兴趣的事情，有成果有积累，我会觉得变老是一件特别好的事儿。我很盼望着自己越来越老，积累越来越深厚，能够做到所谓厚积薄发。学术界有一个说法是，现在很厉害，不如活得久。

我觉得很大程度上女性更容易有年龄焦虑，是因为女性的身份会被定位在一个比较年轻的、幼态的、服务性的位置上，当你脱离了这种年轻女性的状态，在市场上就变得不抢手了，你的已经被扭曲的价值就会降落。但如果女性是一个劳动主体，不断地在创造自己的价值，那么随着她的年龄增长，她的价值也是在增长的，而且这是属于她自己的自我价值。

下辈子还想做女性吗？

倪湛舸：下辈子我也许会愿意尝试做一个未必是人类的母性或者雌性，或者其他和女性对应的性别的生物或非生物。要知道，自然界中我们现在熟悉的二元性别是非常小的一块，是被以人类为代表的哺乳类动物的性别所决定的。性别和性向是光谱，自然界存在着数千种性别和性向。比如蘑菇是自体繁殖的，在某种意义上非常酷儿，用一句黑话来说就是"自攻自受"。

01 / 人在命运中沉浮，崇高是一种选择

冷建国： 我们都读了你 2022 年出版的小说《莫须有》，电影《满江红》在那年春节档上映后也引发了非常多的讨论，这两部作品的共性在于重述岳飞故事，当然是以两种非常不同的方式。你怎样想到要写《莫须有》这样一个小说？

倪湛舸： 岳飞题材始终都是一个 IP——我还是倾向于不要用 IP 这个词，因为这个听起来非常的资本主义——不管有没有《满江红》，不管它有没有上热搜，这个题目已经流传了几百年。选择重述这个故事，我想探讨的是如何跳出我们已经熟悉的那套以评书为代表的话语，回到当时的历史语境，看到在神话、传奇、传说的路径之外很多被忽视的复杂性，揭示历史的复杂性，因为我们现在生活的社会仍然存在着很多和当年不谋而合的问题或困境。

岳飞故事一方面已被国族叙事所强力征用，已经没有办法剥离，但另一方面，国族叙事的内部有着各种各样的缝隙、复杂性和内在冲突。我希望能用小说的形式让大家看到，那些事件是怎样变成了历史

书写，历史书写本身又在怎样变形。之所以会选择小说的形式，是因为我没有历史研究方面的训练，知难而退，退而求其次。

冷建国：岳飞的故事在不同的历史时期不断被重提、被推崇和流行，都有那个时代自身的意识形态的推动或需求，无论是外敌入侵的环境，还是尽忠报国的口号。在你试图重述这个故事的时候，如果你想要打破国族叙事的驱动，那么支撑这个小说向前发展的动力是什么？作为读者，我自己的一点感受可能是小人物无法改变和左右自身命运时的某种无力感。

倪湛舸：你说得很准确。我的想法其实是一种直面现实。当那些普通的人物在传说里变成大英雄，如何尽忠报国又如何被冤枉，大家看这样的故事一方面很悲痛，另一方面也有一种爽感。但这样的故事也是缺失的——不管是帝王将相还是所谓平头百姓，每个人在面对全局性的混乱和变动时都是普通人，都会有非常当下性的即时的反应，所谓迷茫、困惑、痛苦都是很真实的状态。

我希望能让大家意识到，这些英雄人物和我们一样也有这些很切身的状态，这也能够帮到我们这些同样在命运中苦苦挣扎的普通人。当年的"国破山河在"是很重大的历史创伤，在这样巨大的压力之下，有些人仍选择坚持一些原则，所谓道义也好，人情也好，有些人则可能随波逐流，对他来说更重要的是利益，是个人的利益、家族的利益或国家的利益。但不管怎样，大家的起点都是普通人的应激反应，在应激的过程中做出不同的选择。回到现实生活中，我们其实也没有办法掌控自己的命运，也会慢慢衍生出不一样的对待人生的态度，我们所有人都有可能成为英雄或奸臣。

张之琪：你之前在一次跟毛尖对谈时聊到了人道主义的问题，毛尖说她现在非常厌烦文艺作品里人道主义的、抒情式的写法，好像我们过去是写那种被崇高化了的英雄，他的人生好像除了家国大义没有什么别的事情可以做，这样的英雄看得太多了之后，创作者又开始写一些历史夹缝中的小人物，并刻意去突出 Ta 没那么体面或道德的一面，写 Ta 的算计或贪生怕死，以呈现一个人物更真实、更接地气的状态。这好像是故事的两极，从一个极端到另外一个极端。

但你刚才的说法让我觉得，这个里面肯定还是有一个中间的道路，既是写小人物真实的处境、具体的抉择，同时又可以写出人在相对被动的环境里也能够做出道德选择。

倪湛舸：这就是《莫须有》想要表达的东西，崇高的人真的存在，但不是从一开始就活在神坛上，崇高的人是一步一步通过艰难的抉择、通过人与人的互动，慢慢把自己塑造起来的，而且他从来不认为自己是神。如果我们还能够用"人道主义"这个词的话，这才是我能够认同的人道主义。我不会去特意强调说人性就是丑恶的，但也不能够否认确实有崇高的人。我们没有必要去做"二极管"，要么小人，要么君子。所谓真实是黑白之间巨大的灰域，这里面有着无限的可能性。

张之琪：你在接受界面文化采访时曾谈到，宋金战争是中国历史上的一次重大创伤，这也是岳飞的故事被反复讲述的原因之一。在这种历史叙事中，政权的倾覆是源于外敌入侵，制度本身的问题被简化为汉奸或者卖国贼的问题，内部危机就这样被转化为外部危机，这好像是一种非常常见的叙事方式，即便在今天最新版本的岳飞故事里依然很难抹掉这一层意涵。无论是在历史研究中还是在虚构创作中，你认为这种叙事是有可能被挑战的吗？

倪湛舸：这是一定要被挑战的，所谓"内""外"不是固定的。从现在中国民族国家的范畴去看，当年的宋金战争就是内部问题。如果有长线的意识我们会看到，在历史进程中，所谓的内和外一直在变动，取决于你所采取的是哪个立场，这也是为什么我们需要做历史研究。

02/ 不要把女性主义作为一种标签，而要当成一个视角

张之琪：之前我们和编剧、导演邵艺辉聊天时谈到过一个话题，我们小时候都是看着以一个男性或一群男性为主角的故事（多半是男性英雄的故事）长大的，邵艺辉喜欢看黑帮片，长大了才注意到西西里的女人总是在捏肉丸。你也曾谈到小时候喜欢听书，听的大多是王侯将相的故事。从小到大，这些男性故事对你产生了怎样的影响？在发展出性别视角之后，你又会对这些故事有哪些不同的理解吗？《莫须有》是重写小时候吸引过你的男性故事的一种尝试吗？

倪湛舸：应该说是这样的。我小时候喜欢听评书，也看《隋唐演义》和明代类似的演义里朱元璋的故事，还有杨家将、岳家将、薛家将，后来读很多武侠小说，一些很男性中心的硬科幻。我阅读速度比较快，书总是不够看，所以从小在看男性中心的文本时，也把能找到的言情小说全都看了，包括琼瑶、席绢，以及各种各样的日本女性漫画。在这样的前提之下，后来我接触了性别研究，上过课也教过课。

写作《莫须有》的过程中，我看了史料和现有的历史研究，把能找的都找来了，能看的都看了。我其实对自己的小说不是很满意，是因为在性别视角和民族视角这两个重要的点上做得很不够。

很大程度上这个小说还是一个汉族中心的视角，对金国的故事交代不足，但我也是说岳故事这么多年来第一个把金国内乱交代清楚的创作者。另外，很多人觉得这就是一个男性中心的故事，不管是宋还是金，似乎都没有女性出场的机会。但实际上，我不是第一个重写说岳故事的女性，清代弹词女作家周颖芳就已经做了重写，她写到了岳家的女性，但是那些女性仍然是在传统的家庭空间里发挥作用。看了史料和研究之后我发现，如果回到历史现场，女性的作用其实远超出家庭空间的范畴。

举两个例子。

一个例子是岳飞有两个妻子，第一个妻子跑了，她想跑就跑了，岳飞也没辙，多少年后还得派人给她送钱；之后岳飞娶了第二个妻子，史书上夸她如何贤良淑德。但也有一个很小的叙事，讲他的第二任妻子在军营里管事，这件事是被当作一个反面例子提的，说的是女性不要抛头露面而要恪守妇道。叙事的缝隙告诉我们，第二个老婆其实管很多事，但这个材料想抹杀她在军中的管理作用。在这个时候，我们需要有解读的敏感性。

还有一个例子是秦桧的老婆王氏。她也跪在岳庙门口，大家都说女性铜像的胸部被人摸得非常恶心，有人就会觉得女性不应该跪在那儿。很有争议性的问题。如果我们认为女性不应该受辱，应该把她的雕像移开的话，也是在某种意义上影射她对这个事情没有贡献；但当我们意识到她对冤案有贡献的时候，无形中不得不承认女性在参政。

当时，无论正派反派，这些妻子不仅仅在日常生活中、在家庭生活空间里发挥作用，她们还做了很多管理、社交甚至外交的工作。秦桧的夫人王氏和赵构的贵妃关系密切，和完颜昌的太太，也就是宋朝当年被掳过去的公主，也有往来。当时宋金之间的外交在某种意义上——当然，我这个解读可能过于大胆了——其实是由女性的交往首先建立起来的。在我的小说《莫须有》里，我刻意地写了一条女性参政的暗线。

在和金兵作战的同时，岳飞断断续续被皇帝派出去多次平息内乱。我在看材料的时候注意到，内乱中也有一些女匪首，力大无穷，富有谋略。当时的历史现实远比《花木兰》这种叙事要复杂，在宋代，整个军人家庭都在军营里面，男男女女老老少少住在一起，你怎样区分所谓的内政和外政？——注意，这又是一个内外之分。其实是分不清楚的。

总之在材料里我们能看到许多女性的痕迹，治军可以，当土匪可以，她们一直都活跃着，只不过后面一代一代的历史叙事把她们的存在抹杀了，我们现在也不会去关注。

傅适野：我们之前聊过辛西娅·恩洛的《香蕉、沙滩与基地：国际政治中的女性主义》，说的是国际政坛上其实一直活跃着很多女性，比如派驻外国的大使的夫人、水门事件中的女性秘书，还有美国军事基地的性工作者。她们其实也在国际政治事件中发挥了巨大的影响。但过往的历史叙事没有注意到她们，历史书写在发展中出现了一些形变，后来者的责任之一就是纠正这些形变，让曾经的一些历史事实重新浮出水面。

冷建国： 我有一瞬间回到了读罗新老师《漫长的余生：一个北魏宫女和她的时代》的时候。我们倾向于以为历史是由男性君王来主持和决定的，但很可能一个宫女在参与照料、抚养和宗教活动的过程中也在发挥她的影响，只不过历史叙事里没有她的身影，所以要通过一个历史学家去研究女性的墓志铭，重新发现这一段历史中女性的存在。

倪湛舸： 对。女性主义学者或女性学者一直在针对如何解读《圣经》和《古兰经》做研究，那些古老文本虽然很神圣，但内部不乏性别暴力，是父权社会的产物，但它们又未尝不能为女性所用。我们如何透过一个有问题的材料，看到被遮蔽的历史现实，重新发掘启动文本为她者赋权的潜力，这是研究者应该做的工作。这需要研究者具备分析材料的能力和性别层面上的敏感，这是我们要做到的，也希望能够激发更多人参与到这种发掘和重建的过程中。

冷建国： 但我也有一个疑问：当一名女性兼具创作者和女性主义理论研究者/关注者的身份，她是否会担心自己的位置，或者说，是否担心女权主义者这个标签会影响自己的创作？

希拉里·曼特尔是我非常喜欢的一位作家，她凭借"克伦威尔三部曲"(狼厅/都铎三部曲)两次捧得布克奖,获得了非常了不起的成就。她在《纽约客》的一次采访中提到:"实际上,我想要专注于托马斯·克伦威尔这个人物,人们并不怎么了解他的故事。我想尽量避免有女权主义倾向的叙述描写,我不明白为何我的写作范围就只能局限于安妮·博林,难道仅仅因为我是个女性作家?"她不愿意自己的作品被归为女性文学,反对评论家将其视为女性主义的宣言。

倪湛舸:我觉得曼特尔的反应非常情有可原,我也会有共鸣。当你作为创作者的时候,你当然愿意自己有一个更广阔的天地。这个时候当评论者或读者把你挤到一个鸽子笼里,你当然会不开心。但是,我也觉得曼特尔对女性主义有误解,我们还是需要再澄清一下。这关涉所谓女性主义究竟是一个标签还是一种视角。如果你把女性主义当作一个标签,无论对于一个文本还是一位作家来说,被贴上标签肯定会限制其自由发挥。但如果你把女性主义当作一个视角,就像一副眼镜,戴上这副眼镜,你能够在这个世界——并不仅仅是世界的某一块,而是整体——看到更多被忽视的关联性,能够在一个混乱无序的状态中建构起不一样的现实。

在这种意义上,我觉得女性主义不是一个窄化的工具,而是一个深化广化的工具。当你真正成为一个女性主义作家的时候,哪怕只写女性,哪怕她仅仅在家庭空间里活动,也能映射出整个世界,更为宽广的世界。

你既然提到了英国的小说,我想到的是很传统的萨克雷的《名利场》。这个小说不是女性写的，但他写的婚姻家庭问题，很多女性可能会很关心。在对《名利场》的解读里面，有一个解读我特别喜欢。研究英语文学和殖民历史的学者莉萨·洛韦（Lisa Lowe）在读《名利场》里对一间卧室的描写时，会注意卧室里出现了什么用品，比如床上的毯子、墙上的壁画和桌上的花，她关注这些物品来自哪些殖民地。就在小小一间卧室里，我们能够看到整个大英帝国的轨迹，这是我觉得很有意思的一种女性主义的解读。所以，我们说的女性主义，并不仅仅是创作。一部作品并不完成于它被创作者写完的瞬间，创作需要一代一代读者不断参与进来，文本是一个开放的过程，在这个过程中，女性主义是很多批评性视角之一，通过这个视角我们看到自己先前忽视的东西。

我觉得希拉里·曼特尔既有道理也没道理，没有道理的地方在于她其实还是误解了什么是女性主义。可能在她所在的环境和市场的状况下，当一个作家被贴上女性主义的标签会有不好的经历。但如果她考虑到更宽广的场域，考虑到未来的解读，考虑到读者和研究者的参与，如果采用女性主义的视角来观看的人越来越多，甚至成为一个群体，真的可以慢慢重建整个世界。

这是一个很艰难的过程。现在很多人会说，因为你是女作家所以你写什么，或者因为你是女导演所以你拍什么，我觉得重要的不是创作者本身采取什么样的视角，而是受众、评论家或更广范围的父权制社会能否接受一个女性的视角,还是仅仅把它当成一个标签。所以,这确实是一个很漫长的过程,需要女性为之去奋斗、去搏斗、去争取空间,有时候该吵架就得吵架,该激烈就得激烈。

03 / 很有必要关心通俗文学，
关心它对你的欲望和幻想的规训

张之琪：刚才我们跟倪老师聊到了一些创作相关的话题，接下来我们想聊一下你研究的领域，即中国的网络文学，包括言情小说或者所谓"女频文"。上次我们跟邵艺辉对话，聊到今天的女性很多是又旧又新的，我们是"历史中间物"，这样的状态也反映在我们的亲密关系以及对亲密关系的书写当中，因为我们总是同时在里面看到爱和权力这两样东西。你会怎么看今天的女频文对于爱和权力的书写？比如《梦华录》热播时，男主为了爱女主所使出的雷霆手段就曾引发争议，很多人提到《步步惊心》中若曦对雍正使用权力的方式所表现出的生理性厌恶，而到了《梦华录》中，女主和女性观众仿佛对男主特权的接受度更高了。也有人认为"女频穿越文"实际上悬置了现代社会中的性别权力关系，反而让爱的书写变得更简单了，你同意吗？

倪湛舸：我觉得真正起到你刚才说的那种作用的不是穿越文，是玄幻文——完全脱离人世间，神仙们谈恋爱，可能会有比较纯粹的爱情存在。

不久以前我和朋友也讨论过这个问题,我问Ta们为什么喜欢看有超自然因素的言情小说,Ta们说,其实超自然因素不是逃避,它是一个安全距离。超自然的存在告诉你接下来的故事是不可能的,让你在安全空间里继续吃你明知是毒药的糖。但这并不意味着女性在阅读这类小说或者观看这类影视剧的过程中是完全被动的、逃避现实的,也不意味着她们是梦想家。很多女性清醒地意识到亲密关系中是有很多问题的,如果我们讲一个完全现实的故事,你就不可避免要有一副抗争的姿态,要经历很多的痛苦。这是一个漫长的斗争过程,有时候人是会累的,需要停下来喘一口气,这情有可原,我们毕竟生活在一个漫长的父权社会的背景之下,不可能一天两天就脱离它,很多时候那些有毒的规训和你对亲密关系的渴望,是没有办法清晰地切分开来的。按照大家都很熟悉的说法就是,你要去屎里找糖,要把糖里的渣滓也吞下去。

我的想法是这样的:安全距离在某种意义上也是一种批判性的距离,很多女性知道这是有问题的,她进来嗑一口糖,缓一缓,之后她出去接着吵架,接着斗争。我们没有必要让任何一个人时时刻刻紧绷着去搞阶级斗争、性别斗争或任何意义上的斗争,人是需要休闲娱乐的,休闲娱乐也没有必要变成义务劳动。

穿越小说没有那么简单,它并不是简单地给你提供另外一个空间,让你可以去逃避现实的问题。穿越小说在某种意义上是更尖锐的批判，它会告诉你，很多你过去能完成的任务，现在完成不了，其实是对现实的批判，在某种意义上它也是一个未来——很多女性利用了这个时间差给自己创造机会，这也是一种斗争策略。它所揭示的问题是，在现实中，很多我们认为已经实现了的女性权益其实仍然没有保障，我们以为女性享受的自由其实仍然没有，你只能回到一个看起来更落后的社会里才能够实现。

张之琪：你之前在很多场合都提到过，女频文其实写的是社会再生产，但我也发现，一些女频影视剧中对于 domesticity（家庭生活）的呈现有一种景观化的趋向。女性角色们不断端出卖相诱人、名字别致的小点心，但对其中的劳动、制作过程则一笔带过，甚至完全忽略。等到电视剧播出之后，这些食物会立刻变成网红店的联名款，供大家消费打卡。你怎么看这种现象？

倪湛舸：你说得很有道理。这恰恰告诉我们，浪漫爱是一个消费社会的世俗乌托邦，这些消费符号无论有没有直接推动剧情，它对浪漫爱这一整套大的幻想都直接起到了塑造和铺垫的作用。

做数字化研究（digital studies）的学者亚历山大·加洛韦（Alexander R. Galloway）有过一个很有名的对美剧《24小时》的解读。《24小时》的每一集就是一小时，你的观看时间和它的剧情世界时间有一个重合。加洛韦真的去计算了时间，发现每一集不够一小时，因为在公共电视台播出时会插播广告。真正和观众的观看时间重合的时间，是剧情时间加上广告时间。我觉得可以用这个解读回来看那些不推动剧情的小点心，它其实也是广告时间，而且已经植入了剧情内部，比《24小时》更进一步，剧中人物起到的是广告人物的作用，Ta给你推出这样一款精美点心，其实是要引诱你在剧外进行消费。

而且，它想销售的并不仅仅是那些商品，而是一套浪漫爱的幻想，这个幻想又和整个社会环境息息相关。性别不仅仅是性别问题，也是阶级问题、种族问题，是很多其他的社会问题。屏幕内外的幻想边界究竟在哪里，是很难真正意义上分清的，不存在一个具体的地理和物理意义上的点，在这里幻想结束、现实开始。在这个意义上，我们真的很有必要关心通俗文学，关心它对你的欲望和幻想的规训，这是个非常根源性的问题。通俗文学并不是你逃避现实的途径，而是用来建立现实、为现实提供合法性和趣味性的不可或缺的权力机制，改变现实也离不开这套机制。

04 / 水至清则无鱼，
需要有问题的作品去暴露问题

傅适野：在看这些文化产品的时候，你作为研究者和作为观众的这两个身份会产生冲突吗？

倪湛舸：有时候作为研究者实在是没有办法接受它的意识形态或审美的，肯定看不下去，但我也认为得过且过地悬置批判意识也没什么不好。在针对具体文本的时候，我愿意一层一层去发掘，去深究，去读它字里行间的含义，会很认真地、批判性地对待它。但在这一文化生产的场域面前，我不愿意让它在创作过程中受到任何的限制，我不喜欢有一个道德标杆或者审美标杆说所有的剧都应该政治正确，所有的剧都应该审美上让我觉得非常舒服、完美无缺。水至清则无鱼，这是我很相信的一句话。我们需要这些有问题的作品去暴露问题，当一个问题被暴露出来之后，我们可以进行探讨，考虑怎么去处理、去解决，这样的文本就是有一定的意义的。

我想没有任何文本一下子就做到完美，这是不可能的。我想没有任何人揪着自己的头发就能离开地球,你就在地球上跌打滚爬吧,需要互相体谅,有时候也需要互相争论,这才是活生生的人世间。水不要至清,鱼还是多一点的好。

张之琪:最近我和适野在看《狂飙》,我觉得它之所以达到后来的热度,非常大的一个原因是它激起了女性观众二次创作的欲望。打黑剧其实是最近几年出现的新的类型,它的火爆或许也说明在这个新的类型里面,女性观众也看到了她们愿意去颠覆和创作的东西。

倪湛舸:其实不是女性发现了一个新题材、新领域,这种黑帮文、官场文在耽美小说短暂的历史上早就存在,只是后来被禁了。这种偏向现实主义题材的网文是最早一批被禁的。我们印象中的网文好像是玄幻满天飞,其实这不是网文的全貌,早期有很多非常现实向的网文,这种现象在耽美和女性同人创作的领域也有所体现。

为什么《狂飙》那么火?因为这种黑帮、官场主题在网文界已经消失很久了,是被压制的一个存在,突然在主旋律电视剧里正大光明地又出现了。不仅仅女性的二次创作者会为之疯狂,更广泛意义上的老百姓也会觉得终于又看到这种题材了,所以社会影响力才会这么大。你压制的东西一定会反弹,那些你想要杀死的东西都是杀不死的。

05 / 不太可能期待男科幻作家
想象一个没有性别压迫的世界

傅适野： 后来，电影《流浪地球 2》的上映和剧集《三体》的热播也引发了很多讨论。我注意到你转发了一条微博，原文是这样的："看这些科幻作品给我一种什么感觉呢？就是这些人能够想象世界毁灭、想象星球陨落、想象高维空间，但想象不出一个没有性别压迫的世界。"你的转发评论是："需要有性别敏感的女作家来写科幻。其实科幻传统一直有很多女作家。"我们也希望在这里继续展开探讨：作为读者，你希望看到一些什么样的科幻故事呢？

倪湛舸：《三体》和《流浪地球》的小说我在二〇〇几年就都看过，那个时候刘慈欣还没有出圈，但在科幻的圈子里确实很有名。我当时是非常喜欢刘慈欣的，但他也是一位让我非常不适的作家——不光是性别问题，从他作品的整个世界观就能够看出他是非常典型的某个年代的中国男性。他被他所处的环境所塑造，像一个棱镜，折射出了当时的现状。网上有人说，这些人能想象高维空间、异文明，或者科技进步带来的可能性，但他们想象不出没有性别压迫的世界。我觉得那段话应该加一点点修饰——你期待男作家去想象这样一个世界，期待一群既得利益者去反思他能够享受到的一切，这真的不太可能。

如果你关注科幻写作史的话，女作家从来都没有缺席过，历史上有很多重要的科幻女作家。大家普遍认为科幻从玛丽·雪莱写的《弗兰肯斯坦》开始，认为那是最早的科幻小说，其实在那之前，还有更早的乌托邦小说，哪怕是在玛丽·雪莱之前，也还是有女作家的。当然，现在会有更多的科幻女作家，她们有时候考虑问题，直接就是性别视角切入。

又回到刚才曼特尔的问题，她可能不愿意被贴上女性作家的标签，好像这样一来自己就被窄化了。但在很多科幻女作家那里，如果她有女性视角，那么在真正开始缔造一个世界的那一刻，就会考虑到性别问题。她所创建的世界会有新的可能性，会想到怎样才有更为平等的、更为公正的性别关系。也正是因为你对性别有敏感的意识，当你看到包容着人类的自然，会发现它其实不是被人类现在所认同的权力关系所定义的，它有更广阔的性别的可能性，宇宙就更不用说了。但是，你首先要有一个性别视角，要有女性主义的敏感。

女性主义和性别研究还要再做一个细分。性别研究不仅仅研究女性问题，它还有男性研究，还有跨性别、酷儿等方方面面的研究，是把性别作为一个批判性的视角，作为一个切入所有问题的点。

这样的科幻女作家真的可以为我们想象出不一样的世界来。很多人都会提到厄休拉·勒古恩,她在《黑暗的左手》里想象了一个外星,在那里大家可以在不同的时间自由选择性别,在这一基础性的设定之上,我们能够创造出怎样的社会制度,这是一个很有趣的思想实验。而且,这种设定不仅仅是一个假想,如果你去看自然界,这种性别的转换不是虚构出来的,在某些生物比如蜥蜴和蛇那里,它就是存在的。

说到标签的问题,当年勒古恩和玛格丽特·阿特伍德有一场论战,阿特伍德《使女的故事》其实也是一个反乌托邦科幻故事,很多人说阿特伍德也开始写科幻了,她就很不高兴,她不喜欢科幻作家这个标签,不想被窄化,阿特伍德在公开的访谈里面也拒绝被贴标签。勒古恩知道这件事情后就很生气,她说,阿特伍德,你之所以会觉得自己好像被冒犯了,是因为你认为科幻小说低人一等。你们是所谓纯文学作家,我们是科幻作家,当纯文学作家被贴上科幻作家的标签,你就觉得你自己降了档次。你有没有想过,你其实打了我们所有科幻作家一巴掌?我记不清她的原话了,但大意是这样的。

其实希拉里·曼特尔的反应和玛格丽特·阿特伍德也很像。你作为一个全人类的作家是高高在上的,当一个全人类的作家被贴上了女性主义作家的标签,似乎就降了档次,那么女性就是低人一等的——这整个逻辑的运作是有问题的。厄休拉当年正是用这样的剖析去回应了阿特伍德对科幻作家标签的拒斥。

冷建国: 2022 年勒古恩的中短篇小说集《寻获与失落》中文版问世,还推荐给了几位热爱《三体》的朋友读,对冲一下。还有另一种科幻，能让我们看到一个女性作家如何想象未来世界，哪怕她想象的起点是女性作为性奴、处于社会最底层的世界。那么她想象的终点是什么？可能是女性在一个新的星球上制定法律。这和倪老师刚才说的穿越文跟当代之间的关系似乎有一种呼应，一方面是当代我们做不了什么而古代能做，另一方面是从我们未来要实现什么，来看我们现在还缺什么。

倪湛舸： 硬科幻和软科幻的区分在我看来是没有必要的。很狭义的科幻即硬科幻的定义是，你一定要遵循科学的逻辑，以现实中有依据的科学技术去探讨科技进步所带来的可能性；像我们刚才提到的对社会制度、权力关系的探讨，一些人会说这是软科幻——很多脑子有毒的科幻迷，就会觉得硬科幻才是真科幻，软科幻都是来混饭吃的。

西尔维娅·费代里奇是意大利的一位马克思主义女性主义学者，她的《凯列班与女巫：妇女、身体与原始积累》一书就为我们展示了女性是怎么样被一步一步推回到家庭空间里面的。所谓迫害女巫其实是一种宗教迫害，是因为那些女巫是当地村庄中的女性领袖。她们为当地人治病驱邪，提供了很多在现代由科技承担的服务，还做了很多村庄的组织和管理工作。后来女性不得不回到家庭空间从事生育工作，且得不到报酬——这才是真正意义上的社会再生产。经典的马克思主义说社会再生产不直接创造价值，其创造的是劳动力的再生，所以它叫社会再生产。和"社会再生产"对应的就是"经济生产"。当我们看到影视剧里那些小点心被端上来，作为一种景观性的呈现，那个时候它就已经不是社会再生产了，而是经济生产，它是一种消费社会内部的经济生产。社会再生产指的是家庭里的女性生孩子、养孩子、照顾老人和男人，且从这些家务劳动中得不到报酬。

在欧美社会，这种制度的建立就是通过烧死女巫来实现的。因为女巫以前不仅仅在家庭空间内部活跃，她在村庄内部甚至村庄和村庄之间也很活跃，甚至是某一个地域的政治的、宗教的领袖。女巫遭到迫害导致女性回到家庭，这样资本主义的市场制度、现代的民族国家以及现代的科学技术，才能够建立起自己的霸权。这种对女性的压迫和对殖民地的压迫、对自然本身的压迫，几条线索交织并行。所以，我们说女性解放，并不是说进入现代女性就解放了，现代对女性的压迫只不过是改变了形式，压迫可能比从前更深。穿越小说假设回到前现代就是回到一个对女性更不友好的社会，这其实是有问题的，历史不是直线，而是充满了曲折、分歧和反复。

这期聊天的主题既关乎一国的疆土，也关乎一己的卧房；它可以无限大、无限丰饶，也可以无穷小、无穷隐秘；它发生在两个人之间，也发生在千万人之中。

这是一个失去了性生活的年代。性，首先是一种个人行为，实际上也是庞大的政治生活的一种体现。我们从私人经验谈开去，回望了历史、文学和电影中，那些或美好、或暴虐、或激情昭彰、或暗流涌动的性。

从乔治·奥威尔的《1984》到赫塔·米勒的《心兽》，从电影《窃听风暴》到《霸王别姬》，从《色，戒》到《第一炉香》，性是压垮一个人的最后一粒砝码，也是绝望世界里留住人性的最后一点希望；性是揭示时代巨大变动的一根指针，也是理解政治与人的一把钥匙。

对于投身其中的男性和女性而言，它是如此不同：对男性来说，它既是愉悦又是危险；对女性而言，它既是任人宰割的战场，也是釜底抽薪的利器。在一代一代女性字字泣血的关于性与爱的书写中，我们终于明白，她们想要共同抵达的终点在哪里。在那个地方，通过一种粉身碎骨的抗争，女性有希望去获得一种无中生有的自由。

01 / 性与革命：镜像或是反转

傅适野： 这个题目一言以蔽之，叫我们为何没有了性生活。之所以想聊这个话题，是因为前段时间我们看到王磬发了一条微博，大意是说她发现最近和身边不管是男性还是女性朋友聊起来，感觉大家都进入了一种没有性生活的状态。那条微博下面有特别多评论，其中点赞最高的一条是说"性欲被集体情绪遏制"了，还有人说看到那些社会新闻就没有欲望了，还有一个人说"非必要不进入"。性生活像是巨大变动中的一个指针，我们也许可以透过它去了解我们现在正处于一个什么样的状态，我觉得很有意思。

性，肯定首先是一个很个人的行为，是你和一个人或者多个人发生的关系和联结，但实际上它也是庞大的政治生活的一种体现。我在准备这期对谈的时候又去看了一下福柯的《性经验史》，对于他来说，性是在身体和人口的连接点上，变成了一种以管理生命为核心的权力的中心目标。所以我们今天想从这个话题切入，去看一下性和政治的关系到底是什么样的——有的时候它们构成了一种镜像，有的时候则是一种扭曲或者反转——以及我们到底要怎么去理解性生活，为什么说它既是一种私人生活，又是一种公共生活？

在准备这个题目的时候，我第一个想到的是《霸王别姬》里面有一场戏，张丰毅和巩俐饰演的角色，正在"破四旧"的浪潮下销毁家里的一些旧东西，巩俐穿上了自己的红色嫁衣，跟张丰毅说"我好害怕"，然后他们两个就抱在了一起，发生了性关系。人最深层的恐惧在那一刻释放了出来，在一个政治动荡的时刻，人和人那种身体上的联结还挺动人的。

张之琪：这场戏拍得很弗洛伊德。弗洛伊德认为，性其实是对死亡恐惧的一种表现，恐惧和因为恐惧而爆发出来的巨大的性的能量，某种程度上是一体的。

而且那场戏还是以一个偷窥者的视角来拍的，这个偷窥者就是张国荣扮演的程蝶衣。之前陈凯歌在一次采访里讲到过这场戏，他说张国荣从四合院的门口走到窗边，穿了一身白色的衣服，中间踩到了一些煤渣，他就很小心翼翼地走过去，然后还低头看了一眼自己的鞋子。他说演员用这个细节表现了程蝶衣是一个怎样的人——他是一个有精神洁癖的人。

他偷窥的视点还挺有意思的，一方面他是这对夫妻之间的一个"第三者"，另一方面他的偷窥也让这个性的场景多了一点禁忌的意味。

傅适野：我昨天还重温了《戏梦巴黎》，它的背景是法国的"六八风暴",讲的是一对出身优渥的孪生兄妹和一个美国来的学生之间的三角关系。它的镜头将这三人的性关系、身体关系和学生运动、街头革命并置在一起。某种程度上,性是革命的一种替代品,甚至说自慰也是革命的一种替代品。因为革命是对日常的一种悬置,它把日常的生活暂停了,所有人都进入狂欢状态;很多爱情片也是如此,里面完全没有日常,你不会看到一对恋人在一起做饭、吃饭、打扫、带孩子,恋爱场景完全存在于日常之外。

冷建国: 在《霸王别姬》里性是革命的对立物,革命机器是无情的,但是性里面有很人性的部分,是我们用来对抗这个时代、对抗恐惧、对抗某一种浪潮的。而在《戏梦巴黎》里,好像性和革命又统一了起来。它们都是对现有制度的一种反抗。

张之琪: 我那天看了一篇论文叫"Socialist Sex",副标题叫"重新回到'文革'"[1]。它里面讲到,很多研究都认为"文革"是一个极端禁欲的时期,但是到了八九十年代有很多亲历者的回忆录和日记被披露出来,学界才发现,"文革"完全不是我们想象中的那样是一个没有性生活的时代。

作者认为,在这十年期间,国家并没有对性做出规定或者颁布什么禁令,国家完全退出了关于性的讨论。比如在新中国初期,国家会印发一些宣传手册,教大家一些女性生理卫生的知识,关于婚姻和性

---

[1] Honig, Emily. "Socialist Sex: The Cultural Revolution Revisited." *Modern China*, vol. 29, no. 2, 2003, pp. 143–75.

健康的知识，等等，"文革"时期国家把这些宣传物全部召回了。国家对性的态度变成了一种彻底的沉默，既没有主动的介入和管理，也没有禁止。但在官方的叙事里，会把浪漫关系或者爱情书写成一种同志情谊。比如样板戏里的主人公要不就是单身，要不就是一个婚姻关系很不明确的人，观众也不知道他到底是已婚还是在恋爱还是未婚，男女主角一般都是互称"同志"。

比如像我们讲到的《霸王别姬》中对于"破四旧"的描写，其实在理论上，"破四旧"应该包括破除对于女性的贞操观，它应该导向性解放，但是在实践的过程中，"破四旧"往往变成了反资本主义的意识形态，如果一个人在性上不检点，或者有一些所谓"不光彩的历史"，她就会被称作"妓女"或者"破鞋"，这两个词其实代表的是一种"资产阶级的、西方的性自由"。这就解释了为什么我们不断在反封建，但最终反而进入了一个在性上更保守、更禁欲的时期，性上的不检点变成了政治迫害的一个借口。

作者最终得出一个结论，与其说"文革"是一个彻底禁欲的时期，或者说是一个极端性压抑的时期，不如说它是一个非常强调政治上的纯洁和性纯洁深层一致性的时期，如果你对一个男人不忠，那也可以推导出你对国家不忠。

傅适野：想到了奥威尔在《1984》中对性的描写。在小说设定里，全体女性被分为革命同胞和非革命同胞，革命同胞就是女性党员，她们不用香水，是彻底去性化的，所以在男主人公的日记里，香水的气味总是不可分解地和私通联系在一起。男党员如果想要解决自己的欲望问题,就会去贫民区找妓女,一旦他们被逮捕,会被判处五年的强制劳动,但实际上党对此睁一只眼闭一只眼,甚至在暗地鼓励卖淫,以此作为"发泄不能安全压制的本能的出路"。

男主人公在日记里面写道,"党的目的其实不仅仅是要防止男女之间结成可能使它无法控制的誓盟关系,它的真正目的虽然未经宣布,但实际上是要使性失去任何乐趣,不论是在婚姻以外还是婚姻以内。敌人与其说是爱情,不如说是情欲。"所以在党的内部设立了一个批准党员结婚的委员会,虽然党没有明确说明拒绝结婚的真实原因是什么,但是大家推断,如果申请结婚的双方对彼此表现出肉体上的兴趣,也就是在有性吸引力的情况下,结婚申请一般都会被驳回。

男主人公还写道:"党内的女人也是一样的,清心寡欲的思想像对党的忠诚一样牢牢地在她们心里扎根了。"她们从很小的时候开始,党就会通过周密的灌输、游戏、冷水浴,通过学校里的少年监察队和青中团不断地向她们灌输胡说八道,通过讲课、游行、歌曲、口号、军乐等,扼杀她们的天性。男主人公在心里相信,一定会有例外的,一定能找到一个不一样的女性党员,如果他找到了这样的一个人,跟她发生了关系,这也是一种对党的反叛,因为"满意的性交本身就是造反,性欲是思想罪。即便那个人是他的妻子,也是像诱奸一样"。《1984》里的这段描写很好地说明了之琪刚刚说的,身体上的纯洁和政治上的纯洁是一体的。但是管制施加的对象往往是女性，对男性就睁一只眼闭一只眼。

张之琪：对性的管制中有一个根本问题，就是把性的生殖属性和愉悦彻底分开，既想要人口，又不想人们在性中体验到愉悦，认为这种愉悦是腐化人心的、是危险的。比如"文革"期间，一方面很多人受到性方面的压抑，另外一方面又有大量的年轻人，在十几岁的时候就脱离了父母的监管，去下乡或者去各个城市串联。这些离开了家，离开了父母保护的青少年也会发生很多非婚的性关系。在这些城市青年的想象中，农村是一个在性上更保守的地方，但实际上完全不是，比如知青会在信里写，农民赤裸着上身去干农活，包括女的也是，男的甚至有时候连裤子都不穿，是全裸的。在干农活的过程中，男女之间会肆无忌惮地开黄腔。

有趣的是，有一个去海南岛的知青写到，知青们会穿着泳衣下水游泳，当地人看到他们穿着泳衣很震惊，觉得你穿成这样跟光着有什么区别；但另外一方面当地人就是不穿上衣在一起劳动，对于他们来说，这一切都在劳动中被合理化了。

冷建国：在劳动的时候，可能大家在阶级上是同一属性——劳动人民，在私生活里，他们又回到了男性和女性。

张之琪：还有一点很多小说和电影里都反映过，就是女知青被性侵或者因受到威胁而进入非自愿的性关系。因为"性是年轻女性拥有的为数不多的资源，可以用来交换其他的东西"。这也是我们后面会谈到的一个问题：在一个高压的政治环境下，为什么女性会处于权力链条的最末端，一个很重要的原因就是当大家都一无所有的时候，女性的身体还会成为被进一步宰制的对象。

02 / 性与极权：美好的、残酷的与色情的

冷建国：国家对于性的利用有很多层面，一个层面可能表现为剥削或者控制，但更多时候这种利用是隐蔽的，是更令人不齿的。

理查德·埃文斯在"第三帝国三部曲"的几处都写到了性生活的问题。首先，他说历史上人们一直对希特勒的性生活特别感兴趣，比如他是不是性无能或者性亢奋等，但埃文斯的研究说明，实际上希特勒的性生活完全遵循常规，唯一不同的是他拒绝结婚，也拒绝向公众承认任何正式的关系，因为他要维持自己独行侠的光环。他认为，如果失去了这一光环，他就是一个泯然于众人的普通男性了。

另外，第三帝国非常看重生育率，为了让德国的男性和女性更多地为第三帝国孕育婴儿，甚至出台了很多性生活指导手册，相比之下，对道德的强调都会退后。比如希姆莱鼓励非婚生育，他不在乎私生子比例有多高，只要符合雅利安种族的需要，所有小孩都是平等的。德国是一个基督教国家，非婚生育的小孩并没有那么多，但在第三帝国生育政策的推动之下，生育率还是大大提高了。

此外，第三帝国的很多士兵要参与屠杀，可能一个人经手过几千甚至几万人的投毒、焚烧，等等，在这种情况下，性成为磨平他们头脑中的伤痕的一个工具。在完成杀戮之后，他们会被拉去进行一些性活动，以此作为奖赏或者国家抹平你的杀人记忆的一个环节。埃文斯在书里提到，他们在执行死刑之后会被分发大量的酒，喝完酒之后再去进行混乱无度的性生活，性在某种程度上充当了麻醉剂。

傅适野：这让我想到赫胥黎的《美丽新世界》，它的故事设定在26世纪前后。城市里出生的人口被分成五个等级，相当于五个种姓，前三个是统治阶层，后两个是平民阶层，后者只能做苦力，甚至只能发出单音节的词汇。在这样一个等级森严的社会里面，所有的孩子都是由试管培育、从实验室里倾倒出来的，他们鼓励的是不负责任的性爱，性就成为人们麻痹自己的正当娱乐。当你有情绪问题时，就会服用一种没有副作用的致幻剂来麻痹自己。"家庭""爱情""父母"都成了历史名词，社会的箴言就是共有、统一和安定。这其实很像建国刚刚说的，性在这里已经剥除了人和人之间感情的部分，变成了一种麻醉剂，它能够让你获得一种短暂的快乐，在这种快乐之后，你就可以继续为一个更高的政权来服务。

张之琪：这其实就是把性变成了"色情"，性和色情之间的区别就在于有没有剥离人和人的关系。韩炳哲在《爱欲之死》里也提到，我们今天进入了一个后欲望的社会，但是后欲望社会不代表没有色情，恰恰是因为性都变成了色情，变成了一种彻底商品化的东西，所以人们才没有了爱欲。[1]

冷建国： 2009年诺贝尔文学奖得主赫塔·米勒在"罗马尼亚三部曲"里书写了齐奥塞斯库治下的极权主义的罗马尼亚。我看了前两部，一部是《狐狸那时已是猎人》，另外一部是《心兽》，都涉及了女性主角对于性的讨论。

在《心兽》中，主人公是来自贫困农村的大学生萝拉，她依靠性的交换——比如在公园的野地里跟不同的男人交合——来勉强维生，同时米勒也写出了年轻女性自身燃烧的欲望，其中的一幕是萝拉在大学宿舍里用一个酒瓶自慰。小说的叙述者是萝拉的室友，她说，我见过很多跟萝拉发生关系的男性，唯独没有见过其中一位，后来发现这一位是常年出入党校的官员，因为这层关系，萝拉成了她们宿舍第一个入党的女性。萝拉也经常出入教会，可能是为了赎罪。在她被体育老师诱奸之后，体育老师去教会举报了萝拉跟所有这些男人的事情，她在衣柜里自杀了。

萝拉自杀之后，体育老师在学校的大会上号召大家举手投票，开除她的党籍：她既然是一个如此污秽不堪的女性，怎么能是党员？米勒写，每个人都把手举得高高的，虽然大家都不想举手，但是看到旁边的人手举得那么高，生怕自己如果把手放下来，就会显得迟疑，好像有一点同情萝拉，好像站到了党的对立面。所以，萝拉不仅自杀了，她也不再是一名党员了。这是小说《心兽》的开头，也是女主人公开

---

[1] 韩炳哲：《爱欲之死》，宋娀译，中信出版社2019年版，第51—56页。

始质疑整个社会环境的一个开端。

《狐狸那时已是猎人》讲的是两个一起长大的女性好朋友的故事，其中一个一直被秘密警察监视。她有一个狐狸图案的地垫，每天回家都会发现狐狸的脚被剪掉了一只，马桶里多了一个秘密警察留下来的烟头，证明他随时随地在监视她的生活。而她好友的情人就是这样一个秘密警察，两个女性的人生因此走上了截然不同的方向。

在《狐狸那时已是猎人》里，我们还能看到女工的工厂里有一个仓库管理员，负责管理所有劳保材料，包括她们的劳动服、套袖等。当女工的衣服出现破损，她必须跟管理员发生关系，才能换到一套新的劳动服。米勒写，这个工厂里所有女工的孩子似乎长得都差不多，只有厂里的野猫知道一切。一到秋冬季节，当女工发现自己的袖子又磨损了，大家就知道，可能又会有一个长得像管理员的孩子将要出生。

张之琪：我想到2006年的德国电影《窃听风暴》，当年获得了奥斯卡最佳外语片，其实它的片名直译应该叫"别人的生活"，因为它讲的是东德的史塔西特工魏斯曼，负责监听一位作家和他的演员女友的故事。在监听的过程中他所谓良心发现了，暗中帮助作家逃掉。等到柏林墙倒塌之后，作家发现他原来一直都在被监视，去档案馆调出当时的资料后才发现，监听他的特工一直在帮他伪造记录。后来他就写了一本回忆录，在书的扉页上作家写道，献给这位特工（他并不知道他的名字，所以书里写的是他的编号）。电影的最后一个镜头就是当时已经变成了邮递员的特工在送信的过程中路过一家书店，看到了作家新书的海报，他翻开书，看到了扉页上的字。

很有意思的是，当年这部电影获奖之后，有人去采访东德的史塔西博物馆馆长，问他到底有没有发生过类似的事情，他说，"很遗憾，一个都没有"。在这部电影的豆瓣页面，最高赞的一条短评是，"人们总在为没有发生过的事情感动"。

这部电影里也有很多情节是关于性的。特工在监视女演员和作家的过程中，发现文化部长也在觊觎这个女演员，并且一直在跟她秘密地发生性关系——实际上就是用权力去性侵她。特工第一次内心发生了松动，是他设计让作家撞破了女演员和文化部长的"私情"——这本来是他作为监听者的一个恶作剧——但等到女演员回家之后，作家没有说破。女演员因为刚刚被性侵过，洗了个澡，很绝望地躺在床上跟作家说，过来抱紧我，作家什么都没说，就过去抱紧了她。这个时候镜头切回他所在的监听室，我们看到他正抱着他的椅背。男主角出场时就是一个国家机器上的螺丝钉，他的晚餐是用白水煮一盘意面，然后在上面挤番茄酱吃；他也没有任何性生活，家里也是家徒四壁。他其实是在监听的过程中，重新学会了如何做一个真正的人。这其中触动他的一个很关键的因素，就是作家和女演员之间的性和爱。

观众能看出，特工也是爱慕女演员的，他对她有一种异性之爱，一种欲望，因为当他第一次监听到这对情侣发生性关系之后，他当晚就叫了一个妓女来自己家。但他同时又看到了作为一种暴力的性，就是文化部长对女演员的侵犯，在这两种性和情感关系中，特工做出了自己的选择，或者说他已经变成了一个拥有人和人之间美好的感情的人，他不可能再回去做一个螺丝钉了。

但我在重新看这部电影的时候，发现它依然是非常男性视角的。在剧情的设定中，特工和作家其实是差不多的人，他们都是比较天真、对体制抱有一些不切实际的幻想的人。而他们两个的觉醒，都是通过女性的牺牲和献祭完成的，或者更抽象点来说，是通过对一种美好事物的摧毁来完成的。他们认识到极权体制真正的恐怖和暴虐，是因为看到它如何摧毁了他们所珍视的美好的事物，在电影或者文学作品里这个事物往往是一位美好的女性。

03 / 重看《色，戒》：
为何它是一部女性主义电影？

傅适野： 我最近又重新看了《色，戒》，我觉得以前其实没太看懂，尤其到最后王佳芝在执行任务时放走了易先生，易先生逃走之后，她叫了一个黄包车，车夫问她你是要回家吗，这时李安把镜头给到了黄包车上旋转的纸风车，然后王佳芝就说，对，回家。其实我觉得在这里电影真正想说明的是，女人根本就没有国家，"回家"是一个隐喻。

在张爱玲的小说里，王佳芝有亲戚住在愚园路，所以她是想"回家"投奔亲戚。但在电影里，其实王佳芝在上海根本没有家。她不是真的要回到亲人身边，而是通过放走易先生，她完成了一次对于自己的解放。叛离了所谓国家，她才是真正的回家了。

张之琪： 重新看《色，戒》会发现它真的是一部女性主义电影。最开始王佳芝作为一个天真的女学生，受到革命理想的感召，同意去参加刺杀小组，但是在还没有成为敌人的猎物之前，就先成了同伴的猎物。因为王佳芝没有任何性经验，她的同伴就让这个刺杀小组里面唯一一个有性经验的人去跟她发生关系，而这个人之所以有性经验，是因为他嫖过娼。在故事的开始，导演其实就已经点破了这一点，女性的身体永远是一个被宰割的对象，无论是对于敌人，对于日伪政权这样一个殖民政权，还是对于她的同志、同伴来说，其实都是一样的。

"妓女"这一隐喻其实贯穿了整部电影。有一场戏是他们在一个居酒屋里，一开始王佳芝进去的时候被一个日本人拉住，被误认为是一个烟花女子。她进去之后就跟易先生说，"我知道你为什么要约我来这里，因为你想让我做你的妓女"，易先生就说，我比你更懂怎么做娼妓。作为一个汉奸，一个为日伪政权服务的人，他其实也知道他跟日本人之间的关系是娼妓和嫖客的关系，而殖民关系——无论是英国对香港的殖民，还是日本对中国的殖民——和两性之间的这种占有和被占有、剥削和被剥削的关系也是类似的。

电影的前半段建构了一个权力关系的层级：最上面的是日本人，最下面的是王佳芝，她比她同胞中的男性，或者一起革命的热血青年里面的男生还要再低一等。而电影的后半段其实就在写，一个女性如何去反转这种权力关系——真的就是以身体、以性，这是她唯一的武器。

我觉得这里面有两层。一层是说首先她不甘做娼妓，她要去反抗，这个体现在她和易先生之间的情感角力当中，她试图通过性关系反过来操纵易先生，她要让易先生爱她，这样她就拥有了对他的控制权。另一个层面是她在不断追求自我解放，她既不甘心做易先生的娼妓，同时也不甘心在这场政治游戏中只做一个诱饵，她有自己的抱负。在执行最后的任务之前，她去见她的上级"老吴"，老吴跟她说干情报最重要的就是忠诚，要忠于国家，但是她最后的选择是彻底的背叛，背叛了国家，也背叛了她的同伴，但是她选择了忠于她自己。她放走易先生，其实就是她所能做的最大的反抗，她不要去忠于国家，不要去忠于男权的政治游戏的规则，她就是要想干吗就干吗，在那一刻她就是想要放走他，所以她就放走了。虽然说这个代价非常大，是粉身碎骨的。

然后就到了适野刚才提到的那场戏，她从首饰行出来，易先生已经跑了，她就在街上看橱窗里的衣服。对此通俗的解读是，她是被"鸽子蛋"收买了，或者说她站着看橱窗，是在表现女性的虚荣和对物质的索求。因为虚荣，所以最后失去了一切，有点像莫泊桑《项链》那样是一种道德训诫。在我看来，其实她不是在看橱窗里的东西，她是在享受那个真正自由的时刻，包括她最后坐上黄包车，镜头给到那个旋转的风车，其实都是在描绘那样一个自由的时刻——她可以在街上闲逛，可以看橱窗里的衣服，可以看咖啡馆里的人，那是一个属于她自己的时刻。

你最后看到那个场景就会发现，在父权政治的无尽循环当中，没有人真正获得了自由，获得了自由的只有她一个。包括她最后在行刑场，跟她的同伴跪成一排准备被行刑的时候，你能清晰地感觉到她不是罪犯,她是作为一个真正自由的人终于迎来了一个自己亲手造就的结局,而不是在接受一个不得不接受的命运。李安拍得太好了,他后来在采访里说,"这是关于一个用女性性心理学对抗父系社会中神圣抗战的故事,小小的一声'快走',把千年父权结构的东西瞬间瓦解,那是小女子情欲不道德的力量,却巨大到让我们深深反省"。

傅适野:之琪说的这个采访发生在《色,戒》西雅图首映当天,那天正好是张爱玲的生日。后来李安还说了一段,他说:"我们的社会是夫权结构,张爱玲很女人、很琐碎,麻将桌上讲的东西和我们看到的主旋律片子是很不一样的,这是她女人的观点,当女人不合作的时候,就像一个音符一掉,整个结构瓦解了,真有摧枯拉朽之势。这是女人性心理学最幽微的地方,同时崩颓掉的是最强大的集体意识,是社会的集体历史记忆,这就是张爱玲的力量。"[1]

就像之琪刚刚说的,最后风车转起来的时候,你就完全体会到了几个世纪以来,那些女性作家讲的是什么东西,为什么说女人没有国家,为什么这些女性创作者在时空上没有任何交集,但是大家都抵达了同一个地方。

张之琪:而且她写出了那个瞬间是如此的短暂,王佳芝真的只是在那一刻获得了极其短暂的自由,然后就被捕、被杀了。自由在现有的结构当中其实是不可能获得的,如果没有那样一个完全冲破了现有结构的小小的瞬间,并且是以她的生命为代价的,就不可能有那样

---

[1] 王寅:《李安:〈色,戒〉是撕破脸了》,《南方周末》,2007年12月27日。

一个时刻。

傅适野：我最近还看了李海燕的一篇文章，叫作《皮肤之下的敌人》。其中谈到王佳芝的原型叫郑苹如，父亲是革命党人，留过日，也追随过孙中山，1928 年之后就在复旦担任法学教授；母亲是日本的名门闺秀。因为她的中日背景，长得又特别漂亮，所以受到中统的邀请成为间谍，目标就是刺杀汪伪集团的特务头目丁默村。这个故事真正的结局是她最后被捕了，经过重重审问，拒不招供，说自己就是情杀，因为丁又找了别的女人。

李海燕说张爱玲没有按照原本的故事来写《色，戒》，因为她觉得郑苹如的故事太容易被吸纳到一种很典型的民族主义叙事里面。这种民族主义的叙事遵循一种单一的目的论，认为最高的目标就是爱国、救亡图存，为了完成这个目标，个人的身体是很容易被征用的。而且在这种传统的革命叙事里面，存在一种身心分离，类似"身在曹营心在汉"。《色，戒》里其实还有一层戏剧的结构，王佳芝一开始是戏剧社的一名演员，因此被大家推举去演麦太太。但是戏剧成立的前提就是身心分离，虽然你扮演的是汉奸的情人，但是你的心是忠于革命的，你的心没有被这一段关系捕获。但是张爱玲写的这个故事，最核心的点就是身心的断裂之处，王佳芝最终选择了忠于自己的内心。

张之琪：而且也不是为了一个男人，不是被浪漫爱驱动的。

包括讨论《第一炉香》的时候也有很多人问，葛薇龙为什么要堕落？如果她不堕落，是不是她就可以有一个更好、更光明的未来？其实这个问题就像问王佳芝为什么要放走易先生,是不是她不放走,把这个任务执行完了,她就会有一个更光明的未来。如果站在一个女性主义的视角来回答,答案是"不是"。女性按照社会安排好的角色去行动,就会有一个好的结局吗?我觉得不是的,因为社会给你安排的角色本身就是要把你吃干扒净。

如果葛薇龙不嫁给乔吉乔,而是随便嫁给一个包办婚姻下的男人,她也不一定会幸福;王佳芝即便刺杀成功了,也是一个鸟尽弓藏的结局,这点电影已经交代得非常清楚。你让女性怎么去信任一个本身跟她背道而驰的体制?并不是因为她自己越轨了——不管是找了一个风流成性的男人,还是为了自己所谓"小情爱"放走了敌人——而是因为这个轨道本身就不是为她造的。

冷建国:所以《色,戒》的禁忌感不光来自性描写,更来自最终王佳芝的选择。她为国捐了躯,捐给了敌人,也捐给了同伴,但最终又亲手毁掉了捐躯的意义。

张之琪:在我们的语境下,它是一部非常政治不正确的电影。

04 / 性与现代文学：何谓男性视角？

张之琪：我还看了李海燕另外一篇文章，收录在王德威主编的《哈佛新编中国现代文学史》里，叫《革命加恋爱》。她分析的是林觉民那篇很有名的《与妻诀别书》，是林觉民在参加第二次广州起义之前写给他当时在怀孕，并且已经有了一个小孩的妻子的一封信。后来他在被捕之后就义了。李海燕说，对于今天的读者来说，这封信令人感动的点是，他在已经有一个如此亲密的爱人的情况下，还是选择了为国捐躯；但是对于他的同时代人来说，大家震惊的点是一个姓名将永远铭刻于时代伟业的男人，却如此强烈而公开地眷恋着一位女性。

从这封信切入，李海燕写到了16世纪以来思想叛逆的文人们开启的一种"主情的文化"，比如《牡丹亭》或者《红楼梦》。等到19世纪20世纪之交的时候，这种横向的爱、异性之间的爱仍然无法向儒家礼教妥协，所以像鸳鸯蝴蝶派的小说多半是以悲剧结局的，主人公要不就是自杀了，要不就是出家了。

但是在晚清形成了一种新型的爱国小说，也出现了一种新型的主人公，就是像林觉民这样的人，他们在情感上先恋上了一位女性，然后为某个志业赴死，这就是李海燕所说的"革命加恋爱"的模式。

她举的一个例子是徐枕亚1912年写的一部小说——《玉梨魂》，它讲的是一个家庭教师爱上了学生的寡母，但他们不被世俗所祝福，这个寡妇最后郁郁而终，然后这个教师就投身了武昌起义，最后在他牺牲的时候还怀抱着他们往来的情书。这个故事展现了"革命加恋爱"模式的一个根本原则，即爱国英雄首先必须是一位具有内在性的现代主体，而这一内在性是由异性之爱的规则塑造的。有点像我们之前讲过的李海燕《心灵革命：现在中国的爱情谱系》，她的主要观点就是在爱国之前要先爱人，如果你不会爱人，那爱国就没有了基础。

儒家式的个体，其实是以推广孝道或者父权制的秩序为己任的，但是对一个民族国家来说，个人对国家的爱必须是基于一种自由意志的，并且是充满激情的。而这种基于自由意志和充满激情的爱其实跟浪漫爱不谋而合。

但是另外一方面，这种"革命加恋爱"的模式又有着根深蒂固的男性视角，因为没有人问其中的女性到底是怎么想的。比如齐豫有一首歌叫作《觉》，就是从林觉民的妻子陈意映的视角来重写了《与妻书》。它的歌词是这样写的："谁给你选择的权利，让你就这样离去，谁把我无止境的付出，都化作纸上的一个名字。"李海燕说，"这首歌就在质疑革命是否在道德上是至高无上的，是否为了某种政治志业就可以碾碎一个小女子对美好生活的全部的希望"。但"一代又一代的中国精英正是如此认为的，他们声称民族的灭亡将抹去任何个人幸福的可能性。所以这种革命加恋爱的模式事实上是先革命后恋爱，恋爱不能挑战集体志业的优先性，也不能挑战集体话语的权威。恋爱在不成为生活最终目标和意义来源的时候才被允许存在。但是也有一些作者在有意识地反抗这样一种先革命后恋爱的模式，比如说张爱玲在《倾城之恋》里，就把一个国破家亡的背景变成了成全一个女性私人生活的梦想的一个条件"。①

冷建国：最近重读了文学评论家黄子平的《"灰阑"中的叙述》（初版于2001年，2020年由北京大学出版社增订再版，书名改为《灰阑中的叙述》），其中一章讲的就是革命、性与中国长篇小说的关系。从文学史的角度看，中国有言情小说的传统，包括《西厢记》《金瓶梅》《红楼梦》，清末民初梁启超等人提出了"新小说革命"，一个使命是"诲淫诲盗"，"吾侪为小说，不能不写情欲，却不可专写情欲"。但因为性和爱毕竟是文学作品很重要的部分，所以，"清末民初的'言情小说'在'发乎情止乎礼义'上拿捏得甚有分寸。"②他引用陈平原的研究形容这一时期的文学作品："它们的毛病'不是太淫荡，而是太圣洁——不但没有性挑逗的场面，连稍为肉欲一点的镜头都没有，至多只是男女主人公的一点"非分之想'。"新小说的爱情世界于是成为无情的情场。

---

① 李海燕：《革命加恋爱》，唐海东译，见王德威主编《哈佛新编中国现代文学史》（上），张治等译，四川人民出版社2022年版，第285页。
② 黄子平：《灰阑中的叙述》，北京大学出版社2020年版，第35页。

五四之后，中国文学对于性的书写就完全不一样了，从郁达夫、郭沫若到茅盾，他们对性的书写在今天看来都是非常大胆的，很多性描写或暴烈或残酷，隐藏在一个长篇的架构里，很难单独摘出来看，或者读者会倾向于把那种性的兽性作为作家对那个时代全景描摹的一角。

黄子平写道，"茅盾发现，'时代女性'的幻灭、动摇和追求，是穿梭织就这社会全景的最有力的经纬线，女性的身体符号，再次成为揭出一时代心理冲突的叙事焦点。在别人只看到'革命加恋爱'的地方，茅盾看到了'革命'与'性'光怪陆离的纠葛。"[①] 在茅盾这里，时代女性的苦闷本身就是革命的产物，她们的身体在革命中得到解放，也可能被革命所伤害。她们的放浪形骸既是对旧道德的一种革命，亦可能危害到革命本身。

但是瞿秋白将《子夜》里的这类情节视为阶级性的体现，认为茅盾在有意地利用阶级的视角来写性的图景。他在读《子夜》原稿前几章时，就建议说"大资本家愤怒绝顶而又绝望就要破坏什么乃至要兽性发作"，于是有了吴荪甫被工潮逼得焦躁不已时强奸王妈的情节。

黄子平认为，将异常的性行为派给反动阶级以便淋漓尽致地描写，并不自《子夜》始，在《动摇》里面有更加夸张的情节。比如劣绅把妾送给自己的儿子，跟其他人姘一个孀妻，以及捉了剪发女子用铁丝贯乳游街。这里的性是非常残酷和无恶不作的，"性泛滥和性扭曲

[①]黄子平：《灰阑中的叙述》，北京大学出版社2020年版，第44页。

投射了整个社会法理制度的崩溃，解放妇女的运动演化成了蹂躏女性的疯狂嘉年华会。"[1] 这是那个时期主流文学的一角。

张之琪：最近贺萧的《危险的愉悦：20世纪上海的娼妓问题与现代性》再版了，她在前言里花了很大篇幅来写她的研究材料的问题，因为她发现这些关于娼妓的历史材料中充满了男人的声音，而没有女性的声音，即便是女性的声音，比如说一些法庭上的证词，也是经过中介的，并不是女性直接的表述。

她讲到一段话，说当时在中国的半殖民的社会之下，"中国知识分子感到，在西方政府和西方知识分子面前，自己只是人下人……因此必须牢记他们是对这样一个世界说话，他们的文章针对着这个世界而写。对自己从属地位的体悟形成了他们利用下属群体做文章的修辞手段"。他们是以给工农妓女申冤为己任，"他们并不承认自己享有社会权力、处于下属群体的上方并参与对他们的压迫，而是以下属群体受到的压迫作为证据，来讨伐中国的政治和文化。他们还利用妇女，尤其是妓女作为隐喻，表现自己在军阀社会中受到的压迫和中国在世界等级体系中经受的苦难"。[2]

这段话放在今天也完全是成立的，包括我在开头讲的那篇对"文革"时期的性的研究，也提到了一个非常类似的观点：在所有反思"文革"的文章、小说里面，女知青在下乡期间遭受的性侵是特别常

---

[1] 黄子平：《灰阑中的叙述》，北京大学出版社2020年版，第47页。
[2] 贺萧：《危险的愉悦：20世纪上海的娼妓问题与现代性》，韩敏中、盛宁译，江苏人民出版社2022年版，第34页。

见的题材，这类题材也是一个隐喻，隐喻所有的人，尤其是男人在那个动荡的时期，受到了精神和身体上的摧残。我觉得这其实是一种对女性苦难的挪用。

冷建国：我想到另外一位文学史家王尧，他说在《子夜》之后，我国出现了一系列的革命史诗，比如《太阳照在桑干河上》《红旗谱》《青春之歌》《保卫延安》等，这时时代女性的形象也在发生变化，她不再是风雨飘摇的旧社会中一个受压迫的喻体了，而变成了党的女儿。这就是史诗化和圣洁化的一个方向，就连《白毛女》最初的版本都是不那么"干净"的，后来经过多次改良变成了现在的史诗之后，她变成了一个圣洁的化身。

傅适野：你要不就是一个纯洁的党的女儿，要不就是一个妓女，不存在中间地带，所以像王佳芝，她是在中间来回横跳的人，这样的人就是男性所恐惧的。

张之琪：而且我觉得贺萧在书中回应了我们今天聊的话题核心，男性视角下的性到底是什么样的。她就说历史资料中充满了"各种男人的声音——嫖客的、改革者的、律师的、医生的等——远比女性的声音清晰得多。男人的声音提供了一套与社会性别密切相关的、关于（男性的）愉悦和（对男人的）危险的话语"。[1] 对于男性来说，性要么是给他们提供愉悦的东西，要么是可能会给他们带来危险的东西，

---

[1]贺萧：《危险的愉悦：20世纪上海的娼妓问题与现代性》，韩敏中、盛宁译，江苏人民出版社2022年版，第28—29页。

它永远是这种二分式的。

傅适野：这次聊天其实回应了很多一直以来我们关注的问题，对我来说也是一种学习和成长，当你再去看以前看过的作品的时候，你就突然能看懂了，那种感觉还是挺奇妙的。

人的疆域，略大于
刘小样的平原

嘉宾：安小庆

记者、写作者

2002年一个深夜,还在上初中的安小庆在电视上看到了《半边天》的一期节目《我叫刘小样》。"我宁可痛苦,我不要麻木,我不要我什么都不知道,然后我就很满足。"生活在关中平原的刘小样下巴微抬,颧骨高耸,语气坚定。安小庆后来在稿件《平原上的娜拉》中写道,"像是正发着一场高烧的红衣女人"。

这期节目震撼了安小庆。一个被西南群山包围、时常在想山的另一边是什么的初中生,对一位生长在北方平原,可心里有一座随时要喷发的火山的农村女性,有了奇妙的体认。"她的语言、她的渴望、她的不安、她对远方的向往,跟我一样。"一颗种子就此埋下。之后的二十年间,安小庆走出群山,北上,南下,做记者,进入又淡出形形色色的人的生命。每隔一段时间,她就会想起刘小样,想起她的不满、野心与梦想。

2020年10月,安小庆在关中平原的一所庭院里第一次见到刘小样。对她而言,这不是初见,是久别重逢。她在刘小样身上看到自己,也看到很多人——内心有一团火在燃烧的人、不甘于现状努力突围的人、不断寻求内在超越的人。这种超越关乎持续的精神追求,关乎人的尊严，关乎我们是否要以成败、以目的论和现实的功利考量来评判人、衡量人、指导人。更进一步，这也关乎在藩篱高筑、界限分明的当下我们对于人的疆域的想象——人为什么不能有跳起来去够的权利？人为什么不能拥有支持性的社会网络？精神追求为什么一定要有物质保障？我们为什么丧失了对主流以外的生活的想象力、语言和行动？

这不光是刘小样面对的问题，还是我们所有人都面对的问题。

01 / 消失的娜拉

傅适野：今天我们请来老朋友安小庆，是因为"人物"公众号刊发了她的一篇题为《平原上的娜拉》的稿子，和小庆 2021 年 3 月那篇关于张越的稿件《自由之路，〈半边天〉往事》有一定关联。我们想以这两篇稿件为契机，一方面探讨一些写作层面的细节，另一方面也希望挖掘稿件抓住的一种精神特质——它反映的是一个人的生存境况，让很多人产生了超越时间和空间的共鸣。

安小庆：我做了几年记者之后，有一次突然起意，上网查刘小样后来怎样了，查不到，发现有挺多年龄不一的观众都在关心这个话题。再浮上来，是两年前我跟编辑讲起，编辑和主编都觉得这个选题很好。当时选题的中心是《半边天》那期《我叫刘小样》的节目，我直接的目标是想去寻访她。但其实网上连节目的资源都找不到，我只有记忆中零星的印象——她穿着一件大红色的外套坐在雪中，在一个灰黄的背景之前讲述她对生活的诸多不满。

我第一次看《半边天》是在初中。我妈妈是那种非常严厉的妈妈，我很少能看闲书和看电视。我记得那是个周末，《半边天》在半夜重播，我妈睡着了，我看到了刘小样那期。我跟她年龄差很多，生活的地域也不一样——她生活在北方的平原，我生活在凉山群山包围的山坳里，但她的语言、她的渴望、她的不安、她对远方的向往，跟我一样。这可能也是为什么当时各个年龄段的观众都一样受到触动，她表达的是人心最基础的渴望，是人这一生要如何正当地活着这个根本性的命题和困惑。那是一颗非常遥远的种子，对于她说过的话，我可能上学时不太会想起，但做了记者之后，每隔一段时间我就会想起一些。后来我们的编辑在朋友的帮助下拿到了《半边天》刘小样那期节目的视频，多年之后再次完整地看了这期节目，我们都震动了。并不是以城乡视角感叹这样一个身份的人竟然说出这样的话，而是在当时的中央电视台这一国家级的平台上，你能听到一个普通人在讲她对生活的不满、野心、梦想。

　　要找刘小样的话，张越老师肯定是一个很重要的采访对象。我第一次联系张越老师是 2020 年初，10 月份见面时，她提了几十盘《半边天》访谈节目的 VCD 过来，用编年体的方式讲述了她的工作历程，毫无疑问，高峰作品就是《我叫刘小样》。她也讲到了一些我们不知道的后来的故事，比如小样出走的第一步是去别人家的农田上班。这个故事非常击中我，我觉得这太像电影或者文学了，可是它就是真实地发生了。

　　张越老师和她的同事帮我们打听了很久，都找不到刘小样的联系方式，只知道是在陕西咸阳一个叫兴平县下面的农村里。我和编辑像侦探一样寻找那个村庄，一帧一帧仔细观看视频，试图寻找一些线索，但没有找到，当时的节目像素也比较差。后来曲折地通过当地妇联、电视台和一个生活号的帮助，我们终于确定了她在哪个村哪个组。

2020年10月底，我去到那个村，但不知道她家的具体地址。先前已经知道她的先生在村里任职，后来找到了他们家的院子，我走过去推开门，刘小样就在门后。盘旋在你内心很久的一个人突然出现，你发现，她眼睛还是很亮。

我跟她说，我在做《半边天》和你的选题，我采访了张越老师，也挺想知道你现在怎么样，张越很关心你，因为十几年前她手机坏了，你的联系方式没有了，不知道后来你怎么样了，我就来看看。她想哭，眼睛已经红了，开始给我做面。我有一种非现实的感觉，同时又很有现实感，因为她的庭院跟当时电视节目里相比，已经寥落了很多。

傅适野： 听到这些，我也理解了为什么这个稿子写得这样好，因为对你来说，它是这么多年萦绕在心头的一个题，寻找的过程是如此惊心动魄，虽然你与她从未谋面，却好像是一种重逢。

安小庆： 我非常喜欢听她说话，久久地徜徉其中，不愿从选题离开。听有些采访对象说话会有一种如沐春风的感觉，觉得 Ta 跟自然万物是相通的，非常有智慧，就是想听 Ta 说话，感受 Ta 的语言、活着的方式和存在的状态。

小样姐不是"如沐春风"的春风，她是秋天的风，感觉甚至有点冷峻，让人非常清醒。以前的她语言像刀一样锋利，这次接触下来，我觉得她虽然在有意钝化自己的锋芒，但她的刀身却更厚重了。就像我在稿子里说的，她觉得自己不值得被书写，觉得自己几次溃败而归，有强烈的挫败感。有好几次，我、她、她的先生之间像《奇葩说》的辩论一样，讨论什么是所谓成功、什么叫失败，人有没有权利去够自己貌似够不到的东西，人能不能超过现实的条件跳起来去够一些东西……在那一周时间里，我们三个人之间按照 C_3^2 的方式排列组合，发生了挺多这样的谈话甚至辩论。他们俩是非常善良的人，但每个人都是不完美的，他们是不完美的善良的人。

冷建国： 我们其实很感谢你写了这篇稿子。你把 2002 年自己偶然看到的一期《半边天》埋在心里，二十年之后，重新让这个人物回到人们的视野，让年青一代的女性有机会去认识这个人，跟她产生新一轮的共鸣。我觉得这篇稿子和当时《半边天》的节目一样，把很多女性连在了一起。

安小庆： 其实，我是抱着一个很自我的目的去做这个选题的。2020 年 3 月之后，我们都相似地经历了一种整体性的创伤或者说失落，我还能做什么？有什么选题是我如果错过了或者不去做会遗憾终生的？那时候我列了一个表，万一我真的不做记者了，我一定要做完这几个选题再走，不要留下遗憾。

2020 年 6 月底发生了东莞图书馆留言事件，当时我在休年假，编辑发了这个选题给我，我就回到深圳去了东莞。我在记者手记里写过，那篇《葬花词、打胶机与情书》给予我太多了，在当时那样一片灰茫茫的悲观当中，我看到一个个具体的人在做一些良善的、正义的东西，他们在推行公共图书馆诞生之初的那种价值观，在很多东西被雨打风吹去的时候，珠三角还有人在做一些实实在在的事情。这些人虽然不多，并且它的效用正在减退，但那些工作人员、吴桂春大叔鼓舞了我，让我不至于那么悲观。原来在我看不到的地方，是有人在做事情的，在正当地活着的，这一点给了我巨大的抚慰。

从那之后，我也会有种紧迫感，我决意要做更多这样的选题。如果我手上还积累着这样的选题，我要尽快把它们做完。

02 / 她的名字叫红

冷建国：我觉得这篇稿子体现出《人物》的编辑思路很高明的两个地方。一个是标题里没有出现"刘小样"，而选用了一个非常隐晦、非常文学性的标题。我们知道，"娜拉"指的是易卜生《玩偶之家》里的娜拉。另外一点很特别的，是稿子前面铺垫了刘小样消失多年后的迷雾重重，但直到文章最后都没有让读者知道刘小样今天是怎样的，文中配图是当年《半边天》节目的截图，还有他们家的两张旧照片——一张是她在影楼拍的个人婚纱照，另一张是她穿着一件红色衣服抱着孩子站在门口。

安小庆：我和编辑没有沟通也没有讨论，好像默认了不需要出现她的形象，我甚至没有举起手机拍过她的正面，只拍过背影，因为想记住她现在穿衣的大概的样子和风格。举起手机是一个有点暴力的行为，我很尊重她。

如果真的要拍照的话，肯定要以她舒服的方式，也要平等地对待，比如说我们杂志上的采访对象有些是在摄影棚拍的，有些是请专业摄影师来拍的，我不能粗暴地对着她的脸拍一张。

冷建国：文章里的图片也为我们提供了许多其他的叙事细节，比如张越送给她女儿的一个旧玩具依然摆放在家里，她的有花在开的庭院，最有意思的一张是你在当地拍到了另一个穿红色衣服的女人。

安小庆：我拍了好多。当时抱着一种验证的心情——今天北方平原的女性和小样当时的年代，是不同的还是相同的？我在咸阳走街串巷，发现不论是在河边、老城区还是商业广场，穿红衣服可能真的是一种集体的美学的潜意识。不同年纪的女性都挺爱穿红衣服的，我拍到了几十张，算是一种佐证。如果要写的话，这可能是一个比较客观的佐证；如果不写，它也能给我一种背景性的氛围。

刘小样说，今天她已经没有穿红衣服的需要了，因为她不需要刺激自己了，这也是她的一个成长。她并不是毫无变化，我也不觉得她完全是退缩了的。

傅适野：我在读这篇文章的时候感到，你是把刘小样的内心状况与她所居住的平原的环境并置来写的，她的内心有很多波澜起伏，而这个平原一望无际。这是不是你比较有意识的一个写法？因为你想写的是一部心灵史，而这其实是很难表现的，所以要借助很多外化的东西来表现她的心灵，一方面是通过对话或者一些观察，另一方面平原地形也是一个很好的衬托。

第二个写作手法是你用了一系列红色相关的意象。从最浅显的一层来理解，是刘小样以前喜欢穿红色的衣服，你在当地见到了很多穿红衣服的女性，这可能是她们的一种集体记忆。另一层是从红色延伸开来的一系列意象，比如火山、燃烧、高烧，从一种视觉上的颜色延伸到了感觉层面，最后可能成为一种疾病的象征。但对于刘小样来说，跟大部分人不太一样，对她来说，"高烧"可能不是一种疾病的征兆，就是存在的一种状态。

这些意象的并列是一种非常巧妙的写法，我自己也很好奇，如果一个选题在你内心盘旋了很久，从写作者角度来说，你会用更多的技巧来写作一个重视的选题，还是让故事自己流淌出来？这些意象是你在寻访过程中慢慢浮现出来的，还是有一些刻意的安排？

安小庆：我觉得是慢慢地浮出来的，其实平原意象不是我的创造，《我叫刘小样》那期节目里有一句话让我十分触动。张越老师问她，"生活在八百里秦川是什么样的感受？"刘小样说，"这里一切都太平了，所以感觉生活也太平了。"我重新看这个节目的时候，"平原"两个字已经嵌到我心里了。

说实话我没有动太多的技巧，我受惠于她，刘小样的庭院里满地都是这样的故事和细节。在过去的采访中，我要穷尽一切的机会和可能性，用勤奋、用聪明去撬开采访对象的嘴，让 Ta 给你更多细节、情境、氛围、意象、符号，在 Ta 说出来或提供的信息里去拣选、去获取。但这次真的是信息过剩了，稿子自然而然就出来了。

为什么我的第一感觉是"高烧"？因为她的颧骨有一点点高，在节目中，可能因为那天比较寒冷，毛细血管会发红，给人一种在发着高烧的感觉。中文系毕业的人也会有那种高烧的联想，有点像结核病——在文学史上，结核病象征着多思多忧多虑，一些充满幻想、精神丰富的文学家、艺术家都会有这种疾病。包括她对庭院、对小花园——她心里的这块自留地——的描述都是自然的，是她自己讲出来的，她讲得那么充分，有很多内容我都没有放进文章里。

我看到有读者评论说，"像是文学里面走出来的人，而这样的人必得是女人才可以"。说得太好了，我都没有想到，真的非常受触动。评论里还有读者提到其他文学作品里面的形象，有的是我之前想到的，比如说《立春》里的王彩玲，比如安娜，比如包法利夫人。就像福楼拜说"我就是包法利夫人"，我也看到很多读者说，不论什么性别和职业，我自己就是刘小样，是996格子间里的刘小样，是男的刘小样。

不是我写得好或是动用了文学技巧。第一，是小样本人作为个体的存在，给予了我这些东西，我受惠于她。她就是这样一个活泼生动的土壤里长出来的人，她那么自省，不言败。我一点都不觉得她是一个失败的人，反而在她身上看到了人之为人的那种高贵。第二，是《半边天》这个节目开放的、先锋的选题意识和他们对人的共情——不是去同情你、怜悯你，而是我和你对话，敏锐地捕捉到了你内心想说的东西。我作为媒体人可能是第三站。好像一场接力。因为它就原本存在，所以我能部分地再现和逼近它的存在。

03 / 一个人，所有人

冷建国：除了你刚才提到的刘小样跟无数文学作品里的女性有命运共通之感，我同时也觉得，刘小样跟你在这篇稿子里提到的其他人也有着相通的命运——跟张越本人，跟她的丈夫，跟张越在英国偶遇的那位陌生女孩。

看刘小样的故事，我想到了你之前那篇《自由之路，〈半边天〉往事》里张越的自述，她提到她在做节目的时候也经历了寻不到自我的迷茫，她想要"冲破"当下，想要走出去，生活看上去顺风顺水，却想要追求一些别人无从理解的别的东西。

有趣的是，你在一开篇用非常多笔墨来渲染小样"失踪"的悬疑感，然后突然出现一个拐点——张越在英国遇到了一个留学生，她因为看到了那期《半边天》受到感染，改变了自己的命运。这位留学生的经历其实展现了刘小样的另一种可能，是她的一个分身、一个映照。过了这个拐点，后面的叙事就进入了你寻找她的过程。

安小庆：当时问出这个故事是在采访张越时，我问她在哪些时刻、哪些场景会想起这位失踪的朋友和采访对象。她非常干脆地说，不需要想起，永远有人在提醒我她的存在，比如去大学做讲座，比如说参加行业研讨会，比如在路上遇到观众，他们都会提到刘小样。我问，最近一次这样的场景是怎样的？她说，最近一次是去英国交流的时候，我听了之后觉得非常有画面感。

傅适野：现实生活中有很多小样的分身，她映照出的不仅仅是女性的命运。她跟丈夫之间的关系也很有意思，非常微妙。一开始她丈夫王树生对未来也是有很多期许的，在后来的二三十年里，他逐渐放弃了那样的想法，直到现在，他甚至觉得妻子是生病了。但在稿子最后他也提到，妻子是一个休眠的火山，其实他是害怕的，他觉得妻子不会接受现状，总有一天她还是会醒过来。他们两个有点像是同时出发，丈夫逐渐变成了一个分叉，二人走上了截然不同的道路，有了截然不同的命运。但另一方面，丈夫也是刘小样的一个支持性的力量，他挺理解她，在看了刘小样和张越的采访之后会赞美自己的妻子。

安小庆：我当时有个细节没写进去。小样当时接受《半边天》采访时，面对话筒很紧张，一架起摄像机就想逃跑。张越说，在跟他们同吃同住了几天之后，再支起摄像机拍摄的时候，丈夫为了支持妻子，说，待会拍的时候你不要看那个机器，看着我的眼睛就好了。

我的确是在写分身和映照，有好几组，比如说小样和张越，其实我本想把这对关系写得再立体复杂一些，但篇幅所限没有办法展开。包括刚才建国提到的，张越在职业生涯里也要面对"突围"，她职业生涯的前几年非常顺利，但感到自己占据了一个国家级的平台却没有产出具有公共价值的东西，觉得惭愧，对普通人真实的生活一无所知，有种虚弱的感觉。有一天，她和同事看到刘小样的来信，我觉得她也未尝不是看到了同一种饥渴和焦虑。包括她们之间互相打捞和解救的女性情谊，虽然是不完美的，但也非常触动我。

说到小样的丈夫，其实他也是个能人，是改革开放之后村里第一批出去做生意的人。他曾经踌躇满志，想做很多事情，但是由于各种条件的限制、家庭的要求以及时代风口的转变，他可能渐渐就意兴阑珊了，这是他和小样最大的不同。他们俩的这个对照组，就像《红楼梦》里晴雯和黛玉的对照、宝钗和袭人的对照，我也想做这样一种对照的关系——我不太想满足于写一个心灵的呓语，或者单纯线性的东西。我自己也特别好奇，一个丈夫，一个婚姻中的男性，在社会赋予他的期待后面，他到底怎么活的？在这段非典型的婚姻关系里面，这样一个农村男性是怎么展开他的生活和决策的？他和妻子的互动是怎样的？我觉得这是一次非常宝贵的机会，不想错过，所以我对他琢磨挺多的。他们应该算是从一个起点出发，但因为各种因素的综合考量，他下车了，妻子还在那辆车上，但他也是个很丰富、很丰满的人，我没有把他当成一个配角。

冷建国：你对丈夫的着笔很多，而且做出了很多分析和考量，让我在看这篇文章的时候，也会对刘小样有不一样的思考。我们今天比较容易去理解一个女性逃离一个冷漠的丈夫、压迫的家庭、暴力的环境，我们可能比较不容易理解的是，当女性有一个支持她、理解她的丈夫，她要逃离的是什么？是她的自我吗？我觉得这既是逼迫你向深处探究小样故事的动力，同时也迫使读者去思考刘小样到底想要什么样的生活，她想要的自由到底是怎样的。

安小庆：它是一个非典型的故事。在典型的叙事里面，丈夫、婆婆或者孩子的不理解，整体环境的不支持会让女性忧郁痛苦，然后做出决定短暂性地出走，比如苏敏阿姨就是开车出发自驾游了，在新媒体时代走出了一条路。

我问刘小样为什么后来不跟张越联系了，她说有时候自己的问题自己才最清楚，自己才能解决，这样的话也不会有太大的负担。她在非典型环境里的出走好像是更纯粹的，在排除了很多干扰项之后，这个实验更像存在主义式的自我追寻。

张之琪：小庆的稿子里写，刘小样讲了这样一句话：如果我当时配的是别人，是一个跟我完全没有共同语言、完全不理解我的人，可能我的出走就容易一些。她自己对她的婚姻也有这样的看法。

我觉得这种支持性环境的作用是两方面的。一方面，她反而不那么容易离开了，因为这个环境总不太坏，没有差到把你逼到绝境，没有构成非走不可的动力；另外一方面，这样的支持环境也让她自己内心很挣扎，没有什么外界原因可以让她责怪——如果她在一个非常艰难的环境里，她可以说自己出走失败是因为这个环境不允许。在这样一个支持性的环境里，她所有的反思和对她自认为的失败的归因，全部都是向内的。她总是认为，是自己的原因，是自己没有能力，陷在一种自我鞭笞、自我贬抑里。尤其是这一点，让我觉得刘小样的故事很有意思。就像小庆讲的，她的挣扎是内向的，不是为了反对一个环境，不是一种应激性的对抗，她是自己给自己提出一个问题，提出一个想象中的目的地，然后看自己能不能走到那里去。她的丈夫给她空间去做这个事情，但同时，她的丈夫并不认同那个目的地。他们之间的关系是很微妙的。

安小庆：他早年是认同的，但是经过常年的搓磨，他会更世故、更现实一点。他会综合整体的社会条件和他们手里有的牌，他觉得那样做是无望的，不如趁早收心，安安心心，这样会快乐一些。她丈夫曾经说过一句话，"她快乐，俺才能快乐"。我真的很动容。我们知道婚姻中的很多女性是怎样的，在这个故事里面，我真的很想知道他的内心是怎么样的——我觉得很复杂，有时候是矛盾的，但真实。

他就是小样的一层保护网。除了这层保护网和两个悄悄理解她的孩子之外，她几乎没有其他社会资源网络了。我们不能去问她，为什么不能够孤注一掷、放弃所有？你是不是不够努力？你应该再试试，你肯定是不够努力，你肯定是没有抓住能够抓住的机会……我觉得，她已经穷尽一切了。

我自问过，我到了小样姐的年纪，能不能一个人去陌生的地方寻找工作。我拥有很多的社会支持网络，但我做不到。我们不能去苛责她为什么不更努力一点，反而要问，为什么除了丈夫和一双儿女，她没有别的东西可以凭借。在这场漫长的突围和旷日持久的"高烧"里面，她只有自己。比其他女性幸运的是，她还有一个能理解她的丈夫和理解她的孩子，但也仅此而已，没有其他了。

04/ 人的疆域

冷建国：在《平原上的娜拉》最后，我们看到刘小样选择了暂时停留在她的生活里，甚至她对自由的追求、对生活的渴望被病理化了，她认为自己"生病"了。你刚才也提到，你在她的家里辩论，你们探讨怎样的生活是正当的、什么是成功、什么是失败、生命最高的价值到底应该是怎样的。在看到她把自己内心的挣扎视为一种病的时候，我感到非常非常心痛，在你们的辩论里，是否也包含着你对你印象中的刘小样的挽留呢？

安小庆：我觉得我没有挽留她，因为她自己也是一个杂糅的状态。"病"的说法真的出乎我的意料。去寻访之前我有想过，我可能是在做两种寻找：一个是空间地理上的寻找，一个是寻找她这些年的心理地图是怎么样扩展的，这幅心理地图长什么样。在我采访的最后几天，她提到了"病"和"治病"的问题，我不觉得它是"病"，所以全文都用了引号。

我大学的毕业论文跟病相关，是对丁玲在延安时期创作的短篇小说的文本分析。我觉得女性和当时的知识分子有一种命运上的同构性——当你表现得和别人不一样,想要发出一些不一样的、属于人的、正当的声音的时候,外界或一些权力会指着你说,你病了,你不正常,甚至你疯了。

那种以前在书里才看得到的东西,在现实当中是真实存在的,你会感到理论的确是有力量的。到底是艺术在模仿生活,还是生活在模仿艺术?我觉得惊心动魄。当一个人和周围格格不入时,外界会说她是一个异类,进而说她"病了"。刘小样的丈夫也比较坚定地认为她病了,到最后,她也觉得自己病了。

2005 年的时候,她和张越在图书大厦选书买书,她拒绝买那些心灵鸡汤,但我去她家的时候,发现书柜里有几本心灵救助类的书籍。这种变化是很真实的,她要进行自我的改造,这让我很心痛。但在我的观察里,她也知道,其实自己不是病了,只是一种没有办法之后的自我处置和自我欺骗。

傅适野: 在稿件接近结尾处,丈夫问小样,你想要的到底是什么?我感觉,对于她来说,最终的目的甚至都不是最重要的,反抗、不妥协本身才是重要的。她在日常生活中每天和自己搏斗,对她来说就已经是很重要的事情了,甚至不需要去问这场自我搏斗的终点在哪里。

安小庆: 我们是这样理解的,但她身在其中,会有巨大的挫败感和对自己的失望。在白天我们交谈都非常顺利,她是一个表达能力很好的人，无论细节、故事和场景，还是思考的一些抽象的话题，都讲得特别好。但快到黄昏或者丈夫快回来的时候，她会有意识地收起谈兴，觉得没什么好写的，没有价值，村里面现在出去的人可多了，很多农人都致富了，别人在抖音上粉丝有多少，出走早就比比皆是，"我已经是一个落后的人了，一个普通的妇女"。到了第二天，当我们又谈起一些话题，她的状态又会回来。她就处于这样反复的自我贬抑之中。

她丈夫非常明确地跟我说，在照顾家庭和家人这一点上，小样做得很好，从没有缺席过，没有逃避过这些所谓责任。婆婆病了之后，她主动提出回去照顾婆婆，婆婆九十多岁了，只吃她做的饭。这也是她辛苦的地方——在她感到毫无办法，甚至把自己当成一个"病人"去求医问药的时候，作为媳妇的职责的钟声又响起来，她并没有把这个"钟"拿走。在孩子考高中上大学的时候，她就在县里工作，不会去远方，也没有去打工。去江苏也是在孩子们上大学以后，她有了宝贵的空窗期，这段时间的出现非常珍贵。关于去了要不要回来，她非常痛苦，她想坚持下去，但她始终觉得，结婚、生孩子、照顾孩子是一个女人的根本，她是相信这个的。在她身上，新的和旧的一点点杂糅在一起。每个人都是如此吧。

婆婆病了之后，她回到庭院，在庭院里慢慢找到了怎么样活着的答案，也给了自己一个喘息的机会。钟声敲响，她准时回来，没有逾期不归。这个钟声就是这片土地上很多古老的文化准则，严格地指挥和摆动着这里的生活。

张之琪： 在这篇稿子发出来之后，我也在评论里看到一些不同的声音。比如有人说，为什么在这样一篇稿子下面还有很多女生留言说小样的丈夫已经很好了，Ta认为这种留言是所谓不够女权或者不够进步的，好像他们夫妻之间浪漫爱的成分超过了女性自我寻找的成分。另一种评论认为她想得多而做得少，认为她是所谓"眼高手低"，她的问题在于想得太多而能力跟不上，欲望太强但是跟实力不匹配，这才是她痛苦的根源。

实际上，这篇稿子在很多方面都提到了小样的局限，比如说客观环境的局限，包括她的出身、受教育的程度，还包括一些主观上的局限，就像刚才小庆讲的，她还是受到一些所谓旧的观念的影响，比如说她总想着兼顾、她的反叛永远是不彻底的，等等。因为有这些局限，所以小样生活在痛苦之中，或者说她"自愿"地回到了三十年前的生活里面。

但我觉得，在这篇稿子里，我更多看到的是她内在的一种超越性——她不需要真的有能力去实现她想要的那种生活，刘小样的意义在于提示我们，人有对于自身不断反思的能力，这是一种精神上的对抗，是不需要把它实体化的。因为某种程度上实体化的成功也可能是一种对人的束缚、对人的想象力和自由的窄化。而精神层面上不断地反抗、不断地自我剖析，去冲破旧有的思维方式和惯性的那种努力，也许才能导向真正的自由。

安小庆： 我也有这种强烈的感受。记者不应该在稿子里过多地呈现主观的东西，但我还是忍不住呈现了一句，这是我和王树生辩论的一个节选。他觉得妻子二十年的突围是失败的，她做的这些挣扎在今天看来都是多余的，是自扰的，甚至给家庭成员带来了很大的困扰和负担。我问他：人活着，不断完善自己，不就是最大的用处吗？我觉得刘小样就是把自己当成目的所在，把自己当成一个矿藏，不断地开掘自己，这是最有尊严和最富光芒的。

我看到很多电视剧的弹幕里会有人说，穷就不要生这么多孩子了，条件差就不要突围了，安心在这片土地上好好认命……可是我们还有一个问题：为什么她无所凭借？除了丈夫和自己数十年如一日的勤奋的思考，她只能靠自己，为什么？是不是一定要搞到钱、经济独立之后，才能去追寻你的人格和思维的独立？我觉得这不是一个先后顺序的问题。

我觉得她遭遇的，用一个很旧的词来说，就是"一个结构性的困境"。小时候，懵懵懂懂的，家里就不让上学了。她后来对我说，自己没什么好遗憾的，唯一遗憾的就是当年家里人不让她上学，她就不去了。另外，她为什么没有一些支持性的组织？比如深圳绿色蔷薇这样的妇女和工友组织，比如珠三角这种公共图书馆的机构，它们对于外来人群有一种广泛的支持性的作用。并不是说它一定会精确地对你起到作用，但它是一张网，如果这样的网比较多的话，即使它们的密度不一，说不定在哪个阶段就会给人一点点撑起来的力量，不至于让她产生这么大的挫败感、对自己这么失望。

傅适野： 现在大部分人面临的一个困境就是，我们已经丧失了自己要怎样生活的想象力，也失去了描述可能的另外一种生活的语言，进而我们也没有任何行动，只能被困在一个可能很功利、很现实的、衡量你成功与否的方式里——有没有买房？有没有积蓄？未来十年职业有没有上升空间？

这个结构似乎已经困住了所有人，这也是为什么各个行业的人在看这篇稿子的时候，可能都会有一种很复杂的感觉。一方面，你可能不认同刘小样的这种自我的抗争；另一方面，所有人都在她的身上看到了自己。我也想到之前和孙歌老师聊的那次，她讲的也是一种精神性的追求，是自己和自己的搏斗，用精神上的强大力量去超越现在的精神状况。

05 燃烧女子的肖像

安小庆：娜拉其实是一个从未离开我们的幽灵。从五四时代到今天每一部所谓都市女性电视剧或电影里面，她都在徘徊，我们都会看到一个在某种意义上"出走"的女性形象。现在亦舒的小说被改编成电视剧，我们看到她的《我的前半生》改编自鲁迅的《伤逝》，甚至连名字都沿用了《伤逝》男女主角的名字：子君和涓生。鲁迅写这部小说之前，作了那次演讲，关于"娜拉出走之后怎样"，这之前又有易卜生的《玩偶之家》……幽灵一直都没有离开。但我觉得很有意思的是，现在有一股更大的幽灵在说，你要回家，你要考公务员，你要考教师资格证，你要回到家里用父母的资源去过一种稳定的生活，同时也被他们捆绑和共生。一种强大的让你回家的声音在召唤每一个年轻人，我自己也从家里的亲戚身上看到了这种强烈的保守化的冲动。

我记得戴锦华老师说过，娜拉是五四一代的偶像，彼时整个社会要建立一种民族国家的认同和自信，基本上都默认甚至鼓励女性走出父权的家庭，去做一个所谓新女性，那是一个时代的号角。至于离开家之后遭遇了什么，大家并没有说得很清楚，或者说为你提供些什么，就是让你的肉身去碰得头破血流——当时也有很多作家去写作或评论这件事情。那时候是一种"出走"的姿态，而现在是一种"回去"的姿态，这种回归和刘小样的回归还不一样。眼下这种保守性的回归丧失了很多生活中的想象性，功利地说就是，这一生你要不虚此行，不论这个方程解得怎么样，我们要去试一下，不能报一个考公的班就这样了。跟父母捆绑在一起，过一种没有想象性的生活，同时又给荞麦发私信问该怎么办——这是死循环。

一个跟你妈妈或你姐姐一样大的人，她都还在出走，你怎么还没有走出去就要缩回来了？我不能理解，不论从生活的可能性还是生命的有限性来说，我都不理解。当然现在的压力太大了，比如很难找到好的工作、喜欢的工作、报酬相当的工作，很难买房，有很多原因，但我觉得还是应该去试一试，不要自己把这个选项给封闭了。小样还在出走，你们怎么就连走都不走一下呢？她的第一步是走到别人的农田上去，你可以想见这种渴望是多么的巨大，她对这一趟旅程充满了多么大的热情。

张之琪：我觉得一百年前的娜拉和今天的娜拉处境还是不一样的。当时鲁迅说，娜拉出走之后的命运是要么回来，要么堕落；他说梦是好的，但钱是要紧的，强调的主要还是女性的经济权，是整个社会对于女性有独立的财产、工作的权利的保障。今天我们在谈独立女性的时候，仿佛大家第一步就想到，她一定要是一个经济独立的人，经济独立成为一个绕不过去的前提。在小庆写刘小样的故事里，没有太强调物质的层面。她外出打工是为了自己，这种出走似乎不是一个女性为了争取独立于家庭的经济收入而做的努力，而单纯是一种出走。对她来说，这是一种自我实现，物质并不是她最主要的目的。

今天我们在想象一个娜拉的时候，如果只能想象出来她搞钱的能力，我觉得她好像也并没有真正地出走。有时候我在想，为什么我们看小样的故事会这么有感触？对她来说，她以为从农村走出去到城市，或者跟张越交换人生，就是出走了，她有一个目的地，但是很多时候我们看不到一个外部的目的地。我们要走到哪里去，才能有一种新的生活的可能？那些人问荞麦怎么办，其实不完全是因为他们缺乏能力或者没有决心，而是因为没有现成的选项，没有一种替代性的生活，所以人要去创造新的答案。这个答案不是简单赚钱就可以，不是你有独立的工作，不恋爱不结婚生子就可以，而是一个我们还不知道它是什么的答案。我们要用一生去找这个答案。

刘小样让我们看到了这个过程中人的尊严。她没有这个答案，她不是失败了，是她还没找到，还没创造出来。对于所有人来说，对于今天的女性来说，我们面临的情况是完全一样的，没有现成的答案，你要用一生去找，这个结果可能是失败；或者是你以为找到了，但发现它依然在巨大的体系当中不断地被吸收和同化，你绕不出去。这是我们今天面临的一个基本的现状，很少有人能做到像刘小样这样，永远相信有一个外部，那个东西是让她一直燃烧的柴，然后她不断地去找。这是很了不起的事情，我从来没有觉得她是一个失败的人。

安小庆：做这个题我还有一个感受，我以前是一个比较决绝的人，我对人的判断或者喜恶比较干脆利落，但这之后，我发现每个人都是不完美的，都是进行时的。我甚至觉得，刘小样就像鲁迅说的，是一个"历史的中间物"——我也不知道结果是什么，但她用自己的突围、路线和轨迹承担着探索的任务。我们每个人都可能是中间物，她无愧于这一趟，有创造自己的价值。

每个人都是不完美的，我不想把她作为一个纯然的审美的对象，其实你能够看到她的局限性所在。通过我的一些观察、她对丈夫的描述，比如她说"土壤也就只能把我养到这里了"，那种清醒真的是异于常人的。你可以想见，她在庭院之内，真的是在把自己的每一寸都在重新打量、反思和辨析。她说，我再揪起自己，也离不开这块土地——这块土地包括丈夫的体谅、包容和理解，只能到这里了，最大限度就是这里了。虽然我们没有探讨过鲁迅的"历史中间物"，但我觉得她体现了这种状态，她探索了这种可能性，她提供了她的答案。

冷建国：从娜拉说到荞麦，从五四说到今天，也让我想到了关于刘小样两次采访的不同历史背景。《半边天》那期节目是在21世纪初，中国现代商业社会还在成型的过程中剧烈搅动，当时的农村是作为一个落后的对照物存在的，而那期节目呈现出了刘小样这一先锋女性的形象，她的思想是进步的，是现代的，是跟"落后"不相关的。而在小庆写下这篇文章的今天，无论是小庆说的保守主义的回潮，还是之琪说的我们无法想象另一种理想的生活,我们面对的已经是完全不同的社会图景,刘小样的故事在此时被再次讲述了。

我也想问你,在采访过程中,你是否有观察到或者询问到《半边天》那期节目对小样人生的影响?是不是如果她不曾大声地说出对于生活的不满,就不会对今天的自己这么不满?在今天,村里也可以玩抖音了,甚至如果她感兴趣也可以听到我们这次的聊天,在这样一种情况下,你是否担心过你的报道会再次打乱她的生活?

安小庆:《半边天》为她加了两根很干燥的柴火。她看到有人是能够跟她交流的,而且她是一个很高自尊的女性,她会觉得,我已经发出这样的声音,如果只是幻想不去行动的话,就真的辜负了自己,也辜负了节目组。她觉得必须要迈出这一步,所以她非常辗转反侧,不知道怎么做,有一段时间她起不来床,每天问丈夫到底应该怎么办。最后还是勇敢地迈出第一步,然后是第二步、第三步,特别了不起。

我们也讨论过我的稿子对她的影响,她说,现在小花园给她多少,她就收获多少。我说,我们的稿子发了会让你的水再搅起来吗?她说也许会,但是感情很复杂。一方面是她渴望交流,她没有比较聊得来的朋友,她的话基本上都是跟陌生人说的,周边找不到人可以这样倾诉。这次我去拜访,她又跟我聊了很多。她非常渴望交流,但又感到害怕,她会说自己是一个失败的人,没有价值被书写,她说自己像一缸水渐渐地要平静下来。

她对自己的要求太高了,总是写了又烧,她丈夫说,前几年完全烧掉了，再也不写了。那种对自己巨大的失望，不是我说几句你要重新拿起笔（就可以的），但这的确是我很大的一个希望，从客观上来说，现在突围的难度也越来越大了。

最后告别的时候，我很舍不得，我跟她说，真的特别喜欢听你说话，你不要觉得我是在恭维你，还是要写下一些东西。我虽然知道，其实很多东西她都不介意了。我想到在"那不勒斯四部曲"里，最后莉拉也烧掉了所有东西，自我消失。好奇妙，到底是谁在模仿谁？

《三姐妹》片段

玛霞 在这个城里，学会三种语言是一种不必要的奢侈。甚至还不能算是奢侈，而是一种不必要的累赘，好比第六个手指头一样。我们学会许多多余的东西。

韦尔希宁 哪里话呢！我觉得无论怎样，这个沉闷无聊、死气沉沉的城市，都不可能不需要你们这样的人呢。在你们的一生中，渐渐地，你们不得不让步，隐没在那十万人当中，生活把你们压倒了，不过你们仍旧不会消失，你们不会不留下影响，你们死后，这样的人也许会出现六个，然后是十二个，到最后，像你们这样的人就成了大多数。过上三百年，人间的生活就会不可思议的美好。人类需要这样的生活，要是这种生活现在还没有，人就必须预先体会它，期待它，渴望它，为它做准备。

……

韦尔希宁 我常常想，要是重新开始生活，而且是自觉地生活，那会是怎么样呢？但愿头一次的、已经过完的生活是所谓草稿，而第二次的生活则是誊清稿！到那时候，我们每个人，我想，都会首先极力不重过老一套的生活，有花，有大量的阳光。

……

我要说：将来会有什么样的生活啊！像你们这样的人目前在这个城里只有三个，可是在以后几代人中间就会多起来，而且越来越多，终于有一天，一切都会变得合乎你们的愿望，大家都会像你们这样生活，然后你们也会衰老，比你们更好的人就会诞生。……活着而又不知道仙鹤为什么会飞，孩子为什么生下来，天上为什么有星星，要么知道人为什么活着，要么一切都不值一谈，都无所谓。我们痛苦是为了什么？要是能够知道就好了。

……

玛霞　生活下去。必须生活下去。

伊莉娜　将来总有一天，大家都会知道这一切是为了什么，这些痛苦是为了什么，可是现在呢，必须生活下去。

奥尔迦　要是能够知道就好了！要是能够知道就好了。

契诃夫

参考文献

著作类

埃莱娜·费兰特：《离开的，留下的》，陈英译，人民文学出版社，2017 年

《新名字的故事》，陈英译，人民文学出版社，2017 年

《碎片》，陈英译，人民文学出版社，2020 年

《烦人的爱》，陈英译，人民文学出版社，2022 年

《被遗弃的日子》，陈英译，人民文学出版社，2023 年

《暗处的女儿》，陈英、王彦丁、黄语瞳译，人民文学出版社，2024 年

埃里克-埃马纽埃尔·施米特：《看不见的爱》，徐晓雁译，中信出版社，2019 年

爱丽丝·沃克：《紫颜色》，陶洁译，译林出版社，1998 年

安吉拉·卡特：《染血之室与其他故事》，严韵译，南京大学出版社，2015 年

波士顿妇女健康写作集体编著：《一本女人写给女人的书》，农村读物出版社，1987 年

陈以侃：《在别人的句子里》，上海人民出版社，2019 年

大卫·格雷伯：《规则的悖论：想象背后的技术、愚笨与权力诱惑》，倪谦谦译，中信出版社，2023 年

戴锦华：《涉渡之舟：新时期中国女性写作与女性文化》，北京大学出版社，2007 年

厄休拉·勒古恩：《黑暗的左手》，陶雪蕾译，四川科学技术出版社，2009 年

《寻获与失落：厄休拉·勒古恩中篇小说集》，周华明、胡绍晏、王侃瑜、陈楸帆、胡晓诗、江波、李特、姚人杰、慕明、三丰译，河南文艺出版社，2022 年

菲利普·津巴多、尼基塔·库隆布：《雄性衰落》，徐卓译，北京联合出版公司，2016 年

韩炳哲：《爱欲之死》，宋娀译，中信出版社，2019 年

韩江著、陈允然绘：《白》，胡椒筒译，四川文艺出版社，2022 年

贺萧：《危险的愉悦：20 世纪上海的娼妓问题与现代性》，韩敏中、盛宁译，江苏人民出版社，2012 年

赫塔·米勒：《呼吸秋千》，余杨、吴文权译，江苏文艺出版社，2010 年
《狐狸那时已是猎人》，刘海宁译，江苏人民出版社，2010 年
《心兽》，钟慧娟译，江苏人民出版社，2010 年

黄子平：《灰阑中的叙述（增订版）》，北京大学出版社，2020 年

卡洛琳·科里亚多·佩雷斯：《看不见的女性》，詹涓译，新星出版社，2022 年

Lara Feigel, *Free Woman: Life, Liberation, and Doris Lessing*, Bloomsbury Publishing, 2018

蕾切尔·卡斯克：《成为母亲：一名知识女性的自白》，上海人民出版社，2019 年

李海燕：《心灵革命：现代中国的爱情谱系》，修佳明译，北京大学出版社，2018 年

理查德·埃文斯：《第三帝国的到来》，赖丽薇译，九州出版社，2020 年
《当权的第三帝国》，哲理庐译，九州出版社，2020 年
《战时的第三帝国》，陈壮、赵丁译，九州出版社，2020 年

林棹：《流溪》，上海三联书店，2020 年

刘慈欣：《三体》，重庆出版社，2008 年

刘文利编著：《珍爱生命：小学生性健康教育读本》，北京师范大学出版社，2011 年

Luciana Parisi, *Abstract Sex: Philosophy, Biotechnology and the Mutations of Desire*, Continuum, 2003

陆晓娅：《给妈妈当妈妈》，广西师范大学出版社，2021年

罗新：《漫长的余生：一个北魏宫女和她的时代》，北京日报出版社，2022年

玛格丽特·阿特伍德：《使女的故事》，陈小慰译，上海译文出版社，2017年

《证言》，于是译，上海译文出版社，2020年

玛丽·雪莱：《弗兰肯斯坦》，孙法理译，译林出版社，2016年

迈克尔·桑德尔：《反对完美：科技与人性的正义之战》，黄慧慧译，中信出版社，2013年

米歇尔·福柯：《性经验史》，佘碧平译，上海人民出版社，2005年

倪湛舸：《莫须有》，上海人民出版社，2022年

欧文·亚隆：《直视骄阳：征服死亡恐惧》，张亚译，中国轻工业出版社，2015年

乔安娜·拉斯：《如何抑止女性写作》，章艳译，南京大学出版社，2020年

乔纳森·弗兰岑：《自由》，缪梅译，南海出版公司，2012年

乔治·奥威尔：《1984》，刘绍铭译，北京十月文艺出版社，2010年

萨克雷：《名利场》，杨必译，人民文学出版社，1957年

萨利·鲁尼：《聊天记录》，钟娜译，上海译文出版社，2019年

《美丽的世界，你在哪里》，钟娜译，上海译文出版社，2022年

Sarah Chihaya, Merve Emre, Katherine Hill, Jill Richards. *The Ferrante Letters: An Experiment in Collective Criticism*, Columbia University Press, 2020.

上野千鹤子：《厌女：日本的女性嫌恶》，王兰译，上海三联书店，2015年

上野千鹤子、小笠原文雄：《一个人可以在家告别人生吗？》，北京联合出版公司，2022年8月

托妮·莫里森：《宠儿》，潘岳、雷格译，南海出版公司，2013年

汪民安：《论家用电器》，河南大学出版社，2015年

威廉·特雷弗：《出轨》，杨凌峰译，上海文艺出版社，2015年

西尔维娅·费代里奇：《凯列班与女巫：妇女、身体与原始积累》，龚瑨译，上海三联书店，2023年

希拉·海蒂：《房间里的母亲》，赵美园译，人民文学出版社，2022年

希拉里·曼特尔：《狼厅三部曲》，刘国枝、虞涛译，上海译文出版社，2023年

辛西娅·恩洛：《香蕉、沙滩与基地：国际政治中的女性主义》，杨美姣译，上海人民出版社，2021年

伊恩·M.班克斯：《游戏玩家》，刘思含译，新星出版社，2012年

伊娃·易洛思：《爱，为什么痛？》，叶嵘译，华东师范大学出版社，2015年

张悦然：《顿悟的时刻》，北京联合出版公司，2020年

论文及文章类

《2019年终总结：我们的笑与泪》，《剩余价值》，2019年12月27日

《爱说教的不只是男人，而是所有权力上位者》，《随机波动》，2020年6月17日

安小庆：《平原上的娜拉》，《人物》，2021年第6期

安小庆：《葬花词、打胶机与情书》，《人物》，2020年第8期

安小庆：《自由之路，〈半边天〉往事》，《人物》，2021年第4期

《被前夫烧毁的拉姆》，谷雨实验室，2020年9月30日

《从初老到终老，人在30岁时想的事情》，《随机波动》，2021年6月9日

哈拉维：《赛博格宣言：二十世纪后期的科学、技术和社会主义女权主义》，《社会主义评论》，1985年第80期

（Donna Haraway, "A Manifesto for Cyborgs: Science, Technology and Socialist Feminism in the 1980s", *Socialist Review* 80 (1985): 65–10）

Honig, Emily. "Socialist Sex: The Cultural Revolution Revisited." *Modern China*, vol. 29, no. 2, 2003

Irina Aristarkhova, Ectogenesis and Mother (as) Machine, *Body and Society* 11 (3), 2005

李海燕：《革命加恋爱》，见王德威主编《哈佛新编中国现代文学史》，张治等，四川人民出版社，2022年

HAIYAN LEE, "Enemy under My Skin: Eileen Chang's Lust,. Caution and the Politics of Transcendence". *PMLA*, Cambridge University Press: 23 October 2020

联合国教科文组织：《国际性教育技术指导纲要（修订版）》，2018年

林松果：《在长丰，女性向前一步》，《人物》，2020年第7期

刘慈欣：《流浪地球》，《科幻世界》，2000年第7期

刘文利著，张欣怡绘：《珍爱生命·0~6岁生命教育绘本系列（全8册）》，中国妇女出版社，2024年

卢美慧：《戴锦华 在场》，《人物》，2022年第8期

罗婷：《那些被PUA绑架的人生》，《人物》，2019年第12期

罗西·布拉伊多蒂：《无母体的子宫，无身体的器官》，结绳志，2021年1月22日

(Rosi Braidotti, "Des organes sans corps", *Les Cahiers du GRIF*, n°36, 1987)

迈克尔·哈特：《走向"爱"的政治概念》，王行坤译，澎湃新闻，2019年8月7日

《〈莫须有〉作者倪湛舸：宋朝引人遐想，因为它既是盛世又是历史创伤》，界面文化，2022年6月9日

南锡·弗雷泽：《第二波女性主义是新自由主义的共谋吗？》，李柏翰编译，澎湃思想市场，2018年3月2日

《女人，在真实的前线战斗，在虚拟的后方抢菜》，《随机波动》，2022年4月13日

《去巴基斯坦娶亲的男人们》，澎湃新闻·澎湃人物，2019年11月22日

Suki Finn, "Bun or bump?: Does the mother contain the foetus or is it a part of her? On the metaphysics of pregnancy, and its ethical implications", *aeon*, 27 July 2017

《摔倒了就躺一会儿》,《随机波动》,2022年9月14日

Slavoj Zizek, "Blade Runner 2049: A View of Post-Human Capitalism", *The Philosophical Salon*, 30 October 2017

宋晓萍:《女性情谊:空缺或叙事抑制》,《文艺评论》,1996年第3期

王寅:《李安:〈色,戒〉是撕破脸了》,《南方周末》,2007年12月27日

《性感的女人不好笑,好笑的女人不性感?》,《剩余价值》,2019年2月27日

《要不要和政见不合的人谈恋爱?》,《剩余价值》,2019年8月23日

《与毛尖、倪湛舸聊历史剧与历史小说》,《忽左忽右》,2022年10月15日

《与孙歌未竟的对话:从反思中来,向自由处去》,《随机波动》,2021年5月5日

张京媛:《解构神话:评王安忆的〈弟兄们〉》,《当代作家评论》,1992年第2期

张之琪:《如果我们可以"订制"后代:怎样的健康算健康?怎样的平等是平等?》,界面文化,2018年11月27日

《知识分子的情爱:当性别、知识和权力纠缠》,《剩余价值》,2019年7月30日

《作品与人品能分开吗?从伍迪·艾伦和波兰斯基说起》,《剩余价值》,2019年9月18日

影视类

《24小时》（2011）

《霸王别姬》（1993）

《步步惊心》（2011）

《春潮》（2019）

《春梦》（2013）

《钢琴课》（1993）

《革命见证人》（1989）

《黑客帝国》（1999）

《欢乐颂》（2016）

《家庭录像带》（2000）

《就这样…》（2021）

《狂飙》（2023）

《老安》（2008）

《老头》（2000）

《立春》（2007）

《流浪地球》（2019）

《流浪地球2》（2023）

《伦敦生活》（2016、2019）

《妈妈！》（2022）

《满江红》（2023）

《美国夫人》（2020）

《梦华录》（2022）

《掮客》（2022）

《窃听风暴》（2006）

《三十而已》（2020）

《三体》剧集（2023）

《色，戒》（2007）

《桃姐》（2011）

《为黛西小姐开车》（1989）

《我的前半生》（2017）

《我的天才女友》（2018）

《无穷动》（2005）

《五十度灰》（2017）

《戏梦巴黎》（2003）

《现代爱情》（2019）

《小敏家》（2021）

《小偷家族》（2018）

《幸福的拉扎罗》（2018）

《幸福来敲门》（2011）

《野草》（2009）

《异形》（1979）

《银翼杀手2049》（2017）

《英国病人》（1996）

《英文系主任》（2021）

《欲望都市》（1998—2003）

《足球教练》（2020—）

索引*

@papi 酱 55, 56
@王磬 236
@宇芽 YUYAMIKA 5
《1984》239-240
《24 小时》224
"9·11"事件 053, 054

A

ABO 97-99
阿尔茨海默病 107-115, 118
阿莉切·罗尔瓦赫尔（Alice Rohrwacher）024
埃莱娜·费兰特 128, 147, 159, 162, 200, 003-044
艾伦·弗雷克（Alan Flake）86
艾伦·里克曼 194
《埃涅阿斯纪》013
《爱，为什么痛》012
《爱很美味》（2021）108（别）
爱丽丝·门罗 168, 034

《爱情课》（淡豹）128
《爱情神话》076, 080, 106（别）
《爱欲之死》125, 126-127, 128, 131, 137, 244
安吉拉·卡特 170
安娜 275
安妮·博林 219
安妮宝贝 081, 097, 100
安小庆 263-293, 045-108（别）
《暗处的女儿》034
《傲慢与偏见》108（别）
奥斯维辛 137, 145, 147, 150

B

《霸王别姬》（1993）237-239
《白》（韩江）148, 150
《白毛女》260
白瑞德 052, 108（别）
《半边天》265-293
《包法利夫人》275, 065

---

* 索引中的页码编码，1、2、3 等为正文页码，001、002、003 等，100（别）、101（别）、103（别）等为别册页码。特此说明。——编者注

《保卫延安》260
北京大学博古睿研究中心 81
北京师范大学 25, 27, 29
北京为平妇女权益机构 1, 4
贝尔法斯特女王大学 64
《被前夫烧毁的拉姆》(谷雨实验室) 3
《被遗弃的日子》128, 008, 009, 033, 040
波兰斯基 14, 158
铂金包 080, 081
《布鲁塞尔的两位先生》138
《步步惊心》222

C
蔡明 94, 196
查理·考夫曼 200
长丰（安徽）53-69
《长丰，女性向前一步》55, 64
长丰创新村 59, 60 61
撤点并校 68
陈凯歌 237
陈以侃 038
陈意映（林觉民妻）256
《成为母亲：一名知识女性的自白》165
《宠儿》(托妮·莫里森) 172-173
《抽象的性别：哲学、生物技术和性的突变》(*Abstract Sex: Philosophy, Biotechnology and the Mutations of Desire*) 101
《出轨》(威廉·特雷弗) 134
《春潮》(2019) 115, 119
《春梦》(2013) 115, 119
穿越小说 222-224, 231, 232
春树（作家）096, 097
村上春树 151

D
打黑剧 227
代孕 73, 75-77, 80-86
《带小狗的女人》(契诃夫) 133
戴锦华 110, 288, 063, 075
单性生殖 90
单性生殖技术 73
耽美/耽美小说 28, 47, 48, 97, 98, 227
淡豹 123-142
狄多 013
《第二波女性主义是新自由主义的共谋吗？》087
第二波女性主义运动 063, 087
第三帝国 243, 244
"第三帝国三部曲" 243
《第十九号房间》155, 160
《第五个孩子》155, 160
《电视问政》67-68
"东莞图书馆留言事件" 270
《动摇》(茅盾) 258
抖音 284, 292, 082
《顿悟的时刻》(张悦然) 147
多丽丝·莱辛 145, 147, 155, 158-166

E
厄休拉·勒古恩 95, 96, 230
"二战" 043

F
Facebook 102, 103
《凡尔赛合约》043
《烦人的爱》200
反对家庭暴力网络 1, 4, 5
《反对完美：科技与人性的正义之战》

305

（桑德尔）82

《反家暴法》55, 65, 092

泛生物艺术工作室 71

防止男性青少年女性化的提案（2020）36

《房间里的母亲》168

房思琪/《房思琪的初恋乐园》147, 163, 170–172

菲利普·津巴多 37

菲利普·罗斯 158

《费兰特书信集：集体批评实验》（The Ferrante Letters: An Experiment in Collective Criticism）004

分离主义 101

《粉红女郎》（2003）100（别）

冯媛 1–23

弗兰岑 180, 181

《弗兰肯斯坦》90, 229

"附近" / "附近性"（项飙）120–121

《妇女节：我们选择和贬义词"三八"站在一起》083

"妇女微家" 62

妇女议事会 55, 60

G

《钢琴课》065, 066

高更 14

《革命加恋爱》（李海燕）255–257

《革命见证人》（1989）194

革命史诗 260

《给妈妈当妈妈》110

龚存兵（长丰县前计生委副主任）56–58, 63, 65

《古兰经》218

关系性（relationality）128, 135

官场文 227

冠姓权 55, 56–57

《规则的悖论：想象背后的技术、愚笨与权力诱惑》（大卫·格雷伯）149

郭沫若 258

《国际性教育技术指导纲要（修订版）》（2018）33

《过把瘾》（1994）098

过度性化 068–070, 073

H

《哈佛新编中国现代文学史》255, 257

哈拉维 92

《海的女儿》相关讨论 128, 129

韩炳哲 125, 126, 130, 131, 132, 136, 138, 244, 245

韩江 145, 148, 150

汉娜·阿伦特 135–136

《好想好想谈恋爱》（2004）062, 100（别）–106（别）

贺萧 259, 260

赫塔·米勒 145, 148–149, 167, 173, 245

《黑暗的左手》95–97, 230

黑帮文 227

《黑客帝国》（1999）88

《红楼梦》255, 257, 278

《红楼梦》（1987）099

《红旗谱》260

后欲望社会 244

《呼吸秋千》（赫塔·米勒）148

《狐狸那时已是猎人》245–246

《花木兰》（2020）217

"花木兰困境" 063

《欢乐颂》（2016）077, 108（别）

黄心村 161
黄子平 257, 258
《灰阑中的叙述》257, 258, 259
惠特妮·库明斯（Whitney Cummings）191
《婚姻法》55, 65, 091

I
《Io Donna》030

J
基因编辑 81–83
基因编辑婴儿事件（2018）82
《家庭录像带》（2000）119–120
《家庭、私有制和国家的起源》（恩格斯）77
家庭生活景观化 224
监控理论（surveillance）010
《茧》（张悦然）152
蒋劲夫家暴 5, 6
《觉》（齐豫）256
结绳志 78
金·凯特罗尔 047, 078
金爱烂 153
《金瓶梅》257
《金钱不能买什么：金钱与公正的正面交锋》（桑德尔）082
《金色笔记》155, 160, 161
"囧司徒"（乔恩·斯图尔特，Jon Stewart）189
《就这样…》047

K
卡夫卡 182
凯恩斯 043

《凯列班与女巫：妇女、身体与原始积累》231
凯瑟琳·赖恩（Katherine Ryan）190
《看不见的爱》125, 137
《看不见的女性》200
克里斯·诺斯性侵丑闻 047, 068, 093, 125
"克伦威尔三部曲"（狼厅/都铎三部曲）218–219
苦咖啡文学 151
《狂飙》（2024）227

L
拉姆事件 3–6
《来来往往》（1998）095
劳拉·费格尔（Lara Feigel）159
劳伦·贝兰特（Lauren Berlant）128
《老安》（2008）120
《老头》（2000）109, 119, 120
蕾切尔·卡斯克 165–166
《离开的，留下的》004
李安 249, 252
李海燕 253, 255–256
李慧英 65
李斯佩克朵 167
李阳 5, 6, 10
理查德·埃文斯 243, 244
《立春》（2007）275
莉萨·洛韦（Lisa Lowe）220
联合国人口基金 55, 63
联合胚胎移植（试管婴儿技术）80
梁启超 257
《聊天记录》（萨利·鲁尼）133
猎巫 231
林松果 53–69

林奕含 145, 147, 150, 163, 171–173
"六八风暴" 237–238
刘文利 25–51
刘小样 265–293
《流金岁月》（2020）077
《流浪地球》228
《流浪地球2》（2023）228
《流溪》（林棹）145, 147
卢西亚娜·帕里西（Luciana Parisi）101
鲁迅 288, 289, 291
陆晓娅 110
《乱世佳人》（1939）108（别）
《伦敦生活》031, 034
《论家用电器》201
"罗马尼亚三部曲" 244
罗西·布拉伊多蒂 78–79, 89, 104
绿色蔷薇（深圳）286

M

《妈妈！》（2022）107–122
马克斯·李希特（Max Richter）027
玛格丽特·阿特伍德 147, 155, 156, 162, 163, 168, 230
玛丽·雪莱 229
《满江红》（2023）205, 211
《漫长的余生：一个北魏宫女和她的时代》（罗新）218
毛尖 213
茅盾 258
#MeToo 运动 49, 168, 170, 034
美狄亚 013
《美国夫人》（2020）68
《美丽的世界，你在哪里》（萨利·鲁尼）155

《美丽新世界》（赫胥黎）87, 88, 244
《梦华录》（2022）222
《名利场》（萨克雷）220
《魔山》（托马斯·曼）011
莫兰黛（Elsa Morante）032
《莫须有》205, 211, 213, 216, 217
"母体/女性-机器"理论 74, 93
母职 73, 76–77, 87, 89, 107, 160, 164
《牡丹亭》255

N

"那不勒斯四部曲" 293, 001–044, 047, 076
《那些被PUA绑架的人生》140
奈飞（Netflix）208
"男孩危机" 37
南锡·弗雷泽（Nancy Fraser）087
"男性衰落" 37
尼基塔·库隆布 37
倪湛舸 203–232
《纽约时报》125, 043
女频 222, 232
女性精子（female sperm）99

P

帕慕克 180
澎湃新闻 140, 083, 087
《皮肤之下的敌人》253
皮格马利翁 93
《飘》052, 108（别）
《平原上的娜拉》265, 267, 282
"破四旧" 237, 239

Q

齐奥塞斯库 149, 245

《奇葩说》270
契诃夫 295
千禧一代 154, 155, 013
《牵手》(1999) 095
《捐客》(2022) 116
乔安娜·拉斯（《如何抑止女性写作》作者）101
荞麦 290, 291
《窃听风暴》(2006) 246
《青春之歌》260
《倾城之恋》257
瞿秋白 258
全面性教育 27–28, 32–33, 35–36, 39
酷儿研究（queer study）95–96

R

《染血之室》（安吉拉·卡特）170, 171–172
《人的境况》（阿伦特）135
人口性别比 57, 58, 66
《人口与计划生育法》34
《人物》杂志 55, 110, 140, 272
《人与狗》137
人造子宫 73, 84–92
容器模型说（container model）85
如东（江苏）67
阮成发（前武汉市委书记）67

S

萨拉·奇哈亚（Sarah Chihaya）004
萨利·鲁尼 133, 145, 151–152, 153, 154–159
塞缪尔·德拉尼 101
赛博格 92, 94

《赛博格宣言》91, 92
《三国演义》074
《三姐妹》294
《三十而已》(2020) 077, 086
《三体》228, 230
《三体》剧集（2023）228
《色，戒》(2007) 249–254
私影像 119–120
《沙人》（霍夫曼）93
汕头大学妇女研究中心 1, 4
《伤逝》288
上野千鹤子 113, 117–118, 180, 074, 075
邵艺辉 215
社会再生产 224, 231–232
社会主义现实主义文学 151
《涉渡之舟：新时期中国女性写作与女性文化》075
生态女性主义 92
生物伦理 76
《生育制度》（费孝通）77
《圣经》160, 218
《剩余价值》4, 40, 188, 024, 027
史塔西 246, 247
《使女的故事》230
是枝裕和 116
《水浒传》074–075
思辨设计（speculative design）100
"Sisterhood is powerful" 078
《碎片》004, 010, 013, 014, 020, 032, 039
孙歌 287

T

《太阳照在桑干河上》260
谭艾琳 062, 101（别）–105（别）

309

《桃姐》（2011）110
汤梦君 66
《特里同》（Triton）101
体外发育 89
《体外发育与母亲机器》89
同人文 227
托卡尔丘克 145, 149, 167–168
《脱口秀大会》193, 197

W

《外来妹》（1991）099
《玩偶之家》（易卜生）272, 288
汪民安 201
王安忆 151, 075
王彩玲（《立春》）275
王德威 255, 257
王力宏与李靓蕾离婚案 086
王树生（刘小样丈夫）277, 286
王尧 260
王雨童 71–104
《危险的愉悦：20世纪上海的娼妓问题与现代性》259, 260
《为黛西小姐开车》052
维吉尔 013
卫慧 095, 097, 100（别）
卫计委 55, 63, 65, 66
《未成年人保护法》33
魏颖 71–104
"文革" 146, 152, 159, 238, 239, 241, 259
《我的前半生》（2017）288, 076, 077, 086
《我的天才女友》200, 003–044
《我的天才女友》（剧集）003–044
《我叫刘小样》265, 268, 274
《无母体的子宫，无身体的器官》（罗西·布拉伊多蒂）78
《无穷动》096
吴桂春 271
《五十度灰》131
伍迪·艾伦 158
伍尔夫 147, 166, 075

X

西尔维娅·费代里奇 231
《西厢记》257
希拉里·曼特尔 217–219, 220, 229, 230
希姆莱 243
希特勒 243
《戏梦巴黎》（2003）237–238
夏洛特·贾维斯（Charlotte Jarvis）99
《现代爱情》（2019）125–129
《香蕉、沙滩与基地：国际政治中的女性主义》217–218
项飙 120–121
《项链》（莫泊桑）251
萧红 159
《小妇人》027
小红书 060, 081, 082, 086, 089
《小敏家》066
《小偷家族》（2018）116
《心灵革命：现代中国的爱情谱系》（李海燕）256, 098
《心兽》245
《新名字的故事》017
"新小说革命" 257
星群小说 149
《幸福的拉扎罗》024
《幸福来敲门》（2011）105（别）
性别平等试点 51–69

性和政治 233-262

性教育 25-51

性教育纳入《未成年人保护法》33-34

《性经验史》(福柯) 236

姓氏革命 55, 63

《雄性衰落》37

玄幻文 222, 227

薛静 083

Y

亚历山大·加洛韦(Alexander R. Galloway) 224

言情小说 215, 222, 223, 257

言情小说传统 257

阎连科 151

颜怡 175-201

颜悦 175-201

厌女 27, 42, 50-51, 158, 016, 064, 067

《厌女》180, 074

杨荔钠 105-122

杨联芬 098

样板戏 239

《野草》(2009) 120

《一本女人写给女人的书》207

一夫一妻制 128, 134

"一战" 043

伊蕾娜·阿里斯塔霍娃(Irina Aristarkhova) 89

伊娃·易洛思 012, 101(别)

亦舒 288

《异形》(1979) 88, 093

《银翼杀手 2049》(2017) 88, 102

《英国病人》065

《英文系主任》(2021) 208

《幽灵孩子》138

《游戏玩家》96-97

余雅琴 105-122, 045-108

《与妻诀别书》(林觉民) 255

《玉梨魂》(徐枕亚) 256

郁达夫 258

《预防未成年人犯罪法》34

《欲望都市》045-108(别)

鸳鸯蝴蝶派 255

袁庆(安费塘村村主任) 61

《缘起香港:张爱玲的异乡和世界》161

岳飞 205, 211, 212, 214, 216, 217

Z

《葬花词、打胶机与情书》271

《展开讲讲》188

张晨晨 64

张悦然 143-173

张越 267, 268-269, 273, 274, 276, 277, 279, 283, 290

照护 108, 113

《珍爱生命:小学生性健康教育读本》29, 30, 39

整体-部分模型说(parthood model) 85

《证言》(阿特伍德) 168

郑爽张恒代孕事件 73, 75-76, 84

知青 241, 259

《知识分子的情爱:当性别、知识和权力纠缠》015

《直视骄阳:征服死亡恐惧》(欧文·亚隆) 183, 194

中浦悠花 6

周颖芳 216

《子夜》258, 260

311

《紫颜色》(爱丽丝·沃克)172
《自由》(弗兰岑)180
《自由之路,〈半边天〉往事》267, 276
《走向"爱"的政治概念》(迈克尔·哈特)135
《足球教练》092

目 录

无尽的那不勒斯：天才女友男友的一次协同写作　001
回望《欲望都市》：21 世纪最后的直女英雄主义　045

无尽的那不勒斯：天才女友男友的一次协同写作

协作者：李喆（围棋国手）
李舒萌（社会学博士，尼诺十级学者）

2020年春天，李舒萌、李喆、傅适野和冷建国四个人在四个地方，以协同写作的方式，写成了这份对于"那不勒斯四部曲"及《我的天才女友》剧集的报告。

在写作过程中他们意识到，这份报告正慢慢变形为一封封写给友人的书信（虽然三位女性在这次写作之前都没有见过李喆），所想所写已远远超出了小说与剧集的范畴，甚至超越了对费兰特女性写作的分析、对女性之间爱和嫉妒的分析、对亲密关系可能性的分析，而延展向更为私密深层的个人经验与更为广阔深远的公共领域。

报告目前共计六部分，依次为：关于友谊和脆弱的探讨，关于情感与亲密关系的探讨，关于真实与虚构的探讨，关于剧集的探讨，关于母亲的探讨，关于理论与生活的探讨。在这份长达两万字的文本对话中，话题不断延伸，语言彼此交锋，观念相互启迪，四个人的情感与思考如同四条溪流交汇而又分岔，蜿蜒通向远方。

这种协同写作的形式充满活力、令人激动，与录制播客不同，参与者得以持续思考、互动、补充、润色，在充分的时间与空间中完善自己的叙事，甚至逐句逐字打磨（直到凌晨三点半）。最终呈现的版本在很大程度上尊重了最初的讨论顺序和写作结构，因为他们在大段的文本中展现出了一定程度上的写作自觉。

巧合的是，2020年1月，一本名为《费兰特书信集：集体批评实验》(*The Ferrante Letters: An Experiment in Collective Criticism*)的新书在美国出版，作者是四位（也是四位！）年轻的学者和批评家，书中收录了她们关于"那不勒斯四部曲"的书信往来。这项思想实验与莉拉和莱农的友谊形成了互文和对照，作者之一萨拉·奇哈亚（Sarah Chihaya）说道："我想知道，如果可以真正地彼此相处、相互渗透、深入沟通（就像莉拉和莱农一样）而不迷失于其他的头脑之中，那么是否有一种方法可以让我们在团结中保持独立的自信？"

这或许也正是舒萌、李喆、适野和冷建国四个人试图通过协作探索的问题。他们不仅仅以费兰特的"那不勒斯四部曲"以及文集《碎片》作为讨论的主题和素材，同时也在回应费兰特一直以来对女性思考、生命经验、书写表达的坚持。在四部曲第三本《离开的，留下的》之中，莱农说，"女性头脑的孤独令人遗憾。"（The solitude of women's minds is regrettable.）也正因此，在这篇之后，他们的协同写作计划将持续下去。

01 关于友谊和脆弱的探讨

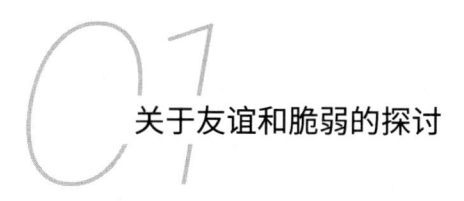

李舒萌：回想起来，有两种持续而且强烈的情绪促使我一口气读完"那不勒斯四部曲"，一是女性之间的嫉妒，另一种是女性在情欲里感受到的脆弱。我想男性之间也存在着嫉妒，而且明目张胆。文学作品在刻画男性嫉妒的时候，似乎很少将它塑造成一种负面情感——也许因为他们所争夺的事物被认为是值得"嫉妒"的，在胜负较量中，可能还会产生惺惺相惜之情，诸如"既生瑜，何生亮"，透露的更多是悲剧英雄的感慨。

然而女性之间的嫉妒往往失去了这种高尚色彩，并且，在这种微妙竞争中最终失势的一方甚至会被称为"碧池"。即使女性之间有结盟，也经常有一方是彻底放弃了赢得比赛的野心。何以女性就不能够在争夺中互相同情呢？我想被同性之间的嫉妒所困扰的女性，可能都想过这种问题。而莱农这个人物的设置，让读者很容易进入这种感情。相信大多数（女性）读者在阅读的过程中会更加代入这个角色。莱农认为自己和莉拉相比，总是在"差不多"地活着，似乎什么目标都达到了，但总是费了很大的力气，且仍有勉勉强强之感，这在我读来是感同身受的。

二人之间在聪明才智与情感体验上互相比较的主题，在生活中也俯拾即是。为自己不如朋友聪明而感到不安，为对方出众的美貌而感到自卑，为在情欲体验上和其他同性平起平坐而和自己并不喜欢的人恋爱 / 发生关系，莱农的自述道尽了嫉妒的幽微结构。

然而，对我来说，四部曲的动人之处 / 超越性，是它展示了嫉妒牵引出的复杂的女性体验，从幼年至老年，跨越了家庭 / 社区 / 阶层的边界，仿佛巨流河。女性之间的竞争不再是社会传统或者男性目光注视下的"选秀"，而是生命力的体现，带着侵略性的美感。在许多文学 / 影视作品的描绘中，女性并不能够在争夺中产生男性人物之间的惺惺相惜，其中一个原因是，女性只能以在男性那里达到的成就——美貌、爱情、婚姻、子女等定义自己，因此无法超越"附属"的身份来认识自己的境况。与女性之间的妒忌相对的，是她们在男性面前的顺从——她们只被允许渴望男性的恩赐，而不能渴望男性所渴望的事物。男性人物的挣扎，无论结果如何，常被认为是一种自我实现的实践，奥德赛在海上十年的漂泊，也是英雄的传奇，相比之下，女性的挣扎就很少在文学中得到这种礼遇。

而四部曲展现了这样一种可能，即女性对自己的认识不需要一定以男性为参照。在费兰特的小说中，女性之间的关系不必再以男性的存在作为媒介，在母子 / 夫妇 / 婆媳 / 妯娌这些实际上以男性为核心建立的关系之外，还有"朋友"，以及超越私人关系的社区政治（在莉拉对那不勒斯的复杂感情以及莱农与社会运动的渊源中都有明确的体现）。而正是嫉妒 / 竞争引导两位主人公实现了这些越过了男性的关系。

嫉妒意味着欲望,而长久以来女性的许多欲望都是被谴责的,你不该想要这个或那个。费兰特则将欲望置于故事的核心,把它作为驱使生命拓展的动力。但女性的欲望不一定是"女性化"的,例如书中提到当莱农看到尼诺写的东西很好,心里也会有嫉妒。这种嫉妒把她对尼诺的感情从完全浪漫化的依赖里区分出来。与其说她很爱尼诺,不如说她非常想成为尼诺,体验掌握知识的快感,这与她对莉拉的感情是类似的。无论是歇斯底里的摧毁,还是沿着"择优录取"的阶梯一步步攀爬,莉拉和莱农都将经验的版图扩张到了她们的母亲/姐妹/社区等其他女性不曾达到的地方。

如果说自我一定是在关系中成就的,那么这些脱离了男性中心的关系就为自我提供了新的参照。广泛庞杂的关系突破了女性生命故事的传统结构,"新名字的故事"因此成为可能。女性在情欲里的脆弱性也是文学题材中经常出现的。情感被置于女性生命体验的中心,女性被塑造为更易受伤的一方,情感的挫折可能成为毁灭性的力量。这在两位女主人公对尼诺的感情中都有展现。然而读完整部书,并不会觉得她们是"弱者",反而因为这些挫折更加坚韧而丰富了。

尤其对莱农来说,与尼诺在一起的时光对她来说并非只是弥补了青春的遗憾,更是让她感受到自己的创造力,体会到创作带来的愉悦。尽管尼诺不断的谎言和出轨带来了巨大失望,但莱农也因此认识到他的"聪明"不过是一种幻象,因此在第四部中有一种恍然大悟的解脱感。"脆弱"并不一定是弱点,在费兰特笔下,它成为自我探索的契机,是面对全新经验的纵身一跃。同理,"从不失控"也可能是因为从未打开经验／情感的闭环。

傅适野:"脆弱"并不一定是弱点,而是一种自我探索的契机,非常赞同。费兰特塑造了好几个"脆弱"的女性,这里"脆弱"并不是虚弱,也不是软弱,也不是无能,而是一种不惧怕让自己陷入绝境,跌入谷底而后绝地反击的勇气。莉拉是这样,费兰特另一本小说《被遗弃的日子》的女主角奥尔加也是这样。

在第二季莉拉去海边疗养时,作为叙述者的莱农这样评价莉拉:她看上去很强大,但实际上很脆弱。其实从小到大莉拉都是这样的,她一再陷入绝境,也一再尝试绝地反击。在她儿时被街区的男孩欺负的时候,在她被父亲从自家的窗户扔出来直接摔到街道上扬起一阵灰尘的时候,在她明明成绩优异才思敏捷却无法继续读中学的时候,在她与街区的男性打交道的过程中逐渐认识到,女性仅仅是一种可供男性(是父亲、是哥哥,也是她的追求者)交换和把玩的战利品而非具体的、需要被尊重的人的时候,在她结婚当天的宴会上发现自己被丈夫和父亲、哥哥联合欺骗的时候,在她在新婚之夜就被以一种粗暴的、残忍的方式强奸的时候,在她婚后一次又一次遭受丈夫的语言暴力和肢体暴力的时候,被剥夺感、被撕裂感和被摧毁感构成了她人生的核心——被剥夺受教育的权利,被剥夺爱一个人的权利,被剥夺享受性的权利。

但莉拉从不逆来顺受,她是那种能够带着被剥夺感继续前进的人,那种在被撕裂后把破碎的自己一片片捡起来重新缝补的人,那种在被摧毁后咬着牙让自己变得更强大更耀眼的人，那种穿着美艳涂着亮丽醒目的口红走在城区好让所有人的目光都聚焦于她的人。于是虽然没有继续读中学，但她没有停止学习、停止思考。她会去图书馆借阅图书，会自己学习拉丁语，会阅读小说和戏剧，也会和莱农一起讨论地理或者化学。于是虽然进入了一段充满暴力名存实亡的婚姻，但她没有停止去享受爱、享受性，她会和尼诺相爱，在真正的爱情中找到自我，毅然离家出走，也能在爱情消失之后果断离开。这就是莉拉的"脆弱"，莉拉"面对全新经验的纵身一跃"。从童年到老年，她一直都在践行这样的"纵身一跃"。

而在费兰特的《被遗弃的日子》里，女主人公奥尔加也是如此。《被遗弃的日子》出版于2002年，是费兰特的第二本小说，远远早于"那不勒斯四部曲"。故事讲的是一位三十八岁的家庭主妇奥尔加在和丈夫共同生活了十五年后被毫无征兆地抛弃，而后陷入抑郁、自我怀疑、自怜自艾到最后逐渐恢复和重建自我的过程。奥尔加无疑是"脆弱的"，不像莉拉从小就体会到那种绵长而缓慢的被剥夺感，奥尔加的被剥夺似乎就是一瞬间的事，就在她三十八岁的某天一个刚吃完中饭的下午，丈夫突然宣布要离开她。毫无准备、突如其来，奥尔加的世界崩塌了，她陷入绝境，她丧失语言、丧失行动、丧失感官、丧失对家庭空间秩序的掌控，也疏于对两个孩子和对宠物狗的照料。在这样的状态持续了一段时间后，她醒悟和重生，开始恢复语言、重获感官、再次行动、修复秩序。

02 关于情感与亲密关系的探讨

傅适野：费兰特在书信集《碎片》中谈道，"奥尔加是那种对自己践行一种明确监控的女性。此前代际的女性被父母、被兄弟、被丈夫、被社区密切看管，但她们并不照管自身。或者她们也有，但她们是在模仿那些看管者，像是她们自身的狱卒。而奥尔加更像是一种既新生又古老的监管的产物，这种监管必须和拓展她们自己的生命相关。监管展示了一种警觉性、警惕性，唤起的并非凝视，而是一种对于感知到活着的渴望。男性将监控转为一种哨兵的行为，一种狱卒的行为，一种间谍的行为。而如果很好地被理解的话，监控更多的是一种整个身体的情感倾向，一种整个身体之上和周围的延伸和繁荣……"[1]（费兰特所说的这种监控 surveillance 也很值得注意，在福柯关于 surveillance 的理论大行其道的当下，她似乎为我们提供了一种新的解读方式。）

在这里，或许我们也可以把"脆弱性"和"活力"（也就是费兰特在书中所说的 vigor 或者 vigenza）联系起来。那种能够敞开自己纵身一跃的女性，往往不遗余力地拓展自身的生命体验，也往往能够强烈地感受到对于活着的渴望。她们极具侵略性，她们猖獗蔓延，她们强大有力。正如费兰特所言，"她们是这个时代的女主角。"她们是

---

[1] 此次讨论时《碎片》的中文版尚未出版，所以本篇中的引文为作者自译。

莉拉，也是奥尔加。

李喆：费兰特谈到的这种"监控"让我联想起托马斯·曼在《魔山》里描述的自我"执政"。在我的理解中，福柯所阐发的更多是一种社会的权力结构，及其在现代社会中周密而无所不至的运行方式，但费兰特似乎反其道而用之。在福柯那里，监控是一种实施纪律的机制，是规训的一个环节，是外部对内部的限制，个体在这种监控下是收缩的，是被训练塑造的。在费兰特这里正相反，女性自我的监控是从个体的生命力出发，从身体的延展出发，是由内部向外部生发，生命的枝繁叶茂是其根本的动力与美德的来源。女性天然的孕育力（生长力）是男性所不能及的，由这种"像植物的活力"生出猖獗蔓延的生命，这种"监控"与《魔山》里卡斯托普这位男性的自我"执政"确实又有所不同。

同样一个概念，我们可能已经习惯了福柯式的用法，费兰特却能发现其新的可能性。我想这是她从生活深处感知出来的理念，是跃动的生命给她的直接反馈。感觉脆弱性与活力的联系很有意思，是否脆弱作为一种生命濒临崩塌的低潮体验，驱使人必须以生命的创造力相抗衡，从而激发出生命活力？这种激发是否在莉拉和莱农这样独立的女性身上更能够实现？

李舒萌：莱农和莉拉的性格更有可能这样做，同时，情感常被视为女性的核心经验，这也是女性可能更难从情感的脆弱性中恢复的一个原因——失去了感情，就如同被剥夺了存在的基础。

其实，无论对哪一种性别来说，失去真挚的感情都可能带来极度的痛苦，因为我们都渴望着亲密关系中的认同与接纳。但是在传统性别气质／角色中，男性还有许多其他重要的经验必须获得，例如功成名就。换一种表述，亲密关系不是对男性唯一重要的关系，但女性因为长期以来只能在家庭范围里活动，所以在情爱中失去的，就难以通过其他关系分散注意力或是获得补偿。

伊娃·易洛思（Eva Illouz）在书中曾讲过，在西方骑士文化中，爱而不得是一种常态，为爱而痛苦和脆弱不仅不是一种弱点，反而被视为骑士的美德——为了爱情，他是有勇气去承受痛苦的。与此同时，在爱情之外，骑士还有别的战场。

不禁想到，如果在女性平权的社会浪潮之前，情感脆弱对于女性更易有摧毁性的后果，在当代恋爱文化中，脆弱性则是整个地被强烈否定了。在《爱，为什么痛？》（Why Love Hurts）这本书中，伊娃·易洛思提出一个观点，即现代爱情文化带有深深的资本主义生产方式的烙印，个体被各种社会制度引导着，将亲密关系的缔结视为一种纯粹基于个人感受的追求完美对象的过程。一方面，个体偏好是极度不稳定的，也深受消费主义文化的影响，也许今天喜欢这样的人，明天又喜欢另一样。同时，挑选的过程被高度理性化了，你值得最好的？不，没有最好，你值得更好的，因此关系中的任何不如意都有损于利益最大化的逻辑，都可以成为放弃关系的理由。

在这样的逻辑驱使下，脆弱是非理性的，个人不应该对无法回馈自己的人产生感情羁绊，如同不应该做劳而无功的事，于是seeking love（寻爱）衍变成类似超市购物的体验——这个东西不行我买别的，这次不满意下次我换一家。在我看来，这种对脆弱性的边缘化甚至污名化，与讴歌女性为爱牺牲一样，限制了个体经验的频谱。我好奇费兰特会如何看千禧一代的女性，就我的阅读而言，在费兰特那里，"脆弱"并非"强大"的反义词，我们也可以把强大理解为能够从多样性的经验中不断成长和更新的能力。最后，《爱，为什么痛？》这本书真的值得一读！

傅适野：情感常被视为女性核心经验这点，在文学作品或者生活中确实常有体会。我很认同舒萌说的无论对哪一种性别来说，失去感情和关系都会带来极度痛苦，对女性来说是这样，对男性也是这样。只是男性的这种情感经验很少被讲述被提及——不论是在文学还是在现实生活中，他们更倾向于被隐藏被掩盖。于是我们看到文学作品中爱而不得的歇斯底里的女性，从古希腊神话中被爱神之箭射中与伊阿宋相爱，并帮助他盗取金羊毛而后杀害自己亲弟弟，最后无法接受对方移情别恋而因爱生恨的科尔喀斯公主美狄亚，到古罗马诗人维吉尔在《埃涅阿斯纪》中写到的与埃涅阿斯相爱但无法接受他离开因此心碎自杀的狄多（事实上有着古典学背景的费兰特在《碎片》里经常提及美狄亚和狄多，也有很多记者认为她笔下女主人公的原型就是狄多。在"那不勒斯四部曲"中她也借莉拉之口说过：如果没有爱情，不仅人们的生活会变得枯燥，整个城市的生活也会变得无聊。而这句话在《碎片》中也经常出现。有一次费兰特写道,"没有爱的个体和城市对于他们自身和对于他人来说,都是危险的。")但费兰特用写作更新了这种经验,她写爱而不得的女性,但这些女性不会为爱而死,而是置之死地而后生。不管是莱农、莉拉还是奥尔加都是如此,只不过莉拉和奥尔加可能采取了比莱农更加激烈的方式。

我很乐于看到这种类型的女性写作,它们展示了女性的脆弱性,也展示了这种脆弱性带来的新的生机,它们不是舒萌所说的那种对于脆弱的边缘化和污名化,也没有一味地赞颂与讴歌为爱牺牲的女性,它们是女性主义文学很好的样本。而这种样本来源于女性赤裸的生活和生命体验,来源于勇于敞开和暴露自己之后得到的伤口,来源于"果断地将一根手指放入那些仍在感染的、特定的伤口"(费兰特语)的勇气,来源于消除安全距离、消除任何边界、在经验世界沉浸再沉浸、对生命体验穷尽再穷尽后的涅槃重生。

"这种激发是否在莉拉和莱农这样独立的女性身上更能实现?"这是个很有趣的问题。我想如果延伸开来说,也许这并不是独立女性与没那么独立的女性之间的区别(其实要如何定义独立也值得探讨,莉拉和莱农在何种意义上是"更加独立"的女性呢?),而是女性和男性之间的区别(无意挑起性别对立)。

如果像李喆所言,"是否脆弱作为一种生命濒临崩塌的低潮体验,驱使人必须以生命的创造力相抗衡,从而激发出生命活力?"那么在现实中,在现有的性别和权力结构下,往往是女性,而非男性,更经常体会到这种"生命濒临崩塌的低潮体验",也就是我在前面写过的"被剥夺感"。这也是舒萌在前面提到的,骑士即便情场失意,但仍然有战场,也是我们在那期《知识分子的情爱:当性别、知识和权力纠缠》中谈到的,斯通纳就算再边缘再失意,起码他还可以退回到文学的世界,而他的妻子却被困在原地,困在家庭主妇的身份和躯壳里。从这个角度而言,是否只要性别不平等继续存在,这种有关脆弱性的书写就只能是属于女性的"弱者的武器"呢?

李喆:确实我也觉得男性的情感脆弱常常被掩藏,掩藏最少有两种方式,一种是诗化/悲剧化,一种是在情感之外找到新的生命出路。这种掩藏的一个动机可能是男性的脆弱被认为是不符合"男性气质"的。

03 关于真实与虚构的探讨

李喆：这部作品有一个很打动我的地方是它的"真实"。我在用这个词的时候有点犹豫，因为我感觉在当代社会这个词有一点被简化了，我们经常能听到类似"这个人好真实""这部作品很真实"这样的正面评价，意思是不矫饰，不掩藏。但是，那种"真实"也有可能其实是另一种方式的迎合、另一种方式的掩藏，而舆论和市场常常乐于奖励这种眼见的"真实"，于是"真实"成为一种策略、一种人设，甚至成为被贩卖的商品。费兰特这部作品让我重新去思考什么是真实的问题。把我们所经历的和想到的说出来，这很重要，但似乎还不够。比如一个告密者、一个种族主义者、一个厌女者，Ta 的言论和行为在 Ta 而言同样是"真实"的，甚至在一定的文化条件下会被认为是"勇敢"的。"那不勒斯四部曲"让我感觉到，"真实"是与你对世界复杂性的体验和理解相关联，与你对生活的觉察和对知识的反思相关联。

探寻"真实"所要面对和抵抗的，既有"只能这么讲"的绝对主义，也有"怎么讲都可以"的相对主义，这条路并不容易，它需要真正的智慧和勇气。对莱农和莉拉而言，那不勒斯街区的传统权力结构作为生存背景一直笼罩在她们的头顶之上，充斥于她们的生活之中，如果看不到这一点，她们的"真实"便像柏拉图的洞穴喻一般，只是一些影像而已。在这个意义上,"真实"意味着睁开眼,也意味着一些随之而来的危险。

《新名字的故事》里,在海岛上莉拉重新开始读书,然后对尼诺和莱农讲刚读到的贝克特戏剧里的故事:"丹·鲁尼是个盲人,但他并不感到懊悔,因为看不见,这让他的生活更好,甚至有一天他想如果自己变成了聋哑人,那他的生活会不会更像生活,一种纯粹的生活……"这个故事莱农一时不能理解,但对莉拉而言,这可能意味着一个决定终生的选择。选择做一个盲人、聋哑人,意味着接受现有的结构,听从指挥,完成被指定的道德责任,与周遭融为一体,这样度过一生会不会更幸福、更"像生活"?一旦她睁开眼,看到权力压迫已充斥于她的日常生活,而每一次反抗都会付出或大或小的代价,她就会陷入一种难以摆脱的挣扎,一种结构性(政治性)抑郁。

莉拉已经预见到睁眼的代价和危险,她面临着选择(她的选择当然与她的天性有关,但我不认为这是由天性决定的命运,重要的还是她自己的意志)。海洋之于她们生活的那不勒斯,像一个广阔世界的隐喻,是外面未知的世界,更是知识的海洋。莱农教莉拉游泳入了门(借给她一本书),莉拉刚学会就拼命往外游。当你尝试过用知识来认识、解释和重塑你生存的世界,便不再能返回盲人的状态。随之而来的结构性抑郁无法避免、难以克服,与周遭的碰撞也可能变得血淋淋,许多指责会随之而来,但莉拉还是选择睁开眼,不做那个盲人,尽管那种安稳生活可能在某种意义上更"幸福"。

从文本的角度,费兰特的叙述毫不避讳。莱农和莉拉之间有深厚的情谊,她们在精神上互相鼓舞,她们从小就手拉手向世界发起挑战,向更广阔的海洋走去;但她们之间也有相互的竞争、嫉妒,甚至伤害。这些所谓阴暗的一面,是构成真实的不可缺少的部分。

作者的这种态度直接反映在莱农身上,莱农得知她的第一部小说可以出版时非常高兴,但当男友彼得罗问她为了出版可否删去其中一部分性描写的段落时,莱农十分坚决地拒绝了,尽管她可能会失去出书的机会,事实上在书出版后也因此受到了更多指责,但可以想象对于书中的人物,那段性经历是真实且不容回避的。在这个意义上,小说比传记更真实,甚至比生活更真实(生活中我们常常会刻意回避许多东西)。

费兰特说希望作品完成后能离作者远一点,看看作品自己能走多远,我想这一方面是相信真实的力量,另一方面是避免作者的生活与作品发生太多纠缠,反而损害了真实。作为一名男性读者,正是这部作品的真实使我能感知到女性成长过程中许多从前难以感知到的痛苦与困境,她们的每一步挣扎都充满危机。而书中那不勒斯街区的许多男性,既是惯性的施暴者,也是体系的受害者,他们同样要承受不平等的痛苦。只有更多的人睁开眼,看见头顶的真实压迫,看见洞穴以外的可能世界,看见无辜者承受的苦痛及其来源,我们才能真正地相爱,一起走向一个更广阔的世界。

冷建国:我想接着李喆关于真实性的探讨继续说,"那不勒斯四部曲"让我感兴趣的正是基于虚构性之上的真实性与复杂性。费兰特的 fiction 里是莱农的 nonfiction，而莱农的写作背后自始至终是莉拉的影子。这不是两位女性的故事，而是三位，她们包裹在写作的坚果壳之中，每一层都含纳着丰富的智慧、情感和想象力。

莱农的写作努力几乎是所有女性——或所有人——的共同体验，当你无法解释、无法接受、无法与他人讲述一段经历一种感受一次失意，甚至你在还不知该如何看待、从而说起一件事时，文字先于话语抵达我们。我们可以写，写日记，写书信，写故事，在书写的过程中面对自我、确认自我、剖解自我，也解放自我。写作与生活成为并行的线索，当生活的琐碎、沉重和苦痛映照在写作的镜子中，它们才真正与我发生关联，它们才成为人的经历的一部分，它们通过被记录而获得超越自身的意义，它们在真诚的写作者面前失去坚固、不断摇摆。

我不认为真实性或真实感是判断文学作品的标准之一，但"那不勒斯四部曲"将我切身推至了一个重新审视自我的位置上，这一位置令人不适，如坐针毡。这一位置包括许多层次的内容，除了对自我、对知识、对友谊、对性别、对嫉妒与爱的审视，对我来说最为艰难也最为不适的，是面对故乡的土地与人，面对生命的来处，面对童年的真相，面对我通过保持距离而清醒提防之物，面对我贴近便感疏远、爱怜便觉抵触之人，面对我从中获得丰富的自我却屡屡试图从这自我中剔除之地，面对我曾经可能成为的一切，面对最终成为的否定的、疏离的、流浪的、无处归依的自己。

很多读者从莱农和莉拉的身上同时看见自己的影子，我也一样，但除此之外，我看到的是那不勒斯社区叠加于我的乡土之上的影子。二者的重叠使得这部剧集仿若千钧，长久地压在我的心上。这影子几不可说，仿佛包含了一切。是此起彼伏代代相传的暴力与冷漠，是女性与女性甚至所有人与所有人的隔绝，是通过语言标识的身份，是肤浅的炫耀和轻易的欺凌，是恶意的或无意的虚伪与言行不一，是早慧的女孩悉数参透却不为人知的所有隐秘的纷争和艰难，是城市边缘被遗忘的破败之地里燃烧的爱欲之火和逃离之念，是从远处海滩上带回的无人知晓的伤痕与屈辱，是通过教育完成的隔绝，是彼此拒绝、它拒绝我甚于我拒绝它的一次分离。

也正因此，《碎片》中关于费兰特对那不勒斯的诉说令我印象格外深刻。"我带着深深的厌恶生活在此，抓住一切机会迅速逃离。我带走的那不勒斯是它的抽象和替代，时刻警醒着我被不公正所侵毁、所羞辱的生命力量。"那不勒斯不是一座普通的城市，它永久地成为费兰特"身体的延伸、洞察一切的母体、所有经验的对照"（an extension of the body, a matrix of perception, the term of comparison of every experience）。

在写作时，她将那不勒斯视作世界施加于万物之上的一份重压、一种黑暗，是以暴力吞并一切和解与平等之物的总和。而当你曾是这黑暗和重压的一部分，又该如何与之共处呢？在两位女主角之外，最令人不安的瞬间可能是我们从费兰特塑造的一系列小人物身上窥见自己。从吉耀拉等长久生长于那不勒斯社区的年轻女性身上看到势利短视、道路狭窄、将争夺男性作为唯一选择的可能，从莉拉的兄弟和母亲身上看到妥协、遗忘、对暴力视而不见的可能，从安东尼奥、恩佐身上看到被生活重压而双肩弯折的可能，从索拉拉兄弟身上看到当自己占有资源和权势时欺压他人的可能，从尼诺身上看到将知识作为资本、依附于漂亮的理论生活、言行不一的可能……

我们或许可以想象成为莱农，甚至可以想象获得莉拉的聪慧与决绝，但实际上，我们更有可能成为这些那不勒斯的小人物。或者说，即使我们成了莱农或尼诺最终走出了那不勒斯，身上也将永远或多或少携带着那不勒斯的黑暗一面。

那不勒斯是费兰特挣扎着走出的泥潭，她一直将四部曲的写作称作"艰难"的写作，我想不仅仅是讲述复杂的女性友谊和生命故事的艰难，更是如何与自身黑暗面相处的艰难，她在黑暗中辨识出一个光明的自我意识，在通过写作与黑暗的搏击中，她也在杀死一部分自己。这或许也正是她强调的"真实"的写作——truth 在 reality 之上，光明在黑暗之上，希望在绝望之上，人的故事在历史的故事之上。

04 关于剧集的探讨

李舒萌：剧集的选角对我来说已经满意度百分九十！另外，虽然节奏很快但是重点全在，因此并没有情节上断裂的感觉。

傅适野：为什么我反而觉得节奏很慢！第二季最后两集有一种十分缓慢流动的河水的感觉，全靠莱农的旁白串联起来，一件又一件的事情就那样流过，反而没有了原著里的起起伏伏。

对我来说，这个剧集最成功的地方在于选角。和剧集有关的纪录片《我真正的天才女友》的末尾放出了当年第一季开拍前扮演莉拉和莱农的两位演员的试镜录影带。从那短短的不超过一分钟的陈述就能在二人身上看出莉拉和莱农的影子。当被问到长大之后想从事什么职业时，扮演莉拉的盖娅很坚定地说想当演员，而扮演莱农的玛格丽塔则回答说我还没想好。

二人的性格在纪录片中也有体现。盖娅渴望镜头、渴望片场、渴望聚光灯打在自己身上，为此她愿意牺牲一切付出一切，她不怀念过去的生活和以前的朋友，也不为自己因为拍摄而被剪短的头发感到可惜。玛格丽塔则对未来没有明确的规划，她经常怀念以前"正常的"生活，怀念自己一头浓密的金发。在第一季正式播出后两人在好莱坞第一次看到片花，盖娅因兴奋和喜悦流下眼泪，一时间难以控制情绪，而玛格丽塔脸上则没有太多表情，她从旁边轻轻拍拍盖娅——

这一幕像极了剧中的莉拉和莱农。成功的选角让莉拉和莱农的形象深入人心，同时也让尼诺这样的形象深入人心——我们知道他是个本质上和自己虚伪的父亲没有区别的男性，但看到他的脸我们就会选择原谅他。

李舒萌：看到尼诺的脸，我就接受了自己的脆弱 :)

李喆：我很喜欢这个剧的一些镜头语言。比如第二季第二集"身体"，莱农在与莉拉争论之后一个人走到街上，开始漫无目的地观察街上的女人，她突然看到了这些焦躁的"母亲"的形象（这些形象是她以往视而未见的），看到"她们的身体被消耗了，她们的身体变得越来越像她们的丈夫，再被父亲、兄弟利用，结束于广阔庞杂的家庭根系中"。莱农的旁白问："这种变形是从什么时候开始的？是从怀孕开始的吗？是因为要做家务吗？还是从挨打开始的？莉拉精致的面孔也会冒出来她父亲的特征，而我的身体也一样，会浮现出我母亲和父亲的样子。"这时候镜头从平视缓缓上升，先是俯视莱农自己的身体，然后俯视以莱农为中心点的整个街区在行动着的女性身体。

莱农在此刻第一次将女性的身体（自己的和她人的）作为一种结构性对象来观察，她在这一瞬间理解了莉拉遭遇了什么，以及她在抗争什么，整个镜头语言把这段重要的心理活动表现得非常准确，使观众能够与莱农一同体验那种恍然醒觉。让我印象深刻的镜头还有很多，比如第二季第三集，莉拉剪碎婚纱肖像这一段，被凝视、被规训、被固定住的那个客体形象碎裂为自在、混乱而无法捕捉的行动者，这是对莉拉非常重要的时刻。

莉拉与莱农相视一笑，剪碎后的画板再度挂在墙上，镜头很巧妙地先给到周围的人，以及他们看到这幅画时不同的表情、语言和态度，最后才揭晓这幅肖像的新面目，以及最后离开的斯特凡诺——他似乎感到不再是他在凝视那幅肖像，而是碎裂的莉拉肖像在看着他。对比这一段的书中描写，影视化后给人的震撼似乎更强。

第二季有两集的导演是阿莉切·罗尔瓦赫尔（Alice Rohrwacher），可能很多人看过她导演的《幸福的拉扎罗》。在那部电影里，罗尔瓦赫尔设想了一个场景，在现代意大利的一个乡村角落，一位侯爵夫人欺骗了农民们，使当地仍然保持着奴隶制度，被奴役剥削而不自知的人们又都奴役着最傻最听话的拉扎罗（一位圣人，圣洁的愚者）。其后被奴役的农民们得到了来自外部的解救，走入现代社会，但又面临着相似的困境。导演兼编剧的罗尔瓦赫尔在采访中说："一切都改变了，但是社会运行的机制都是一样的。只是过去的农民，现在被另一种形式的奴隶所取代罢了。"

我想到罗尔瓦赫尔导演的第四集，莉拉与尼诺互相吸引的场景。尼诺似乎与那不勒斯街区的其他男人不同，他总是表现出对女性的欣赏和激励，表现出知识与才华的魅力，但就像在《剩余价值》第24期里适野谈到的，尼诺"所倡导的价值观和他真正的实践之间有着非常大的间隙"。观念与实践的间隙是非常需要警觉的，如果打着某种观念的旗号但在实际上践行着相反的行为，这种欺骗性往往更强。在尼诺与几位女性的关系中,他谈论着对女性的尊重,谈论着女权主义,但在生活中展现出的或许不过是另一种形式的男权,这些女性对他而言可能仍然只是实现自己身体和精神上满足的客体对象。

所以我很同意"在思考性别平等的问题上,最后还是要进入行动的领域,从实践上去改变这些关系,仅仅在观念上去做这些倡导是不足够的",这种实践不分性别,男女都参与进来而非对立,才会变好。另一方面,观念的倡导也是重要的,有许多人会从观念的改变而走向实践的改变。

傅适野:看书的时候,我比较代入莉拉和莱农之间那种微妙的友情,时而亲密时而疏离,在暗自较劲中相互依存,在彼此眼中照见自己。看剧的时候,击中我的是暴力的持续在场以及它对城区中每个人施加的影响。有扯着嗓子让脏话响彻街区的语言暴力,有在公开可见的街头和私人隐秘的家庭中同时发生的肢体暴力——强者向弱者挥拳,弱者对更弱者发泄。暴力在那不勒斯像空气,构成人们赖以生存的基础,无人惊讶,也无人阻止。它从不缺席,没有存在与不存在的区别,只有作为刺眼的尖锐的前景和退而成为沉默的笼罩的背景的区别。而大部分时候,它都是背景,它持续发生,也被视作理所应当。

我记得第一季第一集,梅丽娜和萨拉托雷的妻子莉迪亚在楼梯间激烈的言语辱骂和肢体冲突,她们用你能想象到的最恶毒的字眼攻击彼此,也用那双饱经沧桑的作为母亲的劳动的双手撕扯彼此的头发——她们中不存在胜利者,她们被同一个男人欺骗又抛弃。她们本可以结成同盟,但却自相残杀。也记得第二季第一集,新婚之夜遭遇强奸的莉拉跟着丈夫斯蒂凡诺回家。在那个气氛欢乐的聚会上,所有人都看到了莉拉脸上的瘀青,但所有人都选择忽视。到最后大家一同举杯庆祝,斯蒂凡诺的姐姐皮努奇娅才问出一句,你的脸怎么了。莉拉说,撞到礁石上了。所有人开始附和,是的你应该小心一点。家庭暴力在那不勒斯,就像海岸边的那些礁石——如果你遭到暴力,并不是礁石的问题,一定是你不小心撞到了礁石上。并不是施暴者的问题,一定是你说错了什么、做错了什么,才激发了对方的怒火,才让对方不得不动手。因此,你必须小心,保护自己的唯一方式是不要激怒别人。而只有莱农注意到了莉拉的伤口,也只有莱农为那些伤口流泪,看到这里我也在流泪。

在那样的环境下,为朋友遭受的家庭暴力流泪已经是一个女性能做到的最勇敢的事情了。之后斯蒂凡诺回来,暗示莱农离开。房门关上后,莱农听到里面传来厮打的声音。她敲门,无人回应。她想阻止,却有心无力。这种无力感让我心痛,也让我印象深刻。

在四部曲的第一部《我的天才女友》开篇,费兰特曾经写过,在那不勒斯"伤害是一种疾病",像一些肉眼几乎看不见的微小的动物进入人们喝的水、吃的食物和呼吸的空气,让人暴力让人愤怒让人失控。当这种微小的动物以近乎隐匿的方式潜入那不勒斯、潜入人们的身体,在那里栖居、繁殖、繁荣,最后成为所有人身体的一部分,人们又该如何抵抗呢?

李舒萌：那不勒斯社区的情况让我很能体会莱农和莉拉迫切想要离开的感受。在贫穷中的人缺乏尊严地活着，在强权和更弱的人之间周旋，保存一点颜面。在那不勒斯，贫穷并没有激发"劳苦大众"的团结感，反而丛林法则大行其道，衍生更多的暴力和权力结构的再复制。

冷建国：我觉得自己很难从这部剧中挑出什么不喜欢的东西，从演员到布景，甚至马克斯·李希特（Max Richter）的每一段配乐——如果你听过《剩余价值》的"知识分子情爱"和"年终总结"那两期，大概就能够体会。尤其是主题曲之一《Elena & Lila》，其节奏与音符仿佛神奇地包含了二人的过去、今日和未来，因友谊获得的羁绊，从爱情中的艰难成长，对生活的叛离与较量，直至最终一个音符沉下去——年老的莉拉消失了，莱农放弃寻找，两个娃娃散发出霉味儿，过去陷于黑暗，而女性的写作最终完成了对于黑暗的雕琢。

剧集中还有两个似乎不那么重要却令我感触颇深的点：一个是儿时的莉拉和莱农的表演。她们的敏感和坚忍仿佛也是我自己的敏感和坚忍，那个年纪的女孩子是隐形的存在，腿如同筷子撑在裙子下面，连走路都悄无声息，那不勒斯没人记得她们在长椅上一起读《小妇人》的样子。而正是这个年纪的女孩们，穿梭于死亡和混乱的现场，洞悉所有偷情和凶杀的隐秘。生于破败之地的女性大概都是这样长大的，成年人以为她们的胆怯、狡猾、狠毒、龌龊、自私以及生活的意外如同车窗外的风景，闪过女孩们的眼前，她们可能睡着了或是很快遗忘，而事实上，那些风景永远不曾熄灭，它们像是接连点燃的火柴，女孩的手指被灼伤，留下伤痕，不言不语，无从忘记。

05 关于母亲的探讨

冷建国：除了莉拉和莱农的童年部分，剧集中触动我的另一点是前两季中莱农母亲的角色塑造，一位斜眼跛脚的妇人，拮据古板，粗俗暴力，却对知识与命运的关联有着最深的信任和执着。莱农的成长一方面来自莉拉有意或无意的促进与刺激，另一方面更是笼罩在上一辈女性（包括她的母亲、她的小学和高中老师）的爱意之下，这是莉拉不曾有的。

在第二季里，读大学的莱农生病了，从未进过城的母亲独自坐车来照顾她，残疾的莱农母亲在此刻展现出的强大与自立，甚至是莱农自己所不能想象的。在原著里，莱农大学毕业回到那不勒斯，一连几个小时坐在厨房的桌子前修订书稿，她的弟弟妹妹也在同一张桌子上学习，母亲在一旁忙碌，莱农说：“让我吃惊的是，她的动作小心翼翼，生怕搅扰了我们。”母亲问她将来写书会不会署夫姓，莱农说不会，"因为我喜欢埃莱娜·格雷科这个名字。""我也喜欢。"她的母亲说道。

这些细节让我鬼使神差想到了金智英的妈妈。两位母亲角色都是男权社会的服从者与牺牲者，内心燃烧着稀疏的、下意识的反抗的火苗，这火苗不足以改变她自身的道路与选择，却烛照着下一代年轻女性的生命——这点点光亮之中不是反叛的督促和独立的号角，也许只是下一代比我过得更好些的浅层愿望，却如同女性之间代代流动的火种，把更丰富的生命可能性传递下去。写到此处，我想到了费兰特在接受《Io Donna》采访时说的一段话，"归根结底，每个个体都是战场，特权和缺陷在人的身上交锋。而最终决定胜负的，是一代一代的汇流（the collective flow of generations）；一个个体即便占尽优势和天机，也终究是不足够的"。

李喆：冷建国谈到儿时的莱农和莉拉，让我想起第二季最后一集，莱农大学毕业后的假期回到那不勒斯，在街上看到两个小女孩在街道的长椅上靠在一块儿读一本书，一起在街上穿梭奔跑，就像她们小时候一样。莱农和莉拉的故事，既是她们自己独特的故事，又是许多莱农与莉拉的故事。

我不禁想，这两个小女孩还未展开的无人知晓的故事，会是什么样子？同样在这个街区长大，隔了十年，她们的生存环境会变好一些吗？会有什么新的东西在这里生根吗？一代一代的汇流，有时候是一种屈从的延续，每一代人都成为强化这个体系的一员，他们承受，并认为无可改变、只得如此、理所当然，进而用这洪流洗刷自己的伤口，于是像莱农和莉拉这样的女性，她们如果不能同流，就会被那股洪流冲击得格外疼痛、撕裂。但是，当那两个小女孩读到莱农的书，当我们读到费兰特的书，这个世界可能就与之前的世界有所不同了。

李舒萌：母亲的角色也让我感触颇深。看第二季的时候我哭了两次，一次是莱农的妈妈抚摸着莉拉买给莱农的新书，流着泪说"这都是新的，全新的"；第二次是莱农生病了，从未离开过那不勒斯城区的母亲一个人坐火车去看望她。

原著平铺直叙的风格使人很容易忽略掉这些细节，但是通过视觉语言呈现以后，使人再次思考"母亲"包含的诸多含义——母亲像是世世代代的女性经验的累积。在《伦敦生活》（*Fleabag*）第二季里有一段经典台词，"Women are born with pain built in. It's our physical destiny."（女性的痛苦是与生俱来的，这是我们的生理性宿命。）而这种痛苦正是因为女性天然可以成为母亲。在被男性和后代使用的过程中，女性变成不堪重负的身体和跛了的脚，已经承受了太多，且仍要继续承受下去——孩子可以离开出生的社区，母亲仍要留在这里。莱农母亲的眼泪提醒我们，她始终会在原地。

可母亲对那触不可及的世界有什么样的渴望呢？她又如何忍受无法实现的渴望？但是成为母亲也带给女性隐秘而珍贵的礼物，那就是爱。说它隐秘，是因为我并不知道它到底是如何产生的。四部曲讨论了很多问题，阶级、情欲和权力，但是没有讨论很多爱。我觉得这是费兰特处理得非常模糊的一点。爱似乎是不用言说的，女性（但并非所有女性）可以在自身成长中自然地接触到这种经验。它更像是一个奇迹。

在莱农的母亲身上，我们看到这样类似奇迹的爱，坚决地要阻断暴力的代际传递，给孩子新的经验——爱是一种创造。创造是有代价的，是旧的经验孕育了反抗的力量，然而旧经验必须被牺牲掉，母亲是这种创造中被牺牲的部分——她只是托举着的手,不能到达彼岸。母亲也可以象征着女性为了获得新的经验所抛弃的一切——传统观念中的好生活、家庭、子女,等等,这是创造的代价。但书中为女性保留的希望也在于爱,莉拉和莱农之间的友情,莱农的母亲对女儿的爱,还有她们对于爱人的爱,赋予了她们超越自己境遇的力量。

冷建国:舒萌对母亲的展开探讨,让我想到了费兰特在《碎片》中多次谈到的自己读意大利女作家莫兰黛(Elsa Morante)时的感受。在莫兰黛的小说里,西西里的男性们时时监控着自己姐姐妹妹的动向,而西西里男人的母亲们则是面目模糊的(shapeless)。母亲们的衣衫是模糊的,母亲们的年龄也是模糊的,"包括裁缝在内,没人觉得母亲们也有着女性的身体"。母亲们不仅对于儿子是面目模糊的,对于她们的女儿来说也是如此;虽然裁缝自己也是女儿、也是妻子、也是母亲,但shapeless的力量之大,完全抹除了母亲在各个意义上的身体形态。

费兰特说,莫兰黛在提到母亲们的衣服和裁缝时,或许也是在说为母亲们找到"真正的衣服"(true clothes),并撕毁绑缚在"母亲"这个词语之上的一切旧习。从这个意义上,费兰特书写跨越半个世纪的女性故事,关切的是女性从女孩到母亲的历程,而不仅仅是我们从第二部中看到的青春的激情。她写的是两位女性持续不断的、有着永久生命力的复杂关系,而她们与男性的关系一再产生、发展并终结。

从这里再说远一些,费兰特在《碎片》中对于女权主义展现出了摇摆的态度,她在一次采访中说自己读过很多女性主义写作,自己对不同形态的女权主义抱有同情和支持,但自己并没有这种斗争的经验;而在另一个采访中,当她被问到是否可以称《被遗弃的日子》为一部女权主义小说时,费兰特给出了肯定的回答。我觉得这个标签是否具备,甚至是否成立并不重要,在她真诚的写作中,她与笔下的女性一起经历教育、波折、伤痛,她们的自我意识是小说的线索,也是小说之外费兰特写作的源头。

傅适野:这段关于母亲的讨论让我再次拿起第一部《我的天才女友》。再次阅读的时候我发现,莱农和母亲的关系微妙而复杂,她们之间存在一种持续的张力。起初莱农和母亲关系不怎么样,她认为从六岁开始,母亲就在想尽一切办法让她明白,"在她的生命中,我是多余的"。莱农尤其讨厌母亲的身体,她臃肿的体态、歪斜的右眼和受挫的右腿。而母亲也总是指责她,辱骂她,以至于莱农"渴望躲在一个黑暗的角落,渴望消失"。

有一个细节很触动我,就是有段时间莱农早上醒来之后的第一件事就是检查自己的腿,她害怕母亲的身体特征在她身上体现,她害怕自己也变成那样一个跛足的女人。母亲怨恨莱农,是因为女儿的到来可能剥夺了她的生活,重塑了她的身体,改变了她的轨迹,攫取了她的养分,阻断了她向外扩张无限滋长的可能性。而莱农惧怕母亲,是因为她惧怕那种成为母亲的身体之累和劳作之苦(虽然年幼时她尚未意识到,那时的惧怕是一种直觉)。而只要女性天然能够成为母亲,这种恐惧就会一直在女性头顶盘旋萦绕，只要女性天然能够成为母亲，做母亲还是做自己就一直是女性所要面临的艰难抉择。这种抉择是身体上的，也是精神上的，是个体性的，也是群体性的。

费兰特在《暗处的女儿》中探讨的就是这种抉择。中年离异的女主人公勒达认为自己对女儿们的感情是"一种在同情和冷漠之间的复杂交替"。有一段时间，她甚至感到成为母亲这件事让年轻时的所有希望被摧毁了，而自己"悬挂在母性——祖母、母亲、女儿，所有的骨肉都是自己的骨肉——的链条之上，唯一的方法就是割断链条然后出逃"。对于女儿们的爱正在阻止勒达成为自己。而这种母女张力，这种成为母亲后囿于骨肉联结但又想要挣脱的挣扎，这种在失去自我和找回自我之间的反复摇摆，不仅体现在费兰特的小说中，也体现在爱丽丝·门罗的小说中，体现在古往今来诸多女性作家的作品中。

李喆："母亲的身体"让我想到《伦敦生活》第二季里的那个裸体雕塑，没有头，没有四肢，继母告诉女主："这雕塑的原型是你母亲。"近几年似乎由女性创作的关于女性的身体政治、成长、困境等的优秀作品更多了，伴随着#Metoo 的发展，我觉得这也是一种对男性的启蒙，至少我自己从中看到了很多以前所忽视的东西。以及，很想听你们聊《伦敦生活》，也是我超喜欢的作品！

关于理论与生活的探讨

傅适野：莉拉跟着莱农参加莱农老师聚会的时候感到不适,在回来的车上她开始嘲讽莱农和她的朋友们,说他们鹦鹉学舌而没有自己的思考,而我起码有个男人。由此想到理论和经验的问题,莉拉有种天生的直觉,直接从生活中获得启示,莱农则需要阅读,从书本中获取知识,再把知识运用到实践中。你们会觉得《我的天才女友》呈现的是两种获得启示的路径吗,它呈现的是自己在生活中如何处理理论和经验的关系?

李舒萌：老实说,很想好好谈个恋爱来体会一下理论和经验之间的关系:)现在可以说没什么资格讨论这个问题了。不过,冷建国说"好的恋爱耽误文学创作(或者任何创作)",所以……

李喆：这一段精彩极了,我很喜欢,所以请原谅我唠叨一点。那次老师家的聚会可能是莱农第一次参与准知识分子之间就观念展开的论辩,她一方面很享受将阅读学习得来的知识变为自己说出的声音,并得到认同和赞扬——第一次在社交圈发表观点得到的反响对一个人的学术信心可能很重要,这让她更确信自己坚持的阅读学习是一条正确的道路;另一方面她响应支持了尼诺的观点,她感到两人的距离因为知识观念的一次契合而拉近了许多,这是一种难得的喜悦。

莱农完全没想到莉拉是这样的反应。在去聚会的路上莱农原本很忐忑，她既希望有莉拉陪着她去，又在担心"老师发现我不过是莉拉一个黯淡的影子"。聚会时莉拉几乎一言不发，与所有人格格不入，回程车上莉拉犀利地嘲讽了在场的所有人，说他们都是鹦鹉学舌，"脑子里没有一样东西是自己的，你们知道一切，但又什么都不知道"，她宁愿要糟糕的生活，也不愿加入这些知识分子。我感觉这里有很丰富的解读空间，这也是我很喜欢这一段的原因。一方面，莉拉以非凡的天分深刻地点出了知识分子的一些满足于抽象概念分析的鹦鹉学舌。这些理论与现实生活的关系是什么？它们在以何种方式塑造具体的生活世界，还是说它们在很大程度上只是一种与生活无关的智力游戏？现代很多学术生产正面临这些问题，人们习惯于使用前人创造出来的理论概念，将它们排列组合，按照被规定好的学术格式发表，这其中有多少是如莉拉所说的"没有自己的思想"。

心理层面上，莉拉的嘲讽可能主要是对自己被迫落下学习浪费天分而嫁为商人妇的不甘。莉拉小时候是第一名的学生，却因为家庭缘故无法继续上学，她在小学的"知识界"是绝对的焦点，而在这次聚会上她发现自己几乎是多余的人，她发觉自己不仅不再是主角，甚至都不太明白他们在争论什么。于是她启动了一种心理保护机制，即"不是我得不到，而是我不想要"。

问题是，莉拉真的不想要吗？这段时期，莉拉处于激烈的思想斗争中，她发现了新婚丈夫的丑陋，于是剪碎了自己的婚纱肖像，心理上的反抗决意已定。但是，已经多年没有读书学习，已经嫁给了自己不爱的人，父兄也都指望着靠她的婚姻提升阶层，她如何才能把心理上的反抗变为行动呢？还是干脆就闭上眼品尝这周遭多少人都品尝过的糟糕的生活？这些问题在其后她与尼诺的关系中才给出了她自己的回答。

这一顿嘲讽的背后，或许还有莉拉看见莱农与尼诺的智识互动而嫉妒的因素。人们大都希望能与爱人有智识上的相合，而莉拉知道自己起码这一次婚姻已不可能。其后的海岛度假，莉拉重新开始读书，并吸引了尼诺（或者说抢走了尼诺），这又伤害了莱农。是否某种在竞争中取胜是她少有的能够重新感知自己生命力与才华的方式，如同她小时候在知识竞赛中那样完全掌控局面？莉拉虽然强烈地嘲讽了莱农和她朋友们对知识的谈论，但她内心仍然向往着知识的海洋，只是她的身体被困在了那不勒斯的街区和家庭的权力结构中。

跳出这个故事场景，理论与生活的关系，或者说"知识"与"事实"的关系，我觉得也是我自己需要时常警醒的。我们可能已习惯于用理论概念来审视生活，当我反思生活世界的时候，这些理论工具确实非常好用，它能够帮助我们成体系地理解世界，理解自我，理解两者之间的位置关系，以及理解许多别人的想法。但是理论话语毕竟是有限的，与具体生活中不断涌现的复杂性相比，它往往是单薄的，或许，在学习了那些理论话语并且以自身的天性有所选择之后，还要往生活的深处走，品尝生活的复杂性，由此建立起自己的生活体系（或发觉其不可能性？）。或许文学的价值之一就是向我们展现这种复杂性吧。

冷建国：在看到《我的天才女友》剧集中莉拉对莱农的嘲讽与莱农的羞赧和气愤时，我隐约感到嘲讽的是我，羞赧的也是我，是一半的自己在对抗另一半的自己。在工作的过程中，在做播客的经历里，对理论抱持怀疑的我每每开口常有这种发生于身体内部的斗争感：我是否足够理解生活？我是否足够理解人？我是否仅仅使用好听的话语而并不相信？如何才能不成为知识流入流出的管道，而成为一棵扎根于真实的土地、每一片树叶都参与从天（理论）到地（生活）的呼吸和交换的树木？

这也是被那年陈以侃的一本书戳中的软肋，他说："大多数人都是别人。他们的想法是别人的意见，他们的人生是学样，他们的激情是一句引文……只搬运雨水是不够的，没人想要你下山从皮毛里绞出的那点墨汁，你必须长出自己的斑纹来。"

傅适野：我也有过那种觉得理论大过天的阶段，甚至因为自己掌握了理论掌握了成体系地看世界的工具而沾沾自喜。我在一次对谈中也讲过，在一段时间内，我读不下文学也看不了电影。经验和故事让我提不起兴趣。我总是急于越过经验，直达理论或者概念，如果最终没有得到后者，那整个过程就是"无价值"和"无意义"的。

后来花了很长一段时间才弄明白，理论有时候可能只是庇护所，让我们在直面现实、直面经验的时候有路可退、有处可逃，但却无法解决问题。真实的生活不是理论构建出来的，自己的不是，他人的也不是。真实的生活是以我的血肉之躯和他人的血肉之躯碰撞,是能享受那种碰撞带来的快感也敢于承受可能随之而来的血肉模糊,是赤手空拳,是肉搏。在生活面前,我可能是小学生(甚至幼儿园小朋友)。所以我敬佩莉拉,敬佩她那种面对生活纵身一跃的勇气。

我自己可能更接近莱农,她厌恶和排斥自己身处的现实,于是诉诸知识、诉诸理论,通过学习走出那不勒斯,也通过知识和彼得罗结合。她以为从此走出了暴力城区,以为摆脱了令人厌恶的现实,以为过上了优渥的知识分子生活,但没想到,尼诺在等着她。尼诺就是她的生活之痛(这样看来尼诺竟然有点像一个巨大的隐喻?)。说得俗气一点,生活之痛会迟到,但不会缺席。

对于莉拉来说,她穷其一生都在和这种真切的痛搏斗,那种搏斗绵长而持续,像潮汐规律性地拍打礁石,因此莉拉得以一边破碎、一边修复。而对莱农来说,迟到的生活之痛对她的打击可能是摧毁性的,像飓风像海啸包围她席卷她吞噬她,她面临的是瞬间的毁灭和缓慢的重建。她为自己对于理论的痴迷或者是过度信任付出了代价——她从彼得罗的圈套中跳脱出来,紧接着又被困在尼诺的巧言令色中,直到一次次心碎后最终的醒悟。而那时候,她已是中年。她的成人礼发生在中年。

回看莱农,总觉得她经历了一场漫长又疲惫的精神暴力,其可怕程度、其杀伤力与莉拉从小到大经历的语言和肢体暴力不相上下。写到这又想到《碎片》的一段话,记者问费兰特,你的女主角在危险的边缘游移,她们生活在边界上,她们时刻处于消解的危险中(大家是否记得四部曲第一部里对莉拉来说很重要的一幕是"边界的消失",我把那段视为一个里程碑式的时刻,对莉拉对费兰特都是如此,在那里我感受到莉拉身体边界的消失,也感受到费兰特文字边界的消失。不得不说,影视化对此的展示和呈现要远远弱于文字)。费兰特回答,"我知道破碎意味着什么,我在我母亲身上看到过,在我自己身上看到过,也在很多其他女性身上看到过。从叙事角度看,一个女性身体破碎的过程让我着迷"。这个问答发表于"那不勒斯四部曲"之前,讨论的是《被遗弃的日子》,但现在看来,它也适用于"那不勒斯四部曲",破碎与修复,消解与重建,是费兰特的母题之一。

回到理论和经验,我想说的是,我佩服莉拉,也佩服费兰特,因为她在和生活赤手空拳搏斗之后,还能再次检视那些血淋淋的伤口,甚至让那些伤口再度敞开,去观察、去体会、去记录。我想这就是作家的勇气,也是文学的勇气。

李舒萌:其实我有点不一样的看法。我倒觉得莱农是更倚重经验的,只是这种经验的启示对她来得很艰难,她必须完整地活过莉拉一眼就能看到的事。我们会首先注意到莉拉的直觉,是因为她一下子就指出了许多真相,但这可能恰恰说明这样的洞察对她来说是一种天赋,甚至是不以为意的。莉拉的精力更多时候用在了斗争上——她早就明白了,剩下的就是挣脱地心引力。反而是莱农,即使读了大学,也觉得自己缺乏莉拉那样透彻的洞察与感知。莱农很会读书,所以一开始我也以为她是"理论"派的。但是细细品味她对莉拉的嫉妒，几乎全是基于经验的多寡。尽管她在聚会上发表了那些言谈，但是那些语言从来也不是引导她行动的原则，而更接近对知识分子身份的表演，是她在亦步亦趋模仿另一个阶层的行为方式。

我以为驱动莱农读书的动力相当直接和简单——得到莉拉想要拥有但是没有的经验。是知识分子的圈层而非知识本身在吸引着莱农。书本中的世界对莱农应该也是重要的，她也曾说从古典文学的传统中获得了面对荒谬世界的平静。但读罢全书，我觉得"知识"，尤其是尼诺、弗朗科和他的家人所代表的知识性的言谈，对莱农而言更像生活的一种幻象，并非指导性的原则。它允诺了对暴力和琐碎的逃离，如同海妖塞壬的歌声，但驶近之后却发现允诺的事物不曾实现。

如果说理论是先验性的原则，那么莱农并不是先天的理论派，即使她后天发展出什么理论，那也是她从庞杂经验中耕耘出来的。不过，任何理论也都可以看成是一种幻象，一旦写就即成为封闭，请求被质询。而我触动于莱农面对幻灭的诚实。莉拉在婚姻内遭受的暴力，彼得罗对自己才华的漠视，尼诺没有根基的聪明，加利尼亚老师在看到她功成名就之后骤然冷漠的态度，等等，甚至可以说莱农的成长过程就是因一个破灭的幻象而走向了另一个幻象。

大多数人有个一两次破灭也许就会选择自欺欺人地生活下去了，但是莱农接受了真实，她更相信自己的经验，哪怕这意味着舍弃社会构造出的关于"女性"和"体面生活"的稳定叙事。我真是佩服她的勇气。如果说莱农的故事对"知识人"有什么启发的话,那大概是放弃对确定性的迷恋吧。

冷建国：我是一个不理论的人,可能和大学读的专业和一直以来的读书倾向有关,本身既不拥有什么理论修养和知识结构,更不具备用理论解释实践、以实践观照理论的能力。虽然在现实工作中仍不可避免与理论短兵相接,深入的阅读也永远绕不开理论,但说实话我对理论本身的相信有限。我认为几乎所有理论（除了自然科学和纯数学领域的部分理论）都不可避免地具有简化的、他者的、暂时的等特征。我觉得,理论可以作为我们看待和理解问题的视角之一,而不是唯一的、全部的、共通的真相或真理；理论可以作为我们思考生活和他者的方向之一,因为我们无法经历他人的经历、无法生活他人的生活,理论在此时提供一种路径和参照（而非替代）；理论可以作为解释现实甚至预测未来的工具之一,同时我们需对理论在时间和空间上的局限保持清醒,对现实的复杂和人的丰富保持开放。

不过话说回来,莉拉对于生活本身深刻的感知与理解或许可求而不可得,同样宝贵的还有一辈辈年轻学人有意识地对于既有理论进行的不断的去芜与修补、更正与发展。这些理论世界中有意识的思考和建设,对我们的现实世界也至关重要。近两年我与许多朋友聊过一个浅陋的想法,疫情期间与李喆也做过相关的交流,即,从一个最为宏观、最为不"脚踏实地"的视角来看,是否今天全世界的种种混乱、冲突、分裂甚至退步,都与当下的知识和思想不再足够解决现实的新问题相关？各国不约而同集体转向右翼，本质上是否是对新问题的回避，甚至是对超越以往的新经验的应激反应？

回顾历史，"一战"大概就是在这种既有观念/知识无法应对新世界形势的背景下发生的，以《凡尔赛和约》作结依然是未超越原有视野的体现，这也间接导致了"二战"的发生。当时凯恩斯认为不能如此严苛地惩罚战败国，因为彼时的世界经济体系已转向全球化，凯恩斯呼唤的是一种从地方性视野向全球性视野的转变，然而他的声音太小了。在经济下行、网络社会兴起、难民规模扩大、民主等共识受到挑战的今天，是否"二战"之后建立起来的新知识体系也已经无法应对了呢？今天所谓知识爆炸真的是在创造新的理论工具、新的知识范式、新的思想观念吗？全球性的危机很可能是知识短缺、理论乏力的体现，也可能正是创造新的思想的机会。在这一重视角上，理论也许意义重大。

回到这次对话的主题"那不勒斯四部曲"上，在接受媒体采访时，费兰特曾提到，那不勒斯社会的不公正与暴力等问题时至今日正在变成全世界的问题。她曾把那不勒斯称为全世界最好也最糟的地方，生活于此仿佛度过"学徒期"，一个人急速成长成熟。或许当下也是我们的"学徒期"，政治与社会问题无限扩大延展，每个人的生活都无可避免是政治的，一次 shock 令人迅速成长。

在与《纽约时报》的对话里，当被问到最希望读者从自己的作品中习得什么，费兰特说："虽然我们一直被诱惑放松警惕——无论是因为爱,因为疲倦,因为同情或是善良——但我们女性绝不应如此。一次又一次地让步,我们最终将失去自己曾经实现的一切。"(That even if we're constantly tempted to lower our guard—out of love, or weariness, or sympathy, or kindness — we women shouldn't do it. We can lose from one moment to the next everything that we have achieved.)

  费兰特说的是性别领域的警惕和坚守,或许也应成为所有领域的警惕和坚守,对世世代代艰难开拓的空间和争取而来的价值日复一日地珍视、思考、捍卫。费兰特说的是个体生活精神世界的坚守,那么范围更广大的生活中的坚守将指向什么?大概是叙事上的、文学上的、艺术上的坚守,理论上的发展和进步,以及越来越多真正进入行动领域的人。

回望《欲望都市》：21世纪最后的直女英雄主义

协作者：李舒萌（社会学博士，尼诺十级学者）

安小庆（记者，写作者）

余雅琴（媒体人，影评人）

《欲望都市》的复活限定剧《就这样…》于2021年12月在HBO流媒体上线，这是这一IP在将近二十年后再次以剧集的形式回归。回归谈不上顺利，首先是四位女主角"三缺一"，萨曼莎（Samantha）扮演者金·凯特罗尔（Kim Cattrall）没有出现在最新的限定剧中，显然，她们的剧中友谊并没能延伸到真实生活中，这也是经典剧集玩"回忆杀"的最大阻碍。

《欲望都市》遇到的阻碍远不止于此。在限定剧第一集里，编剧就让男主角大先生（Mr. Big）领了盒饭，粉丝一片哗然，但他们无论如何也不会想到，杀死大先生的不仅是编剧。仅仅过了一周，他的扮演者克里斯·诺斯（Chris Noth）就被多名女性指控性侵，三位女主角也不得不发表联名公开信与其割席。在角色谢幕的时刻，他出场时的"判词"——"一个更年轻更帅气的特朗普"——一语成谶。

我们在限定剧回归之前就开始酝酿此次协同写作，因为参与者——大家熟悉的舒萌、小庆、雅琴和主播之琪（此处不包括打酱油的适野）——都是《欲望都市》铁粉，大家也不约而同地开始重温前六季剧集。限定剧开播之后，我们拉了作者群，创建了一个石墨文档（此处请石墨把广告费打来），交换了彼此感兴趣的话题；但直到克里斯·诺斯丑闻曝出，这次协同写作计划才真正与当下现实发生了共振。

  这次协同写作，正如之前的几次一样，是愉快的，同时也是艰难的。我们跨时区夜以继日耕耘，新年假期也不曾停笔，此次协作最终以超过三万字的超长篇幅与大家见面，请原谅我们的啰唆。因为在思考形成文字的过程中，我们也在检视自己的生活，疏解长久以来的困惑。回望过去二十年，我们很难找到一个关于保守与进步的一以贯之的线性坐标，女性在其中的位置与立场更是不断浮动、来回摇摆。而中美之间社会语境的差异，也为这种观察和反思增添了更多复杂性。

  这篇协同写作不仅是关于《欲望都市》的，更是从《欲望都市》的人物和剧情中走出去，走向更广阔的女性的生活。我们共同思考的问题是，在结构性的性别不平等、弥散的父权制文化、诱人的浪漫爱神话之下，女性如何在具体的生活中去实践平等、自由和爱。

01 人物与剧情

凯莉：男人的政治隐喻

张之琪：凯莉（Carrie）作为"《欲望都市》系列"——或者是不是应该叫"《欲望都市》宇宙"——里的一番/女主角，她对于男人的选择是最具有象征意义的。她在前六季剧集中最重要的三个男友，分别是大先生、艾登·肖（Aiden）和彼得罗夫斯基（Petrovsky），其中大先生贯穿始终，后来也成了她的丈夫。在某种程度上，凯莉在大先生和艾登之间的选择，代表了美国的选择；而她在大先生和彼得罗夫斯基之间的选择，则代表了（冷战语境下）世界的选择。当然她的选择始终如一，那就是大先生，因为他代表了世纪之交的美国价值，代表了资本主义的、民主党的、自由派的、城市的美国。

大先生 vs. 艾登是《欲望都市》版的"红玫瑰"与"白玫瑰"，两人都是标准的 WASP[①]（这当然是剧集局限性的体现），但也有很大的区别。大先生是纽约人，出身"老钱"（old money）家族，职业是华尔街的投资银行家，在纽约这个开车停车都极其不便的城市，他能坐车绝不走路，一年四季西装革履。他的感情观也是自由放任资本主义式的，他思考问题的基本单位永远是个人（aka 他自己），被凯莉认为

[①] White Anglo-Saxon Protestant 的简写，白人盎格鲁-撒克逊新教徒，意为美国社会中最有话语权、最优越的白人群体。

有承诺恐惧症（commitment issue），无法维持长期的亲密关系，在性道德上底线比较低。

艾登则比较有牛仔气质，代表了传统美式的男性气质（克林特·伊斯特伍德那种）。他家庭背景不详，职业是手作家具设计师，是能徒手修好你家里所有东西的好手（handy man），养狗，向往乡村生活，不修边幅，第一次出场的时候甚至有明显的小肚子。艾登在感情上的态度也趋向保守，他初识凯莉时就曾因为她吸烟而拒绝她。与大先生相反，艾登在关系里不吝付出，也愿意做出承诺，他是在前六季剧集中唯一向凯莉求婚的人。

在与这两位男性纠缠的两季里，一直困扰凯莉的问题是，为什么艾登如此"完美"，能给她在大先生身上想要却得不到的一切，但她却一直想要逃离艾登。这其中除了大先生和凯莉的官配叙事不能动摇之外，也反映了世纪之交美国女性选择的变化。那就是传统的亲密关系，或者一个传统意义上的"好男人"，即便再甜蜜、再稳定，也无法满足女性的期待。直接的解释似乎是凯莉爱艾登不如爱另一个多，但更重要的或许是，女性在亲密关系中的需求已经变了："自由"——尽管后面我们也会谈到这种自由的欺骗性——以及自由带来的风险，已经战胜了稳定以及稳定所带来的束缚。大先生是不能承受之轻，而艾登是不能承受之重。

如果说大先生和艾登分别代表了两个美国（民主党的美国 vs. 共和党的美国，城市的 vs. 小镇的美国），那大先生和彼得罗夫斯基显然代表了美国和非美国。彼得罗夫斯基在两个意义上代表了"非美国"。首先,他是俄裔,是意识形态上的"非美国"代表,他个人性格中也有喜怒不定的独裁者属性和大男子主义的一面,他与凯莉分手时甚至不慎掌掴了她,大先生听说后立刻要去揍他,凯莉险些成为将"冷战"点燃为"热战"的女人。其次,彼得罗夫斯基是能讲流利法语的装置艺术家,他代表了欧陆,有着一切美国人所不屑的欧洲人的腔调,喝黑咖啡、弹钢琴、听古典乐,厌倦了纽约但认为巴黎无与伦比。这与"五月花"的精神背道而驰,是美国所崇尚的轻松务实气质的反面。

安小庆:是的,剧集最后一季的最后两集挺有意思的。凯莉去了美国领土以外的欧洲,在那里,她被俄籍艺术家彼得罗夫斯基冷落一旁甚至粗暴对待,最终是大先生飞去巴黎"英雄救美",上演无数传统爱情故事和古老童话中的"女人被男人拯救"的 happy ending,同时也战胜了作为情敌的俄国佬。在那个时代,在一个标榜先锋性别观念的剧集中,那依然是创作者眼中最圆满的爱情结局,以及国家层面在爱情这个微型战场中的"胜利"。

确实如之琪以上所分析的,凯莉情感生活中最重要的三位男友,细细想来都带有很强烈的隐喻意义。如果用剧中的物品来形容他们的话——艾登可能是凯莉家中那只手作的真皮沙发,温暖、舒适,给人强烈的安全感和包覆感;也可能是他在纽约乡下的那间小木屋,代表着传统的美国南方的生活和价值观;也可以是一只婴儿背带,就像分分合合之后，某天凯莉又在街头看到了艾登，等他转过身来，身前抱着一个吃手的宝宝，那时已婚的艾登已经是两个还是三个孩子的爸了。

而大先生是那辆配有司机的低调豪车（抱歉我没有去研究车型，可能"道长"一看便知哈哈），司机还是一位有色人种人士（让我想到《为黛西小姐开车》）。同时我有一种感觉，大先生这个人物的塑造有一部分来源于《飘》中的白瑞德，比如第四季最后一集，米兰达（Miranda）即将生产，凯莉和大先生当时正在中央公园内坐马车约会，公园内叫出租车很难，情急之下，大先生给了马车夫一笔充满诱惑的现金报偿，让他违规驾驶马车带他们赶到了医院。那一幕无疑是对《飘》中白瑞德驾着马车带斯嘉丽穿越烈火封锁线的模仿、改写和致敬。

俄国籍艺术家彼得罗夫斯基呢，他身上那种阴晴不定，那种一直需要外界肯定和臣服于他的魅力、专业、权势的欲望，很像远东和东亚一些极权政体中政治人物的轮廓，时而睥睨一切、不可一世，时而孱弱不堪。用剧中的物品来作比，可能就是他在密室一般的工作室里搞的那些虚张声势，连他自己也不知所谓的装置艺术？

余雅琴：不过，第一季如果出现在21世纪20年代，这个角色肯定不会是一位有苏联背景的老年白人男性，而很可能是性感的拉丁情人甚至是亚裔情人，性格也不会那么的负面。这些都不符合这些年所谓政治正确。据说，最初的设定里，凯莉并没有和大先生走到最后，但是因为"9·11"事件的发生,整个美国社会的情绪都比较低迷,比较渴望一些"神话"的出现,才有了我们现在看到的这个结尾。仔细想,我一直不觉得凯莉和大先生在一起是合适的,因此我也一直比较拒绝后来出的几部系列电影。但说实话,当剧集的最后,大先生兜兜转转还是找到了凯莉,我还是哭了。

"9·11"应该是新千年以来美国发生的最大的一个事件,它的出现很大程度上决定了今天美国社会的方方面面,其中就有我们后面谈到的种族问题、阶级问题等。很多人会说这部剧过于"白"了,那是因为这部剧开拍时美国还是一个处在幻梦里的美国,也就不难理解它为何有"拜物教"的嫌疑,在第一、二季里,四位女主可以说几乎都没有真正意义上的烦恼。她们所有的烦恼都和恋爱与消费有关,买不到一双鞋、订不到一家餐馆都可以成为她们日常生活里的低迷瞬间。后半部分其实落地了很多,我不知道这多大程度上和"9·11"有关系,但我们开始看见角色真实的脆弱,其中凯莉的房产危机、米兰达母亲的去世、米兰达的意外怀孕、夏洛特(Charlotte)的不孕症和萨曼莎的癌症,都让角色的成长向前了一大步。

不过总结起来,四位女性原本的生活轨迹其实都是被一个所谓意外事件所打破,迫使她们开始重新审视自己的生活,然后她们开始做出一些改变,比如调整自己原来的观念,开始接受稳定的一对一的关系,走进婚姻,甚至离开以前绝对不愿意离开的曼哈顿,生育孩子……一方面我觉得这种书写很真实,我身边很多女性的生活也基本延续这个路径；但另一方面总觉得缺少点什么，她们几位的生活真的就是从精英的单身女性走进中产婚姻和家庭这么简单和无聊吗？因此也有人说这是"9·11"事件后保守价值回归的一种文化体现。其实如果今天再拍一部类似的剧集，我相信剧集里的女性选择可能会更多元，至少不会如此一致地回归到传统的关系里去。

另外，这部剧里充斥的"曼哈顿中心主义"的价值观其实也挺有意思（虽然剧集的最后，米兰达因为房产预算问题离开了曼哈顿），里面的几个角色除了大先生好像都没怎么出过国，四个角色有一集去了好莱坞旅游，也是一直在"鄙视"加州，凯莉最后去了巴黎，体验也非常不好。我觉得这种设定挺好笑的，就像之琪所说的，这段其实特别反映美国人骨子里有些根深蒂固的价值观。

米兰达：阶级与种族缠绕，边界与关系共生

张之琪：相比凯莉，其他三位女主角对伴侣的选择没有这么强的意识形态隐喻，更多地涉及阶级和族裔问题。比如米兰达离开尼克斯队的黑人队医罗伯特（Robert），选择与随遇而安的酒保史蒂夫（Steve）结婚。其实米兰达是四位女主角中人设最精英的，她哈佛毕业，是一家中等规模律所的合伙人，同时她本身也比较具备"做题家"气质，勤奋、有规划，也是四个人里经济最独立，最排斥与男人有金钱纠葛的一位。她与史蒂夫的主要矛盾也在于此。史蒂夫性格

懒散、孩子气，与米兰达井井有条的生活格格不入。两人之间的阶级差异显著，但米兰达主要的不满并不是钱，而是史蒂夫文化意义上的"不够精英"。

而米兰达最终却放弃了黑人精英罗伯特，选择跟史蒂夫在一起，除了剧集"真爱战胜一切"的逻辑之外，种族因素也起到了重要作用。事实上，在前六季剧集中，四位女主角约会过的无数男人里只有两位是黑人。一位是萨曼莎交往过的嘻哈歌手，另一位就是罗伯特，他们分别体现了在美国社会黑人阶级跃升的两大途径：娱乐和体育。这种人设也是充满了刻板印象的，"配得上"和白人女孩谈恋爱的黑人，只能是娱乐或者体育明星吗？

安小庆：顺着之琪的分析，我想再谈谈这部剧集中，我可能最喜欢的一条人物关系故事线——米兰达和史蒂夫。当我们重读细读一部文艺作品时，我们很难不用今天的眼光和观念对它进行 X 光扫描，从很多方面来说，《欲望都市》剧集都有这样那样的缺陷和遗憾，但米兰达和史蒂夫的故事线一直是我个人很喜欢的部分。

按照今天中文互联网的醒世恒言之一——"不要靠近男人，你会变得不幸"——来说，米兰达简直就是一个典型得不能再典型的"不幸"女人。明明是一个精英都市女性，却要去"扶贫"一个不论经济状况还是社会地位都比自己低得多的酒保。从此一路"下滑"，不但不慎怀孕，成了"蜡烛两头烧"的单亲妈妈，最后还和"凤凰男"结婚，住在她婚前购买的公寓里，此后又从曼哈顿搬家到布鲁克林，相当于从北京二环搬去了昌平；最"可怕"的是，不仅"扶贫"老公，还要接受年迈的婆婆住进家里。"阶层"这个视角在米兰达和史蒂夫的关系中得到了充分展现。她也是四位主角中唯一一位与低阶层男友进入稳定关系的，而正是在阶层和亲密关系的互动中，我看到了米兰达作为个体的成长。

我很动容的地方有两处。一处是当两人决定举办婚礼时，米兰达没有像都市丽人那样去教堂、草坪和高级餐厅，而是看中了路边栅栏里一块落英缤纷的小花园，那一刻我似乎明白了她为什么要和一个在所有人看来都"不合适"的对象在一起。和这块普通的小花园一样，作为伴侣的史蒂夫给了她一种普通、真实、舒适的关系，她很明确地知道这就是她想要的。

另一处是，婚后他们搬到了布鲁克林街区，有一天史蒂夫的母亲病了，被医生诊断为阿尔茨兹海默病。当史蒂夫和米兰达进入母亲多年来独自居住的房间时，他们看到厨房里堆满了脏盘子和杂物，蟑螂四处逃窜，史蒂夫瞬间崩溃了——我想这也是史蒂夫让米兰达觉得真实和舒适的一个原因，他从不惮于在伴侣面前展露脆弱或者哭泣，除了他罹患睾丸癌后对睾丸存在感和睾丸假体大小的执着之外，史蒂夫似乎是剧集中较少被所谓男性气质捆绑的男人之一，他也丝毫没有与伴侣比较而产生的"影响的焦虑"。

当看到史蒂夫为母亲窘迫的生存境况心碎和愧疚时，米兰达抱住了他，主动提出让婆婆住进家里接受照护。有一天，婆婆在众人视线之外开门外出,走丢,米兰达最终在一个街边的垃圾桶边找到了婆婆,她安慰她,牵着她的手带她回家,和多年来一直为她工作的保姆玛格达(Magda)一起给婆婆洗了澡。浴缸的水面上,浮着两只橡皮小黄鸭。我记得之琪在微博写过,玛格达在一定程度上承担了一直以来独立、刚硬、界限明确的米兰达"代母"的角色。我也有同感,当晚,目睹一切的玛格达下班离开前,抱住米兰达的额头轻吻了一下,说米兰达懂得了"爱"的意义。

这是始终让我感怀的一幕。我想到米兰达曾经的清坚决绝,她杜绝一切可能的煽情,不喜欢无来由的肢体接触,不喜欢玛格达看到胎儿B超照片时的大呼小叫……这些都是她基于过去的生命经验和个人的生存理念,为自己合理设置的界限和栅栏。但生命和关系是流动的河流,它们最迷人的地方或许正在于,没有什么是永恒坚固的,一切都变动不居,甚至我们以为永恒的雪山和大地也每一刻都在变化。

在一个永远不完美的世界,在一个绝难找寻到所谓完美关系的人世间,我们是否还要进入关系?是否我们彻底远离这条河流,绝不踏入其中半步,高举"搞钱"的口号,就能幸福安全地过完这一生?关系究竟对人而言意味着什么?改变是否就是对"自我"的背叛?在一段关系中,当"浪漫爱"和荷尔蒙带来的华彩段落渐渐淡出,是什么让我们依然愿意和伴侣待在一段有机发展着的关系中?很多时候,不论在虚构的影视作品还是真实的采访中,我会愈来愈被关系中的人对人的"义""恩""包容"所触动——当我们谈到关系和"爱",它究竟是怎样的质地？这也是我从米兰达的故事和采访对象们的个体成长里获得的启示。

张之琪：在米兰达的故事线里，玛格达扮演了一个代理母亲的角色，同时我们也知道她是东欧移民，可能是东正教徒。她第一次出场是米兰达尚未婚育的时候，是帮一个忙碌的单身职业女性打理家务的钟点工。在打扫房间的过程中，她在米兰达的床头柜里发现了一个振动棒，第二天，米兰达正打算在睡前"犒劳一下自己"时，打开床头柜却发现振动棒被玛格达换成了一个尺寸相当的圣母像。后来米兰达去质问玛格达，玛格达说用振动棒的女人是嫁不出去的，因为她不需要男人。

联系到这个前情，我在看到玛格达若干年后对米兰达说出那句"You know love"的时候，感受就会有点复杂。因为这里的"爱"的意义是多重的——既是小庆所讲的，人与人之间生长出来的那种"恩义"与"包容"；也是一种宗教意义上的"奉献"和"牺牲"，是家庭作为一种制度和意识形态最强大的话术，是遮蔽不平等的经济关系、无偿的家务劳动、不自主的婚育选择的借口。

在米兰达的故事里，这的确是她展现人物弧光的时刻，两次看到这里，我都会跟着落泪。但同时，我也忍不住在想，如果她就是一个冷血女人（cold-hearted bitch）呢？如果她没有改变，或者她的所有"界限"都不是用来打破和超越的，如果她原本就是如此呢？我们能允许这样的女性也幸福吗？这样的女性又该如何去实践爱呢？

我也常常对互联网上关于"恋爱脑"的讨论感到厌烦，但也能理解，那种自我标榜的"精明"和"清醒"，那种想要像消灭病毒一样消灭脆弱的干劲儿背后，恰恰是一种巨大的不安，试图通过否定别人的生活方式，来为自己建筑一种心理安全。我能理解那种不安，虽然它的表现方式常常是不容置喙的，因为即便在最幸运的亲密关系中，那种不安也是汹涌的暗流。

安小庆：当玛格达得知米兰达怀的是男孩时，非常兴奋，再三要求米兰达对着小男孩的B超照片"笑一个"，那一刻我依稀看到一个"喜抱孙"的东亚老人的样子。在米兰达的社会关系中，玛格达确实是不时输出道德劝勉的那位，但米兰达作为成熟稳定的个体，一直很清晰明确地维护自己的界限。

我记得她不慎怀孕、即将成为单身母亲时，史蒂夫曾仓皇地提出结婚，米兰达即刻拒绝了，她认为怀孕并不是结婚的理由，而那时的史蒂夫也不是她想组建家庭的那个人。在米兰达身上，始终有一种强烈的主体性，就是不论维持现状还是做出改变，我都要是那个去做决策的人。从这一点上来说，只要一个人葆有自己的主体性，不论她要不要改变，要不要打破自己的界限，决定打破多少的界限，只要没有妨害到他人和公众的利益，她都是自由的，也是正当的。

另外，不知道是不是我想多了，在看米兰达和罗伯特约会的那几集时，有时会感受到一种来自白人女性的对黑人性感躯体的强烈"凝视"，比如对他臀部曲线的展示。从性别角度，我觉得这种视线很OK，是一种平等意义上的交互。但从种族的角度，那几集的剧情包括米兰达一度迷恋的肥皂剧（大致讲白人女性和黑人男性的情色故事），让我有一种微微的不适感，与这种不适感比较接近的是，我想到了一些欧美男性对亚裔女孩的"迷思"。

夏洛特与萨曼莎：流动中的先锋与保守

张之琪：夏洛特是四位女主角中的"保守担当"，也是唯一一个以结婚为目标谈恋爱，并且结了两次婚的。她的两任丈夫分别是出身苏格兰"老钱"家族的特雷（Trey）和犹太离婚律师哈里（Harry）。特雷是夏洛特理想中的丈夫，家境优渥、职业体面（医生），她的第一段婚姻称得上嫁入豪门，离婚后得到了曼哈顿林荫大道（Park Avenue）上的一套大公寓——当然问题也很明显，特雷有一个强势的妈妈和一根软弱的阴茎。第二任老公哈里的族裔和职业都在西方社会承受污名，同时他还有各种夏洛特无法忍受的小毛病：秃头但体毛浓密，边嚼东西边讲话，喜欢全裸在家走来走去……但哈里几乎是《欲望都市》里所有男性角色中我最喜欢的一个，非常可爱，夏洛特的剧情线因为有了他而变得很完整：一个有公主梦的女孩离开了王子，戳破了爱情童话，找到了一个真正适合她的人。

萨曼莎似乎是四位女主角中在今天得到最多喜爱和认同的，在弹幕和小红书上年轻观众一股脑骂凯莉的同时，萨曼莎成为大家膜拜的"S女王"。但在遇到她的官配史密斯（Smith）之前，萨曼莎看似自由奔放、来者不拒的性爱经历其实一直遵循着征服和慕强的逻辑，她在史密斯之前唯一一段认真的关系是和理查德（Richard）——一个去掉了粉红色滤镜的大先生，或者说，一个更接近特朗普的大先生（大先生在剧中保留了基本的绅士风度，而理查德则是不折不扣的厌女症）。甚至在和史密斯在一起之后，她还曾回去找过理查德，因为想念被掌控的感觉。这其实都与她更先锋的性探索和更"女权"的姿态背道而驰。事实上，在四位女主角中，萨曼莎是最为"精神男人"的一位，她最为适应和认同男权社会的规则，讽刺的是，这某种程度上正是她受到追捧的原因。

安小庆：的确，探讨萨曼莎在中国（女性）观众中的接受史是一个非常有意思的话题。我记得在2000年后的中国网络上第一次看到有关这部剧集的讨论时，凯莉应该是那时最具观众好感度的那位，一方面可能因为她是一番/女主，在剧集中还承担了叙事者和旁白的角色；另一方面也是因为那时的她应该承担了大部分女性观众对都市生活和都市独立女性的投射：自由职业，专栏作家，时髦，美丽，有牢固的坚不可摧的好朋友，有丰富跌宕、流水盛宴般不停歇的感情生活，居住在一个多元现代、迷人浩瀚的大都市……

在那时候，萨曼莎反而是观众好感度相对不那么高的一位。对新世纪的中国观众来说，这个动物凶猛的女性显得颇有些"危险"和"不受控制"——正如她是这部剧集中最爱穿动物花纹（豹纹、虎纹、蟒纹)、皮草、皮革的——她是一个主动的猎食者,一个似乎像男人一样行事的"下半身动物"。

但很有趣的是,随着剧集在中国的不断传播,也伴随着 21 世纪第一个十年里性别意识和自由主义观念在国内的传播,观众对萨曼莎的理解和好感在显著增加。尤其是在剧集和衍生电影中,40 + 和 50 + 阶段的萨曼莎都曾经对当时的恋人理查德和史密斯说过同一句话:"我爱你,但是我更爱自己。"这种对自我的高度忠诚和对自我感受的诚实,触动和影响了许多生长于传统历史文化和性别语境中的中国观众。

同样,在新世纪的第一个十年里,我们的第一女主凯莉依然享有很高的人物好感度。如果不是这样,我们很难理解 2004 年播出的由李樯模仿《欲望都市》编剧的《好想好想谈恋爱》中,为什么依然将凯莉的中国版"谭艾琳"作为第一女主。

但在新世纪的第二个十年,尤其是最近五六年以来,凯莉在中国观众尤其是弹幕中的好感度跌至冰点,她从曾经毫无疑问的一番/女主和夺目都市女郎,成为弹幕中人人得而唾之的"心机绿茶"和"坏女人"。

和凯莉断崖式的口碑下降和快被弹幕"浸猪笼"的遭遇形成鲜明对照的是,萨曼莎成为弹幕王国中最受肯定和赞美的角色。她理性、精明、强大,极少让自己吃亏,是在情感市场和自由市场中屹立不倒的强人。正如之琪感受到的她身上那种"假装雄性"或者模仿雄性/

强势性别的东西,在这几年的重看中,我也愈发感受到这个角色身上的那种割裂。或许这是第二波女权主义运动浪潮后,现代女性所要遭遇和面对的历史诡计之一。

我记得萨曼莎曾经说过一句话:"比起爱情,我更相信肉毒素(Botox),因为它每次必定有效!"于是,在萨曼莎表现出的一往无前的个性主义和自由主义面前,"不谈爱情只谈性"究竟是一种干脆利落的选择,还是看透和无奈后的策略,抑或是一种性别的伪装,或是对男性这种强势性别生存模式和处理两性关系的模仿?在她"不谈爱情只谈性"的背后,过去的遭遇给她带来的影响是什么?对权势性别物种行为方式的模仿是真的自由吗?如果不是,那这是对真正自我和"人"的背叛,进而是对女权主义本身的背叛吗?剧中"爱无能"的萨曼莎,究竟是自由的化身还是自由的逃避者?模仿雄性的后果是什么?它与中国文化历史语境中戴锦华老师一直在讲述的"花木兰"困境(扮演男性才能登场的策略)又有何相同和不同?进而,今天新一拨的年轻观众对萨曼莎的追捧和崇拜究竟反映了怎样的现实文化心理?

影视作品/大众文化产品也许是最灵敏的时代温度计。当我们穿过不同的时代岩层去回望某个时期的影视作品时,会发现它们是那个时代的化石,它们告诉我们那个时代的温度、湿度、气候、氛围。同时,当我们从自身所在的岩层和时代去重新观看和凝视它时,我们也从中照见了眼前这个时代的境况,它的荒谬和进步论的孱弱。是什么造就了今天的我们，脆弱到经受不了情感世界的一点点风吹草动，进而转去崇拜和羡慕一个模仿强势性别中的强势男性去行事的女性？我们的不安和似乎突如其来的"保守"究竟来自何处？

事实上，萨曼莎的故事线最触动我的是两个方面，一是她对朋友真实、直接的爱和肝胆相照，二是她在男女和女女感情中流露出脆弱和真实自我的时刻。当真正的强势雄性资本家动物理查德约她到泳池约会时，她拒绝了对方发出的一切浪漫暗示，包括语言、行为、音乐，只想做个彻底"下半身动物"，杜绝一切心碎的可能，"像一个男人一样"。但在理查德的坚持和难得流露出的一点真心面前，萨曼莎真实地破防了。那一刻，她和他像一对真正的恋人（但也仅限那一刻）在音乐中共舞。她趴在他肩上流下一滴眼泪，这是萨曼莎少有的卸下伪装和武装的时刻。

为何弹幕都在骂凯莉？

安小庆：我和之琪都发现，近年来，凯莉成为四位女性角色中"风评"最差的一位。按照新一拨观众在视频弹幕中的控诉，凯莉"令人恶心"的罪状包括但不限于以下几点：

1.当"小三"，"介入大先生和第二任妻子娜塔莎（Natasha）的婚姻，简直不可饶恕！"

2."吃着碗里的，看着锅里的"，"只谈恋爱不结婚，恶心"。具体表现在，她和艾登艰难复合后，艾登对她无微不至，提供了全方位的安全感，"临到别人求婚你又不愿意了，简直渣女本渣，十恶不赦，无敌矫情女……"

3."虚伪心机绿茶"，"对朋友也并不真心"，具体表现为米兰达生育后，蜡烛两头烧，"你不自己去帮她带娃，反而叫萨曼莎去？"

4."不守女德，不安分"，"分手后还和前男友大先生社交，不能跟前男友做到生死不复相见"。和艾登和好后，还和前男友吃饭、电话和见面，甚至同意他来乡下找她倾诉心事。

总之在腾讯视频重看这部剧集感受极差（昨天我想去查某一集的时候，竟然发现剧集在腾讯视频消失了），一方面是平台把视频删得很厉害，一方面是如果打开弹幕，就会不停看到很大一部分都在骂凯莉，从第一集骂到最后一集。为什么要骂她，感觉应该类似于一些年轻受众去豆瓣给自己看不惯的电影和小说（比如《包法利夫人》《英国病人》《钢琴课》）写差评和打低分。之琪之前专门撰文深入分析过这种现象，她认为"三观审查"的背后是一种"对婚姻、家庭和私人生活的普遍焦虑"，这种焦虑与财产和经济权密不可分，因此"豆瓣短评中的道德意识才被召唤回来，道德成为捍卫安全感唯一的武器。而这种道德意识一半是前现代的，几乎是一种小农经济下的封建道德，另一半则是自由市场主义的，体现了小资产阶级对利润和安全的追求"。①

确实如此,似乎通过骂她和批斗她,新一拨的观众能够部分转移这种焦虑,从而获得一种想象中的安全感。这一切不仅是基于现实处境做出的反应,也是植物在一种和过去显著不同的土壤和空气中自然结出的果实。当媒介素养不断坍塌,当言说的公共空间不断收窄,当大中小学的文科老师们整天提心吊胆被举报,我们对文学作品的评价自然会发生相应的变化。这次协同协作时,最新的"靶子"就是周迅在《小敏家》饰演的女主,中年女主曾在青年时代被老家小城的人盖章"出轨"。二十年过去了,弹幕里的年轻观众一遍遍地诘问她:你一个结了婚的女人,为啥要和其他男性在书信里谈诗歌啊?

身处这种广漠的悲哀中,人的感官有时反而会变得敏锐。最近我几次被人性的丰富、生动所触动,都是在新闻事件中。2021年,宋小女女士"我要一个拥抱"的表达,让我们看到在真实的社会生活中,道德并非以我们希望和臆想中的僵化方案在实践。反而,它是那么富有弹性,那么丰富,那么活泼。

余雅琴:我差不多2021年才把这部电视剧从头到尾看完(感谢高清修复版),其中让我最无感的角色毫无疑问是夏洛特,虽然她又漂亮又善良,并且很有责任感,但我始终觉得这个人离我的生活很远,给人不够真实的感觉。让我最有好感的女性首先是萨曼莎、其次

---

①张之琪:《〈英国病人〉〈钢琴课〉"毁三观"?豆瓣短评里的道德景观与现实焦虑》,界面新闻,2023年7月17日。

是米兰达,她们都是我想成为却因为种种原因没办法成为的那类女性。

我觉得电视剧对这三位的塑造多多少少都比较单一,因为大部分时候她们都是通过凯莉的叙述才建立起来的,因为凯莉是故事的叙述者,我们几乎知道她所有的事情。所以,我对她的感情是很复杂的——她身上的确有自私和虚荣的部分,遇到问题总是逃避,对生活也缺乏规划,她绝对不是完美女性应该有的样子,但是我敢说,这些缺点观众都有,整部作品里我最能够代入的人物就是她,也正因如此,我们有时候也会特别讨厌她。

小庆说很多女性在通过骂凯莉转移道德上的焦虑,我觉得也可以理解为我们的某种自我厌恶。我们害怕自己的欲望和不完美,因此对凯莉感到愤怒。我觉得一个对凯莉不够宽容的时代,其实也是一个"厌女症"更严重的时代,因为"厌女"本身就包含着男性对女性的厌恶和打压,也包含着女性的自我厌弃。反躬自省,凯莉的很多毛病我身上都有,我没有办法站在指责她的一方,但有时候看到她"犯傻",我也真的会生气,就好像为那个曾经的我生气一样。

02 性、性别与女性情谊

过度性化的女性与过于理想化的都市

李舒萌:一大早看到新闻,饰演大先生的演员克里斯·诺斯被指控性侵,而为性侵铺垫的套路因为与《欲望都市》中的路数如此相似,以至于被性侵者一开始都没有意识到危险。这也是我在观看这部剧的时候感到非常不舒服的地方——在刻画这四个成功女性的性遭遇时,它几乎是过度理想或者积极了。女性享受着这样的调情与追逐的游戏,并从中感受到自己的力量。她们对无法满足自己的男性有各种怨言,甚至出现把男性也物化的倾向。但它也释放出矛盾的信号——在有一集里,夏洛特的约会对象在和她上床时在她身上睡着了,之后她找到凯莉倾诉大哭,认为一定是自己"床技"太差所以才会变成这样。而萨曼莎不仅没有同情她,反而私下和凯莉说她也觉得是夏洛特的责任,因为她遇到的男人从没在她身上睡着过,她将之归功于自己的性魅力。在萨曼莎看来,导致她和夏洛特性经历不同的变量是女性的性魅力(sexuality),而不是男人,男人是一样的。

这一集结尾,夏洛特参加了某个性技巧工作坊而收获了让约会对象兴奋的技能——这到底是什么意思?我并非认为这些技巧是羞耻的,但是技巧应该是在两性平等的基础上增进双方的愉快。我们不知道夏洛特是否体会到了愉快,她的主要动机是怀疑自己不够好。在另一集中，米兰达因为怀疑自己不够有魅力，而去应召已婚夫妇对"三人行"（threesome）的邀请，当她发现对方很喜欢自己的时候，感到非常开心。

安小庆：舒萌谈到的角色"过度性化"问题，有解答到为什么在重看这部剧集时，我有时候会觉得不太舒服或者"压力"很大。有一集好像是萨曼莎从哪里买来一个新玩意儿，一对人造乳头，按照她的理解，戴上这对比自身乳头更大更突出的设备，可以显得更性感。果然，米兰达戴上乳头在酒吧里晃了一圈，马上获得了男人们的注视和搭讪。还有一次是萨曼莎陪凯莉坐火车去南部做新书签售，那一集几乎全程在渲染萨曼莎的饥渴和"欲壑难填"，特别令人震惊的是，为了满足好友对这趟激情火车之旅的期待，也为了维护好友对自己性魅力或者作为纯粹"下半身动物"的那种骄傲自负，凯莉还去拜托火车上的大叔们和自己的好朋友调调情……

李舒萌：情节起伏中，女性承担了对性魅力的所有焦虑，同时还要承担被过度性化的压力，对此，她们的回应方式或是试图将男性也完全性化成工具人，或是怀疑自己是否没有满足男性对于性感的期待。被过度性化的压力不仅体现在男女之间，也表现在女性内部。就像萨曼莎看不上夏洛特的"床技"，凯莉和夏洛特也都分别对萨曼莎表达过"你放荡的行为非常不得体"的想法。

我想起之琪曾经推荐的一个关于女性抑郁的短视频，心理咨询师张春谈到，女性抑郁和她们面对的双重束缚有关——在做一种选择时，女性同时要受到两种标准的评判，你要性感，又不能太性感。

这部剧中的女性形象非常矛盾：一方面，剧集试图将她们塑造成在猎艳游戏里主动出击的一方，但更不容易被满足的是她们，认为能够以退为进却不断失望的是她们，感到抱歉的是她们——男性岿然不动，他们不在场，却掌握着定义游戏规则的话语权。女性身体的自由是通过主动成为"性狩猎者"就可以实现的么？如果两性身体互动的脚本已经深深被社会规范和期待所影响，深谙此道就可以使女性免受其害么？

作为一个在美国生活的少数族裔的经历，更让我觉得这部剧已经大大削弱了"过度性化"与种族、阶层交叉带来的影响。首先，这四位女性"性感"的前提是有足够的经济实力和文化资本，她们的性感是由消费和特定的社交场合中的文化符号组成的，这也意味着她们不可避免地传播了消费主义和特定阶层对于性别气质的要求。仔细审视，会发现那种性感说实话有点无聊，甚至保守，保守到萨曼莎这样想得开的人也要去做整容"永葆青春"，保守到米兰达这样的独立女性也要担心自己的体重是不是超标了——就算是最成功的女性，也要受到评判。

更别提少数族裔了。如果一个少数族裔女性和剧中的男性互动，会是什么样的场景呢？几乎不可能心里不打鼓——这个人到底是欣赏我作为个体的特性，还是有"黄热病"（yellow fever，指因刻板印象而对亚裔女性有癖好的人），认为亚洲女性比白人女性更温柔，更

"可爱"，简言之就是更加顺从（本人亲身经历白男同学说出这样的话）？后者这样的偏见让亚裔女性还没进入关系就已经"被"失去主动性了。而另一方面，黑人和棕色人种的女性则在另一个极端，根本不被视为欲望的对象。看着剧中四位女主竭力在男女追逐游戏中展现出举重若轻，我内心复杂，大概就是"虽然你也不容易，但我还不如你，有什么资格和你共情？"

安小庆：在塑造萨曼莎这个人物的时候，主创确实如大家所谈到的，将这些多年来生存于、穿梭于欲望都市丛林的女性经验过于理想化、安全化和滤镜化了。最明显的一点是，看完之后会感觉纽约治安也太好了吧，她们遇到的人也太"正常"了，竟然没有我们多年来在社会新闻中见到的那些形形色色的坏（男）人，一个都没有。

余雅琴：小庆所说的治安好，我觉得除了剧集有所夸张之外，说到底还是一个收入的问题，四位女性看上去经常约会一些不靠谱的人，也闹出过不少笑话，但她们没有遇到真正意义上的坏人，她们约会的对象，除了个别之外，基本上都在自己的舒适区里。考虑到她们日常居住和活动的区域，她们不太会遇到和自己收入差异特别大的人，主创恐怕也从来没考虑过在剧情上设定一些对独居女性不友好的情节。

安小庆：我说的社会新闻里形形色色的坏人，不局限于经济和生存境况。我会觉得，在她们约会的这么多人里，好像没有我们不时在真实社会空间中，比如职场、约会中遇到或者在大量新闻事件中看到的那种男人——小则性骚扰、酷爱说教，大则威胁人身安全，做出不同程度的犯罪行为，感觉这种更真实的状况似乎被主创忽视了，不仅她们的欲望都市丛林生活很"安全"，整个城市看上去也挺安全。

在性别盒子外思考亲密关系

傅适野：之琪提到的"精神男人"萨曼莎以及舒萌提到的女性的sexuality是变量，男性则是常量，似乎都指向当代女性在异性恋亲密关系中面临的处境——一种被他者化的、成为欲望客体而非欲望主体的状态，以及女性如果想突围，大概率或主动或被动选择的处理方式——像强者一样（在这里指的是男性）思考和行动，在既定的男权社会规则中浸润和学习，直至游刃有余。

我想，作为女性，我们或多或少都体会过在这类关系中的不适应以及对于既定规则的不认同。我们想突破旧有的游戏规则，我们想逃离这种强者和弱者泾渭分明的追逐游戏，我们试图践行一段平等的、协商的、开明的关系，却发现自己在男权社会异性恋的运行逻辑和规则中举步维艰。需要强调的是，这些规则并非强硬的、冰冷的、死气沉沉的条条框框，恰恰相反，它们伴随着关系中的关怀与甜言蜜语、爱意与温柔，它们是更大的结构和更主流的男性气质在个体身上的具体实现和操演，它们与个人性格、双方的日常互动相互浸润，达成一种特定的动态关系。它们包括但不限于关系中双方对于性、家庭、婚姻、照料等诸多问题的理解。也正因这种规则的高度复杂性和私人性，它们有时候难以识别、不好辨析，也在拒绝着能落实到语言层面的讨论。这无疑对女性提出了更高的要求和挑战。

正如舒萌所言，在《欲望都市》中女性承担了过度性化的压力，这种压力不仅体现在男女之间，也体现在女性内部。我想补充的是，这种压力不限于过度性化，它涉及一段即将开展或者已经开展的亲密关系的方方面面。同时，这种压力不仅体现在男女之间和女性内部，也体现在女性和自身的缠斗上，体现在女性的自省和自我怀疑上。身为女性，我们都经历过在这种规则中摸爬滚打、倍感困惑，直至陷入自我怀疑和自我责备的时刻，像夏洛特怀疑自己的"床技"那样。我们都在某些时刻问过同一个问题：为什么是我？我做错了什么？同时，我们也会在审视陷入一段纠缠而充满暴力的关系中的女性时问过类似的问题：你为何会选择进入一段明知危险的关系？你为什么不离开？

如果说这几年女性公开言说的风潮教会了我们什么，其中最重要的一点可能是，我们要学会理解他人的处境，我们也要知道，在一个男权社会中遭遇不幸的女性，可能并非因为自己做错了什么。同样，一个幸运的女性，可能也并非因为自己做对了什么。如此一来，只要足够努力就能获得一段幸福美好的关系这种类新自由主义的话术就变得不再奏效。而它的破灭意味着，在一个父权的、以异性恋为中心的社会中，女性的幸福道路没有既定的模板，也没有恒定不变的可供参考和模仿的对象。我们要去实践、要去打破些什么，同时也要去创造、要去朝着未知而不断努力。这个过程挣扎吗？痛苦吗？有代价吗？答案几乎是肯定的。它必然伴随着漫长的探索、挣扎以及推翻自己然后重建。但女性和女性之间的共情和理解，个体学习去理解与自己处境完全不同的个体命运，这既是最动人的女性同盟和友情故事，也是女性在一个男权社会中相互守望结成的安全网络。

女性情谊的力量和可能

安小庆：对我个人而言，这部剧集是我成长过程中第一次看一群女人的故事。在少年时代以及后来进入中文系学习的七年时间里，可能是源自一种幼稚的叛逆心理，我一直没有看过四大名著中的《水浒传》和《三国演义》——准确地说，应该是好几次打开但最终没读下去。

大体上我还算一个用功刻苦的学生，课堂上，老师们总是反复强调要读原著、要读文本，但我至今还是没看完这两本著名的关于一群古代中国男人的故事，也没有看过它们改编的任何一版电视剧。后来看了上野千鹤子老师的《厌女》，突然明白这种心理背后，是我对这种典型的男人故事/history 的厌倦和抗拒，尤其是对《水浒传》中大量厌女情节的不满。写到这里，突然觉得为了更好地理解中国的性别历史文化、更深入地理解《厌女》，我还是应该找时间把《水浒传》

看完。我甚至觉得如果上野千鹤子老师读《水浒传》的话，一定会把自己的大腿拍烂，一遍遍给自己点赞。

因此当我第一次看《欲望都市》时，我感到"天啊，终于可以不用听他们说话了，终于可以听听女人自己怎么说了"。正如戴锦华在《涉渡之舟：新时期中国女性写作与女性文化》（下文简称《涉渡之舟》）中曾经写道的，友谊"如果见诸男人，那么它不仅是一种莫大的'自然'而且无疑是一种高尚的情操。男性间的友谊，如果尚不是'人类''永恒的主题'之一，那么，至少在传统中国文化之中，它是'高山流水'之'知音'者的千古绝唱，它是'桃园三结义'的传世佳话"，而女性情谊"作为一种深刻的文化构造和'常识'性的话语，在女人间有的只是'与生俱来'的敌意、嫉妒、互虐与猜忌；女人间的情谊只能是一个特定的年龄段或特定情境中的短暂的利益结盟，舍此便只有廉价的甜腻、貌合神离、口是心非或虚与委蛇"[①]。

有关女性关系和女性友谊的书写，在很长一段时间内，无论在东方还是西方，"从前很少有人讲到，它是无名的、从没有描述过的意象，就像弗吉尼亚·伍尔夫形容的那样是'一间无人去过的大房间'"。（学者张京媛语[②]）

更要命的是，"在男性历史沉迷于编织'英雄惜英雄'的男性神话的同时，女性却一再地被书写为互相妒忌和排斥的分裂群体……更

[①] 戴锦华：《涉渡之舟》，北京大学出版社2007年版，第211页。
[②] 见张京媛《解构神话：评王安忆的〈弟兄们〉》，《当代作家评论》，1992年第2期。

多时候女性之间呈现出来的是争风吃醋、勾心斗角、互相提防、彼此算计，历代文人更是大肆渲染后宫之争……各类报纸、小说、传记似乎也在反复印证和加深这种印象：'女人对女人是很残酷的，女人不喜欢女人。'"（学者宋晓萍语）[1]

因此，尽管《欲望都市》携带许多来自当时历史文化土壤的缺陷和不足，我依然感佩它较早地在全球大众文化领域聚焦和描绘了此前从未被大规模展现的女性群像故事和女性关系样貌，让我们去到了那个"无人去过的大房间"。当然，这种对女性友谊和女性关系故事的渴望，在前几年"那不勒斯四部曲"诞生后得到了极大餍足。

在回想和女性关系、女性友谊相关的阅读观看史时，我始终很迷惑甚至有时候愤怒于，我们的大众文化生产者，我们的编剧们（其中许多还是女性），为何要一再地在影视作品中主动迎合那些有关女性关系的刻板叙事，复现有关女性友谊的各种污名，甚至不惜以改写原著的方式来附和父权、男权文化对女性友谊的险恶描述？在《我的前半生》中，子君和唐晶的友谊在爱上同一个男人时土崩瓦解。我不知道编剧一再脱离现实地讲述这种"女人都是塑料姐妹花，男性始终是女人被争夺的元目标"究竟有何意义。

我能够理解，很多从业者面对的始终是一个按照资本主义父权制组织起来的行业，但任何系统都不是铁板一块，都有可以松动的缝隙（比如《爱情神话》就是一个不小的突破），可惜一些从业者始终毫无

---

[1] 宋晓萍：《女性情谊：空缺或叙事抑制》，《文艺评论》，1996年第3期。

变化、毫无自省。我不由得想，难道每一次写这种烂剧本都有人用枪抵着Ta的头吗？另外，几乎在每一部打着女性题材的热播剧里，主创团队都为女主们设置了一位万能的"父"或者人生导师的角色，女主们唯有接受他们睿智的指引、资源的分拨才能渡过人生重重难关，比如《我的前半生》中的贺涵和老卓、《流金岁月》中的叶谨言、《欢乐颂》中的谭宗明、《三十而已》中的魏总，全部"爹"不可闻。

　　这些对女性和女性友谊的巨大恶意究竟来自何处？细究起来，亲情、友情、爱情，大体是人类划分和命名的三种主要情感关系。很有意味的是，如果将女性带入这三组关系中，我们会发现，和女性相对应的亲情和爱情，都被全社会充满共识性地无限拔高和神化。比如，亲情中的"母爱"在被不断神化后，成为一种不可替代的、需要竭尽完美的母职负担，而爱情中的女人长久以来被文化和观念催眠为毕生要追求一种"唯一的""命中注定的"一对一浪漫爱异性恋关系。只有友情——女性的友谊——是长期以来被不断贬抑和承担负面评价的。

　　细究亲情里的母爱与爱情中的浪漫异性恋，它们又似乎有一个共同点——都指向与男性组成的家庭和情感结构。这正好呼应着长久以来社会对女性的训诫和劝告：女人生命的重心应该是家庭和爱情。而女人的友谊，是一种很长时间以来从未被正视和认真对待的人际交往和关系形态，它"无足轻重，充满算计，脆弱不堪"。经过这"两拔高""两神化"和"一贬抑"后，我们的文化成功实现了对女性关系的否定和离间。戴锦华对此曾有一句评论：它"不仅是对同性恋情的恐惧，而且是对女人——这个外在的弱势群体结盟可能的恐惧"。

"Sisterhood is powerful"曾经是女性主义运动史上影响深远的口号。在《欲望都市》中，四位女主展现了女性之间结为同盟的力量和可能。萨曼莎的扮演者金·凯特罗尔在接受采访时曾说过，"这是一个关于女人联合起来组成一个新家庭的故事，她们属于那种任何时候都喜欢黏在一起的朋友——正因为这样的关系，才会让这部电视剧如此受欢迎。"

剧中对女性情谊的呈现，有几处一直让我很感动。第一处是，当凯莉和大先生又一次分手，凯莉已经在与一位爵士乐手约会时，大先生又试图插进来和凯莉搞暧昧。那是在一个酒吧里，看出端倪和看清局势的萨曼莎以少有的严肃语气告诫大先生：你知道你丫在干什么吗？那个女孩，她（凯莉）可能表现得很坚强、假装没事的样子，事实上她很脆弱，她是我最好的朋友，我希望你离她远一点！

这一集真的蛮好看的，那时有一位巴西的女画家很喜欢萨曼莎，当她在一旁目睹萨曼莎对朋友的赤忱情义和勇猛护卫时，本来已经答应和萨曼莎以朋友身份相处的她瞬间崩溃了，她说她再也无法以朋友身份和萨曼莎相处，因为她实在太有魅力了。还有一处是在米兰达产后，她们一起去大西洋赌城玩。当一个男的毫无风度地叫米兰达"把肥屁股从凳子上移开"时，她身边的三位朋友轮番火力输出，一起为她所受到的不尊重和社会对产后妇女的歧视展开反击，获得许多女游客的支持。还有一处是在衍生电影里,米兰达与老公因出轨而分居后的新年前夜,为陪朋友度过艰难的孤独时刻,本已睡下的凯莉穿衣起身出门,坐地铁穿越大半个城市,穿过一路狂欢的人群,终于在新年倒数的前一刻敲开朋友的大门,和朋友紧紧拥抱在一起。这一幕是如此令人记忆深刻,以至每一年的元旦前夜都会有许多朋友在听那首《友谊地久天长》(Auld Lang Syne)。

或许正是因为这些对女性情谊的真切描绘,即使这部剧集在选角、剧情、价值观方面有着这样那样的缺陷、局限和症候,这些对于女性关系的展现还是跨越语言、地域、种族、文化,让全世界的女性观众都会心一笑并被触动。是啊,这种女人与女人之间的关系和故事,被遮蔽、压抑、漠视、污名了太久太久,而它又是这样富有力量且具有别样的启示和价值。在这种关系里,我们终于摆脱了血缘和君君臣臣父父子子的格序;我们也不必以逼迫他人喝酒或自虐式喝酒的方式,建立一种"经典"和"正统"的男性气概式友谊;我们也不用遵守"沉默是金""有泪不轻弹""有苦自个儿咽"的东亚式生存,更不必再在历史的污名和无视中忍气吞声,而以主体的身份,代之以语言、肢体、情绪、大笑、流泪、平等、撑照——用一种全无界限、无所束缚的方式,去实践一种自由和解放的人际关系。

03 时尚、消费与经济权

时尚启蒙还是消费陷阱？

安小庆：对像我这样的许多内陆小镇女孩来说，这部剧集确实承担了曾经的都市生活和时尚启蒙。后来看了电影《爱情神话》，里面有一双 Jimmy Choo 的鞋子，大致承担了老白和李小姐、老白和修鞋摊老友之间的叙事线索。

我记得大范围的人们第一次知道这个鞋子品牌就是在《欲望都市》里，第一次知道铂金包也是在刘玉玲客串的那集。后来上大学的时候，记得是一个冬日下午，我和室友洗完澡，裹着羽绒服，穿着拖鞋，发梢滴着水，从学校的公共澡堂里狼狈地逃回宿舍，就在宿舍楼的门口，一个和《欲望都市》里一模一样的大红铂金包，突然抢走了我所有视线。顺着视线上移，我发现它被我同班同学拿在手里。当它真的出现在北方灰色的空气和黯淡的宿舍楼前时，我觉得有些超现实和诡异。当时，我和室友还讨论说，应该是个 A 货吧。哪知道我们还是太土了，贫穷导致我们指马为鹿，后来才知道这位同学是在一次校外活动中认识了一位同籍贯大龄富豪男士，那只包是男士送给她的礼物。

尽管我几乎不穿高跟鞋，对铂金包也没有太多的审美认同，但我不得不承认的是，《欲望都市》为我这样的内陆小镇观众，提供了一个有关时尚的符号手册。剧集中出现的许多消费符号，和安妮宝贝早年的小说一样，建构起了我们对都市生活和消费社会的初步想象。

到今天，消费社会已经全面接管了地球之上的绝大多数空间，尤其在中国，消费对女性议题的捆绑和追逐越来越无孔不入。资本无与伦比的敏锐嗅觉，让它贪婪地锁定了每一个具有消费能力或者未来可能具有消费能力的人，而女性越来越兼具商品和买家的双重身份。于是，当我们再看《欲望都市》时，当我们再面对年复一年每个节日和仪式都被替换成消费狂欢节的时候，我们会去思考，《欲望都市》多大程度上启发了女性观众去思考社会观念对我们生命方方面面的束缚，又多大程度上参与和共谋了一个以消费能力来度量女性独立与否的商品拜物教社会？

对我而言，剧集中的那只大红色铂金包，好比消费社会金字塔上最坚固璀璨的一颗宝石，一个充满魔力的当代图腾。有一阵子，我十分迷恋在小红书上看爱马仕包包的开箱视频。我迷恋的不是拥有它的幻觉，而是我觉得在成百上千类似的视频里，我看到了一个完美的、可复制的、可被精确实施的当代商品拜物教现场。我不知道大家有没有看过或者刷到过那种视频，非常神秘、非常庄重也非常值得玩味。一般先是一段文字前情，简介博主如何通过真金白银，通过当代"黑话"，和爱马仕销售几番斗智斗勇，终于配够了货，拥有了一张能够购买铂金或者Kelly的入场券（很多时候消费者还没有权力挑选颜色和皮料类型）。当店铺贵宾室内的一间神秘小屋打开时，你将看到那只被层层包裹的包包沐浴在暖黄色的射灯下,之后在手机摄像头下,包装被一层层地打开,露出包的本体。整个过程宛如中世纪神秘的宗教仪式,或者挖掘圣杯的过程——一种前现代的仪式,被完美地从一种宗教移植到另一种当今的宗教崇拜中。

由此我又想到一个话题,不知道大家有没有一种感受,和十年前甚至五六年前的媒体氛围和社交媒体生态相比,今天我们面对的强势媒体矩阵,有了比过去明显得多的阶级区隔和阶层气味?尤其是在"人均贵妇"的小红书,这种白炽灯一样耀眼和不需掩饰的阶层区隔、阶层展现无处不在。超拔于日常现实的消费能力,成为很大一类博主获得关注的原始积累,通过这种原始积累和对自己强能力的不断展示,很多东西也被继续坚固地再生产着。小红书和抖音无疑都是当代十分适宜的人类观察和田野现场,我甚至有一种感觉,小红书上围绕如何拿包、如何与销售博弈周旋、拿不到包后如何举牌维权,已经成为一种新的都市传说。

我想到了桑德尔的《金钱不能买什么:金钱与公正的正面交锋》。桑德尔比较肯定的是,人的身体、器官、大学的声誉、少数民族独有的文化和生存方式、道歉信、爱情、友人、父母对子女那种不设置选择的爱,是不可用金钱来购买和交易的。那么社交媒体上KOL最初期的个人声誉和粉丝量呢,它是否能直接粗暴地通过展示购买力来进行原始积累?这是正当和体面的吗?以及,这样气质的"媒体"和平台,和我们传统意义中"媒体"所具有的公共空间意涵以及促进"公共善"的意图,是否背道而驰?它的存在对传统社会性别气质和性别刻板印象的持续再生产有着怎样的影响?

这时,我会再次想起2016年的国际劳动妇女节,时为北京大学中文系博士的薛静在一篇名为《妇女节:我们选择和贬义词"三八"站在一起》的文章中这样发问:

> 我们年轻,所以我们可以过"女生节",享受男生的礼物和赞美。我们貌美,所以我们可以过"女神节",享受屌丝的膜拜和跪舔。我们有钱,所以我们可以过"女王节",享受商家的服务和吹捧。然而如果有一天,我们不再年轻、不再貌美、不再有钱,我们是不是就不配再做女性?如果有一天,我们不再能成为供男权社会和商品经济觊觎的猎物,我们是不是就只能成为那个"阁楼上的疯女人"?①

《欲望都市》有一集,当艾登和凯莉第二次分开也是彻底分手后,凯莉突然面临无房可住的状况,当她想贷款买房时户头只有不到一千美元。此时她想要节省开支,剧集中第一次出现了她乘坐公共交通工具的场景,似乎也是在这一集里,我们第一次看到了纽约街头的劳工阶层女性。

---

①薛静:《妇女节:我们选择和贬义词"三八"站在一起》,澎湃新闻,2016年3月8日。

女人该不该花男人的钱?

张之琪：也是这次重看的时候，我才注意到《欲望都市》里很多对于金钱的讨论。比如一个最老套的问题——女人该不该花/拿男人的钱?

有一集的开头是凯莉在 D&G 购物，结账时发现信用卡已经刷爆，正尴尬时遇到了她的一位女朋友，操着一口意大利口音的英语，凯莉称她为"international party girl"，每次出现身边都有一个新的富豪男友。她慷慨地为凯莉付了钱，后来还介绍她认识了一个来纽约出差的法国建筑师。

第二天早上在酒店房间里醒来的凯莉发现建筑师已经不见了，床头柜上多了一个写着她名字的信封，里面装着 1000 美元。显然，"international party girl"是一种温婉的说法，这位女朋友的真实身份恐怕更接近高级伴游或是拉皮条的，凯莉无意间"接了一单"。她对着这笔钱发起愁来，还自然是无处可还，但她要花吗？花了是否意味着她用自己的身体真实地交换了点什么？

另一个场景是凯莉的房租管制公寓（rent-control apartment）[①]要 go co-op[②]，她要么买下公寓，要么就得搬走——这中间还有一段艾登买房求婚的插曲，此处略去不表。没有积蓄也贷不到款的凯莉来

[①] 为保障低收入者有房可住，美国几个大城市会设置这类公寓，这类租金受政府严格控制，规定房租的收费标准，房东不得任意上涨。
[②] 在美国，go co-op 是 go cooperative 的简称，意思是，公寓变成了合作管理模式。

找大先生，嘴上说的是"我需要钱，而你懂钱，我想要了解你关于钱的知识"，实际上还是在期待男人可以帮她解决人生难题。果然，大先生大笔一挥，给她开了三万美元的支票，也就是她房子的首付。

随后，在四个人的聚会上，凯莉掏出支票，问大家要不要收下。米兰达认为，当你拿了男人的钱，就给了男人掌控你的权力；而萨曼莎则认为，钱只是钱而已，钱是流动的，你需要的时候就收下，别人需要的时候你再给予。

事实上，钱不只是钱。这正是钱的麻烦之处。对凯莉来说，法国建筑师的钱和大先生的钱，意义显然非常不同，甚至大先生的钱和同样提出为她买房子的艾登的钱也完全不是一回事。萨曼莎自己也清楚这一点，因为在这一集的后半段，她发现理查德送给她的那些昂贵礼物都是他雇用的一个职业买手（professional shopper）买的，连卡片也不是他亲自写的，她还是感到愤怒，并且要挟 shopper 把卡片落款上的"best"改成"love"，绑架理查德做出爱的表白。

钱常常与爱纠缠在一起，而在爱里，钱又常常是情感和其他很多无法量化的付出的代偿货币。比如夏洛特在第一段婚姻中得到了一套林荫大道的公寓，她没有付出一分钱，却又不是没有付出。她付出了时间和大量的情感劳动，忍受了无性的婚姻、丈夫的欺骗、婆家的傲慢，经历了几次痛苦又失败的人工授精，最终丈夫离她而去，在婚前协议之外赠予她这套房子作为补偿。这套房子是她"应得"的吗？当我们把一套有明确市值的房子和她难以一一细数与折价的付出和损失放在天平两边,她究竟是赔是赚?一个(有钱的)男人在离婚时大手一挥就可以弥补他在婚姻中的全部失职,同时收获慷慨的美名;一个女人为婚姻放弃了事业,经历了身心的双重折磨,但只要在离婚时并非一无所获,就要背上"图财"的骂名。

在王力宏和李靓蕾的离婚案中我们也看到,对于"要钱"这两个字,不同的人有着极为不同的解读。即便多数人已对女性应得的婚内共同财产以及男方应付的赡养费有了基本共识,但女性面对"要钱"的问题依然常常如履薄冰,因为在法律以及比法律更不确定的道德、情感、社会文化的疆域,除了父权制无处不在的伏击,我们自己也常常是困惑的,复杂矛盾的信息想要把我们引向南辕北辙的道路。

热播剧总向我们释放这种迷惑人的信息:《我的前半生》里讲女性最重要的是经济独立,"梦是好的,但钱是要紧的";《三十而已》里又讲全职太太也是独立女性,家务劳动也是一份工作。更复杂的是,在《我的前半生》里我们发现"独立女性"的工作是靠爱她的男人提拔得来的,经济独立的前提又变成了搞定男人;而在《三十而已》里我们又发现"全职太太"也要"竞争上岗",主妇真正的工作是"斗小三"。

太令人迷惑了。比这更令人迷惑的是,有一天我随意点开一个小红书推送的视频,主题是跟男人约会要不要AA。博主立场鲜明地反对AA,给出了三点理由:一是社会财富在男女之间的分配是不平等的(举的例子是很多农村女性没有土地继承权);二是就业市场上的性别歧视，男女同工不同酬；三是女性的生理特征决定其在性与亲密关系中承担更大的风险。因此，在上述种种不平等的前提下，谈约会花钱平等就是耍流氓。这三点前看上去都是成立的，论证的是女性结构性的弱势地位，然而，这足以推导出，在私人交往中我们可以以花男人钱的方式"行使补偿性的正义"吗？既然父权制从根本上是邪恶的，那薅父权制的羊毛就是从细微处动摇邪恶大厦的根基？

我想起十几年前跟我高中的英文老师聊起她的相亲故事，她说她只约咖啡不约饭，并且会提前到一会儿，买好自己的咖啡在座位上等。不知道为什么，与她的全部交往中，我记忆最深的是这一句。可能那是十几岁的我对像她一样的成年女性的想象：不想占对方的便宜，又保护了对方的面子。

她错了吗？我们错了吗？

"自己挣尊严" vs. "占父权制便宜"

李舒萌：之琪提到的在"经济独立"和"家务劳动也是劳动"之间两难的立场，让我想到2018年澎湃翻译的一篇南锡·弗雷泽（Nancy Fraser）的文章《第二波女性主义是新自由主义的共谋吗？》。文章回顾的是美国的第二波女性主义在父权国家福利主义与自由主义市场经济之间的抉择：上世纪六七十年代的美国女性为了反抗福利制度造成的女性在家庭中的经济依赖，转而争取在就业市场中的同工同酬，但这无法解决女性的困境，她们仍要面对生育和家务劳动，她们在再生产劳动中的付出仍是未被广泛承认的。说到底，争论的核心在于，到底什么样的工作和福利制度能让女性从公共到私人领域的价值得到一以贯之的承认。

现实是，钱虽然是一般等价物，对于女性劳动的经济报酬，市场和家庭却使用完全不同的语言体系。从亲密关系中得到的钱和在职场中得到的钱，含义大相径庭。女性在接受来自这两种制度的经济补偿时，也被赋予了截然相反的性别气质。在职场中挣的钱，对女性来说意味着作为劳动力的尊严和独立，不可以和他人的赠予混为一谈；而在婚姻制度里，从另一半那里得到的钱，从物质角度看是对女性在家庭劳动中的补偿。但在目前的文化环境下，道德逻辑要求男性"慷慨"给予，而女性须以被保护者的角色顺从接受，来承认男性的权威地位。所以也不仅仅是钱的问题，还是性别气质的"演绎"。我们可以从反面设想，有多少家庭妇女能理直气壮要求丈夫给自己付工资？很难。因为它完全打破了传统性别气质的演绎。

女性再次面对双重标准。不仅要面对自己在社会分配上的弱势，还要面对性别气质的审判，似乎无法做到"接受赠予"与"保全尊严"的两全其美。市场要求女性必须割舍作为生育者、抚养者的脆弱一面，不承认女性有需要被保护的时刻。而家庭则要求女性割舍自己的独立性，劳动不是劳动而是"爱"。所以，女性才常常要在"自己挣尊严"和"占父权制便宜"之间反复横跳。我以前对薅父权制羊毛的做法不以为然，但现在更能理解这背后女性要面对的结构性压力。

安小庆：之琪谈到的"立场鲜明反对ＡＡ制"视频，让我想起最近在小红书上也刷到一个类似"立场鲜明"的笔记。冬天正是做腊味的时节，妻子父母从老家寄来一批腊肠，丈夫看到后，提出拿一部分给自己的父母尝尝，妻子不愿意也很气愤，在小红书上问大家是否应该分一些给公婆。正好最近我也刚刚收到一批老家寄来的腊肠，所以就点开评论区看了起来。老实说，我真的大吃一惊，前排的高票评论大致有两种，一类大意是"不给，坚决不给，他父母要吃让他们自己去做啊，为什么要分我爸妈做的"，另一类大意是"你今天给了他腊肠，明天他们就敢来分你的房子"。我看了有些难过，感到一种巨大的不安不仅笼罩在这两年社会生活的角角落落，也充斥在我们私人生活的每个缝隙，它逼迫着我们——大多数时候是女性——似乎要拿出最狠的架势才能保卫自己。从表面来看，我们可以说"腊肉事件"中的这种吝啬和介怀实在有些不体面，也好像没有太大必要，但在这种"坚壁清野"和"草木皆兵"的背后，今天的我们到底在不安些什么呢？

"不安"似乎是这次协同写作中的高频词汇之一。不论之琪提到的"坚决不ＡＡ制以此薅父权制羊毛"，还是家庭内部有关腊肉腊肠的分配和分享，我首先感到失望和遗憾的是，为什么总是女性在苦恼些什么、干些什么、行动些什么——先不论这些行动是否正当合理——为什么总是女性在思考和烦恼这些有关性别、公正、家庭资源分配等方面的问题呢？是不是因为我们长久以来的文化和社会运转模式，对男性来说始终是"自然的""天然的""正常的"，所以这部分人类获得一种特权，不必思考性别和公正构成的这重生存基底，不必应对社会和家庭生活中的"鸡毛蒜皮"，更不必如女性一样承担在这方面的不安、焦灼与混乱？

"坚决不AA制以此来薅父权制羊毛"，或许是一种基于日常生活的微型游击和反击战。可是我担心这种全凭个人赤膊上阵去博弈和"战斗"的模式，不仅会让许多女性继续被扣上"以性别做交易和换取好处"的污名（近乎再度"落网"），同时，这种过度聚焦于个体选择和依靠个体去"寻求正义"的视角，是否会让我们自己以及全社会有意识或者无意识地模糊、放过对更大权力结构、社会运转方式、坚固历史文化逻辑的改造呢？这两种对现实的介入深度和改造效能，是一样的吗？究竟哪种方式更能让我们对铺就于一个社会最底层的逻辑、网络、轨道、运行惯性进行全盘的、长期的、系统的革新与再创造？我还有些担心，这种逻辑层面的个人追偿和复仇，是否会把女性群体继续分化，让一部分不愿意或者不认同这种做法的女性陷入类似"婚驴"的诋毁中？

回到家庭内部关于腊肠分配的争议，我同样感受到一种巨大的不安，仿佛只有通过自己强悍的姿态和警告，才能保卫住动辄紊乱和崩溃的生活。这种对资源的紧张和不安，已经顾不得最基本的体面、教养和家庭成员之间的正常互动了。似乎一切只能靠自己，假如未能打起全副精神应对，那么未来可能发生的一切"不幸"就只能由自己承担，是"咎由自取"。这种由始至终聚焦于女性本身的视线，让我很迷惑，也很警惕。

当我们始终盯着个体这座孤岛的时候，我想问的是，其他岛屿在哪里？陆地在哪里？关系在哪里？支持网络在哪里？其他相关社会组织在哪里？作为公民的我们与权力运行机构之间的契约和权责在哪里？我们全社会的情感教育、美育、博雅教育、自然教育、性别教育，是否让每位个体获得了作为"人"的尊严、感受和共情力，以及对公正和"共同善"的朴素本能？我们的《婚姻法》《民法典》，我们的社会保障、社会福利、资源分配，能否敏锐和真诚地回应现实？在"三孩"号角之下，在对未来人力资源的紧迫需求背后，社会化育儿的更多努力和行动在哪里？如果一切都只能依靠个体自身去冲锋陷阵，那么我们不仅难免姿态难堪，也终将限于个体之间和弱者内部的互相清算，而忘了其后更大的社会现实图景和权力结构之网的存在。

异性恋中的自由与不安

张之琪：我在一条微博里也试着讨论过这种不安以及亲密关系中的安全网问题。某种程度上，亲密关系中的安全网，不是靠遇到一个好人，而是要靠很多结构性的保障。比如女性在职场上有没有得到公平对待，女性在再生产环节的劳动能不能被社会认可，法律是否保护女性在婚姻中以及离婚后的财产安全，社会是否歧视单身女性、离异女性，《反家暴法》执行的情况如何，等等，当然也包括男性整体的性别意识。在得不到这些保障的时候，大家就会比较紧张，要擦亮双眼，就像小庆说的，社会总是在加码女性对"所托非人"的焦虑，把建筑安全网的责任推脱给个人。这在本质上和教育女性多穿点衣服、少走点夜路一样，总有一天我们会发现，这些生存策略并没有想象中那么有效，不一定能避免伤害，但一定是以牺牲一部分自由为代价的。

那种"自由"是什么呢？是作为一个独立的个体，进入社会，进入一个人际交往的场域，与异性开展一段平等、浪漫的关系的自由。你可以说浪漫是被建构的，是有毒的，但女性需要的并不仅仅是一个制造浪漫的施予者，她需要的也是自己去参与、去选择、去创造的权利——这其中也包括了选择一个不那么合适的人，创造一段很混乱的关系。很多次我都想说，这些都没什么，重要的是，假如社会给你建筑了一个安全网，让你不至于因为一次没有那么审慎的婚姻，因为一个意外到来的孩子，而陷入贫困、遭受暴力、背上债务，那么即使你选错了又怎么样呢？承担自己"失败"的责任本身也是一种自由，你不需要小心谨慎步步为营。

在这里插一句，我昨晚在看《足球教练》第一季，女二号基莉（Keely）和球队女老板说，自己十八岁时就在和二十三岁的足球运动员约会，现在快三十岁了，还在跟二十三岁的足球运动员约会，简直是女版"小李子"。女老板问,运动员有什么好?她说,他们年轻、多金、有美好肉体。女老板问,How about accountability?基莉没有听懂,女老板解释道,就是为自己的行为负责,她说,自己出轨成性的前夫从来没有为他在婚姻中的任何行为承担过责任。

多么不公平啊。一段亲密关系如果最终"失败"了,男性常常可以拍拍屁股走人,不需要承担任何责任,而女性呢,她需要为男性承担责任。如果他们进行了无保护措施的性行为,女性要为这个行为负责;或者像剧中的女老板一样,丈夫婚内出轨,她却要作为被蒙在鼓里的愚蠢妻子接受媒体的冷嘲热讽。我前几天看到一位在银行征信部门工作的女生发的微博,她说她处理的绝大部分有不良信用记录的客户,都是在婚姻中失权的全职主妇,受教育程度不高,家庭经济条件也拮据,丈夫以她的名义四处借贷,逾期不还,不良记录就落到了她头上。

或许问题不在于女性不再"敢"爱,不再敢冒险、实验、犯错,或者不愿意承担失败的责任了,而在于,当她想要离开一段关系时,她往往还需要为对方的错误买单。跟这样沉重的代价相比,自由会不会显得过于轻佻了?

几天之后,我看到了克里斯·诺斯被指控性侵的新闻,那些受害者都意识到不对劲了,一个大明星为什么主动要一个刚入行的年轻女孩的电话号码,为什么在留言里跟她调情,为什么邀请她去公寓泳池玩,为什么让她送东西回他的房间。但角色的光环一直存在,直到她走进诺斯的房间，诺斯直接亲了她，她还回亲了，因为觉得跟大先生接吻是可以讲给朋友听的谈资。

你无法责怪她们缺乏警惕或是太傻，被剧集和角色洗脑了。因为这种想象不仅关于一个理想的男性形象，对于女性来说它更关乎自己，关乎刚刚谈到的那种自由。对方可能有钱有势有明星光环，但她可能也年轻、聪明、有趣——在电视剧里，他们本来应该是势均力敌的；在电视剧里，她可以礼貌又不失性感地拒绝对方唐突的性要求，对方也会绅士而不失尴尬地停下来，他们还会再见面，直到她认为时机成熟。《欲望都市》的内核，它令人着迷的魔力，来源于女性从中感知到了这种进退之间的自由。直到对方开始施暴的那一刻，我们才意识到这种自由是不存在的，或者说是极其脆弱的。可怕的并不是理想男性的幻灭，而是那种从头至尾的自由的欺骗性。今天比过去任何时候都更清晰了，社会从来没有真正赋予过女性这样的自由。

这似乎就陷入了某种死循环，女性能否在亲密关系中——甚至不是亲密关系，就是在最普遍最日常的人际交往中——实践这种自由，凭借的几乎完全是运气。仿佛我们曾经经历过一个更"自由"的时代，许多人带着一层玫瑰色的滤镜回忆过它，八九十年代到二〇〇〇年初都市文艺圈子里的那些男男女女，某种程度上也是中国版《欲望都市》的一点点真实的背景。但我前段时间跟亲历过那个时代的朋友聊起来，她说自己真的亲眼见过太多女性在看似"自由"的关系中被摧毁了，抱着不切实际的期待，从一个男人到另一个男人。有一些人

"疯掉了"，当初人们包括很多女性都认为，是这个女人自己的问题，是她不够强大，但以今天的视角回看，她并不是"为情所困"，而是被男权社会围猎了，几个男人一起追求她、捉弄她、折磨她，最后抛弃她、逼疯她。在保守派眼中，这是一个女人自甘堕落的警世恒言；在自由派眼中，她在公平自愿的爱情游戏中被淘汰出局，没有人加害于她。而实际上，她从来没有真正获得过参与游戏的入场券，很多时候，她甚至连拒绝成为游戏战利品的权利都没有。

余雅琴：是的，很多经历过那个年代的男性喜欢回忆当时的女性是多么伟大，玩得开，我还听说过因为男性不愿意结婚生孩子，女孩怀孕后自己把孩子生下来，多年后才告诉男性的故事。有一段时间，我想追踪下那些曾以"身体写作"闻名的女性作家现在都在做什么，发现她们大多数已经完全变了样子。有一天我连续看了棉棉、卫慧等人的微博，感到特别吃惊。二十多年的时间，这个社会究竟发生了什么样的变化？女性的地位真的在退步吗？我们对性和爱的态度真的在变得保守吗？一方面，从主流叙事来看，我们对家庭一元结构的捍卫似乎的确比十多年前更严格，我记得当时还有类似《牵手》《来来往往》这样的电视剧，以相对复杂和正面的形象去塑造婚姻之外的"情人"，这在今天是不可能的。但另外一方面，我觉得其实不能粗暴地得出一个结论，认为今天的女性是不如当时女性"开放"的，在公共媒体上，过去很多不能拿来讨论的东西现在变得可以轻松地讨论了。不得不说，就我在个人生活里的感受来说，今天的女性不论是在身体意义上还是心理意义上都更懂得保护自己了。我想,那个被以玫瑰色书写和回忆的过去,那些在传说里存在着的身心都"开放"的女性,那些深陷多个男性罗曼史里的女性,有多少真的具有自己的主体意识?

安小庆:之琪前面谈到的那种对自由主义与浪漫爱冒险体验交织时期的记忆,确实有着来自男性文化工作者的渲染和占据话语权后的主观描述。乌托邦的幻灭和对它的刺破,也一直在隐秘地或者极小规模地进行,包括许多不被大规模阅读的个人记录,比如洪晃在电影《无穷动》中对男性文人和艺术家们的描述。

让我很心痛同时也觉得富有里程碑意义的是,这三四年来,与世界范围内的女性权益运动共振的,还有中文互联网和现实社会生活中的发声与行动——我们看到了太多当事人拿回话语权,去讲述"幻梦"和"浪漫冒险"故事背后的真实版本,我们看到那么多所谓媒体人、公益从业者、文化人打着浪漫爱和自由、公正的旗号,包装自己对女性的施虐和狩猎,而其中绝大部分人至今仍觉得自己是无辜的、正常的、正当的。更让人厌恶的是,这些人潜意识中还认为自己被更大的权力结构所亏欠,因此他们觉得自己拥有了掠夺和占有女性的正当性:"这难道不是我们应得的吗,俺们做了多少好事啊,俺们筹了多少免费午餐啊,俺们曝了多少贪官啊,俺们工资多低啊,俺们年轻时上山下乡多苦啊,也该俺们得到点好处了吧。"

我记忆很深的一段夺回叙事主动权的回忆来自作家春树。和雅琴一样,我在初中时期看了许多春树、卫慧、安妮宝贝的书。春树是其中很不一样的一位,也是自始至终保持真诚和真实的一位。当她拨开时间和已经经过自我说服和催眠过的记忆,去讲述自己年轻时与一位不论年龄、文化资本、社会影响力都比自己大得多的男性(当时还是她的上司)进行一次看似正常和没有人勉强的"浪漫冒险"时,通过手术刀一样的语言,她带领我们回到了历史现场。我们看到,她所经历的根本不是"浪漫冒险",而是由个人和社会文化一起实施的性的暴力。这种重新看见太痛了,也太富有力量了。

傅适野:作为唯一一个没怎么看过《欲望都市》就来围观"打酱油"参与这次协同写作的人,我观察到一个有趣的现象,《欲望都市》其实是一个以异性恋为中心建立和展开的宇宙。由此我想到,围绕性建立起来的亲密关系,以及围绕亲密关系建立起来的一系列制度,存在一种平行的、相互映照的或者类似于镜像的情况。在一段异性恋的关系中,性行为的开始或许是双方可以共同决定的,但性行为的终止则大概率以男性性高潮为评判标准。于是,存在一个既定的线性时间线,一个既定的起点和终点,男性的射精和快感既是目的也是终点,而女性的高潮和快感只是一种辅助,一种抵达终点途中的歇脚处——当然它或许在终点之外,也正因如此往往不被正视和重视。

一段异性恋的亲密关系也被类似的时间线支配,仿佛相互试探是为了在一起,谈恋爱是为了结婚,结婚是为了生育。恋爱、结婚、生育构成一种既定的亲密关系操演剧本,构成一种目的论的因果,一种线性的时间。在这种观念的指引下,我们划分成功的感情和失败的感情、成功的婚姻和失败的婚姻、成功的女性和失败的女性(而我们鲜少以此来评判男性),我们总是很轻易地认为一段没有结果的感情(即没有从恋爱过渡到结婚,或者在婚姻中没有小孩)是浪费时间、耽误青春。但我们没有意识到的是,究竟谁在制定成功与否的标准,谁在制定幸福与否的标准,以及这些标准是在服务谁、取悦谁,又是在规训谁、打压谁。

安小庆:异性恋爱情曾经是自由的代名词,或者与"自由"关系紧密的一个关键词。我记得看过这样一个说法,每当一个时代的空气开始变得活跃,僵固的社会板块开始松动和移位时,标榜主体意识和自由意志的浪漫爱叙事(历史上大体指的还是异性恋浪漫爱)就会在那个时空勃发。

中国近现代历史上曾经出现过两次非常典型的时期,一次是五四运动时期,另一次是20世纪80年代。在"五四"时期,中国文学史上第一次出现了如此多的女性声音和女性叙事,以至我们将离开父系家庭出走,去找寻独立自我、自由平等爱情和理想激情革命的一代,称为"娜拉的一代"。曾经作为私领域情感体验的"浪漫爱"在这一时期"变成公共话题,不仅成为个性解放的先导,更成为启蒙主义、民族主义和妇女解放等宏大历史叙述的重要主题"(学者杨联芬评《心灵革命:现代中国的爱情谱系》语)。到20世纪80年代"告别革命"之后,大众文化领域再度出现了许多与爱情相关的风靡一时的作品,比如电视剧《过把瘾》《外来妹》《红楼梦》,在这个历史时期,对"浪漫爱"的讲述,无疑与对集体价值观的逐渐远离、对个体存在的正视、对人性和欲望的尊重、对自由市场经济的允许、对国家形象的更新,相互呼应和唱和。

傅适野:对异性恋的反思和质疑,对异性恋曾经应许给女性的那些尚未完成的解放和或许从未兑现的自由的讨论,并不意味着否定异性恋可以找到出路,也并不意味着转向非异性恋、转向彻底的独身主义、转向LGBTQ就一定能创造些什么——尤其是在LGBTQ已经越来越演变为一种主流政治正确的当下(我的一位导演朋友曾告诉我,在当下投国际电影节的片子里,LGBTQ题材甚至已主流到有些平庸)。归根结底,任何一段关系(不论是异性恋还是非异性恋),都无法脱离更加宏观和主流的社会结构而单独存在。而任何两个人的相遇和相处,都是在大的结构和小的生态之间辗转腾挪,都需要冲破、探索和协商,才能接近于一些全新的创造。

写到这里我突然想到,既然既有的爱的框架和谈论爱的语言是如此的狭窄、如此的受限,那我们为何不主动去拓宽"爱",去重新定义"爱",不把爱限制在异性恋里,不把爱限制在同性恋里,也不把爱限制在狭义的亲密关系里。这样一来,爱指的便是创造一种人和人之间更广泛的联结。就像舒萌在一条微博里曾经说的那样:"应该是要去建立更广泛的情感谱系——对社群、对个人、对远方。"

04 《欲望都市》在中国

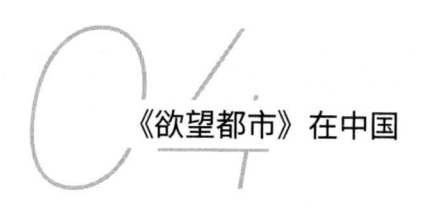

《好想好想谈恋爱》：汉化与改编

余雅琴：我小时候是个电视迷，假期里除了睡觉几乎所有的时间都在看电视，我觉得电视里的才是真实的世界，可以说我的绝大多数价值观都来自电视和电影。在青少年时代，也许没有完全看过《欲望都市》，但当时流行的《粉红女郎》、《好想好想谈恋爱》（后简称《好想》）等作品都深深塑造了我的价值观，以至于我从小对未来生活的幻想就是有钱、有闲、有刻骨铭心（且没有好结果）的爱情……后来才发现与当时的流行文学作品也不谋而合。不论是早一点的卫慧《上海宝贝》，还是后来的安妮宝贝甚至是郭敬明的一些作品，我们都能看出相似的影子。不知道为什么，在这些文本里，以文字为生的女性角色很多，我甚至不认为这些中国的写作者都看过《欲望都市》。

说起来也挺好笑的，在《欲望都市》火遍全球的新千年，我还是一个小学生，很难讲是受了什么样的蛊惑，我在一篇名为《二十年后的我》的作文里写下："二十年后的我是一个作家，孑然一身，以文字为生，过着深居简出、每日阅读的生活……"如今我已经到了作文里的年龄，这篇作文就好像一个可怕的预言——虽然我根本没资格深居简出，更没有每天读书——但这句话几乎决定了我后来的人生走向。

当时我根本没有看过《欲望都市》，或许是通过母亲订阅的杂志或其他一些电视节目，我认识到，就在我们周围，在未来的不远处，我可以过上一种独立的、自给自足不依赖于他人的生活，这恐怕是我在《欲望都市》和类似流行文化作品里学到的最正面的事情。

此外还有一些生活方式上的影响，比如喝咖啡。我是一个有点咖啡成瘾的人，回想起来，最初吸引我走进咖啡馆的，也并不是咖啡这种饮料本身，而是咖啡所具有的象征性。我到现在都记得谭艾琳端着星巴克走在大街上的场景，它给我提供了一个可视化并且可以模仿的都市丽人的形象。

李舒萌：《好想》也是我的时尚启蒙。初播是 2004 年我还在上初中的时候，每天晚上和妈妈一起看。现在想想，我妈让我在那个年纪看这种电视剧也是挺前卫的。这部剧在人物设置甚至情节发展上对原版《欲望都市》做出了相当程度的借鉴，以至于二十年后看到原版，时不时会惊呼"一模一样"。但汉化版观看起来并没有生硬移植的不适感，反而因对中西语境差别的洞察，改编既做到贴合国内的"文化规范"，又在"规范"模糊的地方做了很先锋的试探。

最明显的改变是，原版几乎每集不离"性"的情节，这在汉化版本中消失了。在《欲望都市》里，如同伊娃·易洛斯的分析，身体变成了一个独立的、绝对自由的领域，不需要与亲密关系或者婚姻产生任何关联。然而实际上，我们在之前的讨论里也提到，看似自由的领域其实并没有不被束缚，只是束缚更加隐形了。而汉化版则要为原版中附着在"性"上的权力关系找到其他载体。和西方"约会文化"里性和亲密/爱完全分开不一样,在二十年前的中国,"性"还不能构成一个单独的话题,可能是由于禁忌,也可能是在社会规范中性无法不附着在其他关系里,而且不是一个最重要的变量。《好想》中四个主人公的形象塑造,都和性感没有很直白的关系(毛纳展示了更多"性感"的符号,但她的情节也很少围绕性展开,与她的对应角色萨曼莎存在很大的差别),也大大弱化了消费符号的植入。原版中非常直接的经济购买力与性感的挂钩,到汉化版中润物无声(一是因为谈论消费的情节少,二是当时的中国消费者对品牌也没有今天的敏感度),变成了个人气质的注脚(所以当年我觉得谭艾琳的衣服都那么好看,但十多年以后才认识了服装赞助的品牌)。

此外,汉化版中的阶级议题也弱化了。那还是全民向前看、人人都觉得自己能够在千禧纪元有更多发展机会的时代,阶级不是不可冲破的,大先生这种"老钱"阶级是不存在的。伍岳峰,全剧最"精英"的角色,也是自己起家的(虽然推测可能是家庭很不错的体制内背景)。四个女主人公的许多约会对象,社会背景都交代得暧昧模糊,看不出来他们是做什么样的工作、来自什么样的家庭。而原版几乎就是在不同的华尔街金融白男之间打转,严格限定了约会的阶级与文化背景。

余雅琴:新千年的时代精神里的确有一种人人都有无限机会的昂扬的自信。《好想》开篇就是谭艾琳拒绝一位香港富商之子的情节,有弹幕说："如果我是她，这个剧第一集就结束了。"但当年谁也没觉得谭拒绝一个有钱的男人是多么可惜或者值得讨论的事情，富商之子送花、送包、送银行卡的行为，在当时看来的确不如曲折的"浪漫爱"更打动人。

我这两天又重新看了一下《好想》，意外地发现剧中还涉及"潜规则"的话题，谭艾琳想出书，遇到出版社老编辑性骚扰，谭拒绝后，对方就要求她拿出两万元才给出。我觉得《好想》对《欲望都市》的挪用和改编很接地气，主创特别能够体谅中国人和中国女性的处境。因为出书的事情，谭和三位闺蜜还展开了一场女性是否应该利用自身优势达到目的的讨论，其中很多言论放到今天的互联网上也一点不过时。

李舒萌：对"性"与"阶级"的淡化，也让《好想》一剧更直白地聚焦在社会对男性女性性别规范的讨论上，这种讨论在 21 世纪初的中国是很先锋的。它很重要的意义在于把亲密关系（也就是"谈恋爱"）作为不必然导向婚姻的一个独立事件，不附着于任何其他情节，并且试图厘清亲密关系与婚姻之间的界线。对于习惯了"爱 = 婚姻 = 家庭 = 两个家庭关系的结合"这一等式的中国人来说，《好想》将亲密关系与家庭制度分开了，绝对突出了个体的重要性。亲密变成了两个个体之间的互相试探，而不是奔着结婚去的有确定路线的旅途。它随时可能中断，面临着嫉妒 / 不平等的付出 / 个体性格差异等暗礁险滩，经营关系的"技巧"成了摆在桌面的话题。"性别"终于不是一个"绝对"存在（某一集探讨了心理性别，真的很queer），而是变成了相对性，这打开了女性自我审视的可能。陶春甚至在某一集发出灵魂拷问："如果男人不存在，女人还会称自己为女人吗？"这些对话，放在2004年，还是大开眼界的。

安小庆：说来"羞耻"，我和雅琴有一个类似的经历。大概初一的时候，省电视台来我们学校录一个节目，在唱歌朗诵表演乐器之外，还让我们讲讲长大之后的梦想。我那时候说的是，我想当一个自由撰稿人，再开一个花店或者书店……

我对《好想》记忆最深的一点是，在大结局，毛纳选择结婚了，大致是"金盆洗手、浪女回头、上岸从良"的意思，她有句台词真的太可怕："一个女人再无法无天，她的法是男人，她的天也是男人，这是宇宙一样无法更改的，你得安于这种至上的安排……女人是男人应运而生。另外我觉得我老了，我玩不动了……"我不知道李樯当时是怎么想出这种台词的，不过想想也很自然，这是在原作经过汉化和本地化后，非常适合本土文化土壤的一句回马枪和对所有女人的"警世恒言"，也隐约展示了我们的文化对一个曾经在两性情感生活比较活跃的女性的最终道德处置。

此外印象比较深的是，这部剧是少有的真实拍出了男女之间性张力的一部中国影视剧。当时看谭艾琳和伍岳峰在那里你来我回地搞暧昧，甚至两个人只是并肩靠着在北京街上走路，都让我在屏幕之外感受到荷尔蒙的大火花。十几年过去，这种体验不论在古装剧、现代剧、年代戏里都灭绝了。所以我们中国观众到底犯了什么滔天大罪，要一遍遍忍受没有火花、没有化学信号的两个人在那里演爱和欲望？

张之琪：孙淳和蒋雯丽真的是很有性张力的演员（当然也有精湛的演技），他俩在另一部电视剧《幸福来敲门》里演绎的中年人的爱情也看得我脸红心跳。相比之下，徐峥和马伊琍的一夜情无论是发生在五原路小洋房里，还是巴黎香榭丽舍大道，都与性感绝缘——城市只能帮你们到这儿了。

李舒萌：演邹亦凡的白石千也很有魅力啊！但因为孙淳，我很能理解蒋雯丽的角色在剧中的各种不由自主。谭艾琳真的是"左右为男""进退两男"！都是很有魅力的角色，让我对男人有了不切实际的幻想。

余雅琴：所以这简直是新千年的女性爽剧啊，我觉得正是因为小时候看这种剧长大，让我看现在流行的很多电视剧时对男主角简直免疫。现在主流电视剧的男主角不是妈宝男就是霸总，我不知道今天的编剧为啥想象力这么匮乏。虽然《爱很美味》还挺不错的，但我对里面几个男性角色实在喜爱无能，我觉得三位女主弄一个大房子一起住，都比和男的恋爱强。

李舒萌：特别同意。《好想》对人物关系的捕捉非常生活化，让人觉得很能代入又非常有立体感。现在的电视剧谈恋爱都在谈啥呢？大眼瞪小眼吧。

余雅琴：我小时候一直很想长大，大概也是觉得长大了可以和电视剧里的各种帅哥谈恋爱，真的是超棒的一件事。

我最近也看了《爱情神话》，怎么说呢，徐峥和马伊琍的情感更像是中年人之间的相互抚慰，两个人之间有的是情愫，但谈不上爱。我看到有人说，一个男人愿意帮你接小孩、带小孩难道还不够性感吗？带孩子的确是男人的魅力瞬间，但并不足够，如果我们会因为一个男人给你做饭、带孩子决定和一个男人结婚，那我们的逻辑和男人有啥区别？也可能是受制于篇幅，我其实看不到这部电影里徐峥对马伊琍灵魂意义的爱情，我能看到他对她处境的同情和理解，但这就是爱情吗？两个人相处的时间并不长，他就提出要对方搬到自己家里来，我如果是马伊琍，可能会跑得更快吧。

在二十年后回望

安小庆：在21世纪20年代拍《欲望都市》的话，我有一个担心，就是夏洛特有可能因为太过"保守"以及与其他人政见不和而互相看不惯，以至无法开展一段长期的友谊。抱歉，此处我带入了这两年我和一些微信好友互删的故事……

新一季限定剧集的观看颇有些"尴尬"和不适，但可能是因为陪伴感和"老相识"的缘故，我还是看完了目前更新的集数。比较感慨的是，其实没有必要为了回应批评和争议，而去生硬地设置新的有色人种角色，也没有必要再拍续集，就让文本留在它所在的时空和土壤，让它成为一块真实的化石和沉积岩吧，不必再去在化石上做修改和弥补了。

我比较有感触的新剧情是大先生死了。在限定剧里，他已经从一个华尔街金融投资大鳄（或者中小鳄吧），变成了一个喜欢宅家研究健康有机食物和骑动感单车的大爷。他躲过了窗外世界的几番变迁，也躲过了新冠，却死在了骑动感单车之后。在剧集之外，扮演大先生的演员克里斯·诺斯被指控性侵，如果调查属实，那么意味着大先生在戏里戏外都"死"了。

一部大众影视作品中的男女主，或许多少被投射和聚集了那个时代或者一些时代里人们对魅力女性/魅力男性的集体审美和最大公约数。我记得一篇探讨英国现代小说与现代性关系的论文中曾谈到，在帝国大冒险和工业革命之后，英国人对理想男性的形象有了一些变化，比如在维多利亚时期，人们欣赏那些拥有土地、奴仆和庄园的继承者，但在帝国展开全球殖民后，理想男性成了那些勇武的、充满冒险精神的、在海外为帝国和个人开疆拓土的男人，这些男人没有爵位和遗产，但代表了新的雄性国家气质。

回到大先生身上，我依稀能看到一种巴特勒船长式的古典男人的气质，也能看到多金、有品位、绅士、英俊的现代大众情人品质。我很好奇的一点是，西方社会的大众文化产品中对理想男性和魅力男性的形象塑造有着怎样的流变？今天的人们还对这种理想男性的形象有所期待吗？

余雅琴：巴特勒是我很长时间的梦中情人，以今天的眼光看，你固然可以说这个角色有些油腻，但我觉得他对斯嘉丽的情感是建立在充分的尊重和理解的基础上的，他对斯嘉丽的帮助也是建立在充分尊重的基础上的。巴特勒对斯嘉丽的爱不但不是占有，还带着一些无私的意味，这一点和国产剧里流行的"霸道总裁"还是非常不一样的。回到大先生和凯莉的关系，大先生这个人的确有很多缺点，但他从头到尾也是非常尊重凯莉的。如果非要把巴特勒和大先生比较，我觉得巴特勒更像是传统的绅士，看上去放浪形骸，但总是克制自己的欲望去成全所爱的人；大先生说到底还是现代人，以自己的欲望为先。其实，直到剧集的最后，我也没觉得大先生开始真正学会为他人着想了，这也是我不喜欢这个角色的原因，他的问题不是油腻，而是太自恋了。

张之琪：小庆提到巴特勒船长，我想到几天前看到一个朋友的微博，说重看《乱世佳人》时发现弹幕都在骂白瑞德油腻，像《欢乐颂》里的小包总。我哭笑不得，一个白瑞德上了国产剧的流水线，千万个小包总被山寨出来。如果说霸道总裁这个品类也有一个"木桶效应"的话，它的整体魅力值显然也是由其中的"最短板"决定的。所幸我们早生了几年，在读《飘》和《傲慢与偏见》时，还有一双没有被小包总污染过的眼睛。